Bound Feet, Young Hands
Tracking the Demise of Footbinding in Village China

年轻的手与
被缚的足

追 溯 中 国 乡 村 缠 足 现 象 的 消 逝

［加］劳拉·宝森　［美］葛希芝　著

张影舒　彭雅琦　译

生活·讀書·新知 三联书店

Simplified Chinese Copyright © 2021 by SDX Joint Publishing Company.
All Rights Reserved.
本作品简体中文版权由生活·读书·新知三联书店所有。
未经许可，不得翻印。

BOUND FEET, YOUNG HANDS: TRACKING THE DEMISE OF FOOTBINDING IN VILLAGE CHINA by Laurel Bossen and Hill Gates published in English by Stanford University Press.

Copyright © 2017 by the Board of Trustees of the Leland Stanford Junior University.
All rights reserved. This translation is published by arrangement with Stanford University Press, www.sup.org.

图书在版编目（CIP）数据

年轻的手与被缚的足：追溯中国乡村缠足现象的消逝／（加）劳拉·宝森，（美）葛希芝著；彭雅琦，张影舒译．—北京：生活·读书·新知三联书店，2021.3 （2021.7重印）
ISBN 978-7-108-06921-4

Ⅰ.①年… Ⅱ.①劳…②葛…③彭…④张… Ⅲ.①缠足–风俗习惯史–研究–中国 Ⅳ.①K892.29

中国版本图书馆CIP数据核字（2021）第017227号

责任编辑　崔　萌
装帧设计　薛　宇
责任印制　董　欢

出版发行　生活·讀書·新知 三联书店
　　　　　（北京市东城区美术馆东街22号 100010）
网　　址　www.sdxjpc.com
图　　字　01-2018-4513
经　　销　新华书店
印　　刷　三河市天润建兴印务有限公司
版　　次　2021年3月北京第1版
　　　　　2021年7月北京第2次印刷
开　　本　635毫米×965毫米　1/16　印张14.5
字　　数　170千字　图38幅
印　　数　4,001-5,000册
定　　价　48.00元

（印装查询：01064002715；邮购查询：01084010542）

送给成书过程中跨越缠足年龄的安妮卡和赛拉菲娜

——劳拉·宝森

献给武雅士

——葛希芝

目 录

致谢 001

1 关于缠足的一些问题 005

2 寻找答案：研究方法与田野工作 033

3 华北平原 051

4 中国西北 091

5 中国西南部 115

6 中国的缠足现象 161

   附录一：表格 203

   附录二：关于逻辑回归计算的相关

       公式 209

参考文献 211

致 谢

本书是多年来努力的成果,受到了众多机构和个人的支持与帮助,超过了我们能够致谢的范围。我们非常幸运能够进行这一探索,从中理解曾经为千万人口所接受的缠足现象何以消逝得如此突兀。我们期待,这项研究能够激发起对如何阐释习以为常的文化风俗和传播方式的重新评估。

首先,我们要感谢将近两千名的老年乡村妇女以及她们的家人,她们邀请我们到家中,耐心地回答我们的问题,讲述她们20世纪早期的经历,还常会给我们展示自己保存的手工制品和劳动工具。她们极大地帮助了我们去理解当年那种情境,即她们是如何被养育起来的。有机会采访她们实在是难能可贵。

我们也要感谢以下为本项目提供经费和支持的机构:美国国家科学基金,项目号BCS 0613297;哈里·弗兰克·古根海姆基金会关于对女性暴力和攻击的项目;丝绸之路基金会;哈佛大学拉德克里夫高等研究院研修项目;卡尔&莉莉·福兹海默基金会;加拿大社会科学与人文研究理事会;日本国立民族学博物馆;香港中文大学中国研究服务中心;利希慎基金会;麦吉尔大学和斯坦福大学。

在众多为我们提供咨询和协助服务的图书馆中,我们要感谢麦吉尔大学人文与社科图书馆,哈佛燕京图书馆、贝克图书馆和怀德纳图书馆,拉德克里夫高等研究院史勒辛格图书馆,日本国立民族学博物馆图书馆,香港中文大学中国研究服务中心图书馆，洛威尔科技博物馆，斯坦福大学图书馆，云南省图书馆，云南省社科院图书馆，陕西省社科院图书馆，郑州大学图书馆，安徽大学图书馆和云南大学图书馆。

在一些机构和会议上我们提交过本书的部分研究成果，包括哈佛大学拉德克里夫高等研究院，芝加哥大学，斯坦福大学肖伦斯坦亚太研究中心，麦吉尔大学科技与发展协会，拉德佩斯博物馆，纽约州立大学奥尔巴尼分校，纽约州立大学普拉茨堡学院，日本国立民族学博物馆，香港中文大学，上海复旦大学，云南省社科院，中央民族大学，美国人类学学会，美国亚洲研究学会，欧洲汉学学会；国际人类学和民族学大会。

在中国，多年来许多人为本书提供了研究便利。在他们之中我们想要特别感谢的是程绍珍、冷亚莉、李朝东、范成雕、胡晶、潘蛟、孙丽萍、佟春霞、王旭瑞、熊景明、杨圣敏、张海洋、张历仁、郑宝华和朱霞。在每一个调查点，在中国朋友和同事的帮助下，往往都是通过当地妇联干部、村干部、大学教授、研究生、当地老师的斡旋，我们才得以找到合适的访问者，并加以培训。我们要真挚地感谢那些分组行动的成员，无法一一列举的参与人员，感谢他们耐心、踏实的工作。

许多同事和朋友在其他阶段也给予了我们研究方案、意见、建议、审读、鼓励和支持。我们想要感谢 Donald W. Attwood, Kathryn Berhardt, Liz Cohen, 伊懋可, 艾约博, Mareile Flitsch, 方秀洁, Suzanne Friedberg, Amy Goldstein, Susan Greenhalgh, Ralph Hanna, 熊景明, Gal Kalminka, Nobuhiro Kishigami, 李立, 马建福, Antony Masi, Joseph P. McDermott, John Plotz, Jan Rindfleisch, John Shepherd, Benny Shilo, Matt Sommer, Janice Stockard, Judith Vichniac, Deborah Winslow, Robin Yates, Macy Zheng。感谢项目最初的参与者鲍梅立，感谢她独到的见解和功劳。我们还要感谢丝绸之路基金会的 Adela C. Y. Li，为了敦促这一项目得以实现，陪同葛希芝踏遍整个中国北方地区评估，并与各个调查点建立了联系。

另外，我们还要感谢麦吉尔大学的研究助理 Cynthia Tan, Emilio

Dirlikov，Rafael Charron-Chenier，哈佛大学的研究伙伴傅晓和 Justin Liu 以及麦吉尔大学地理信息中心和石瑞兰。我们十分感谢匿名审读者很有启发的建议，更要感谢编辑 Jenny Gavacs 的建议与鼓励。

最后，我们要将最真诚的谢意致以我们的家人，永远的幕后支持者属于 Nathan Bossen 和已故的武雅士。

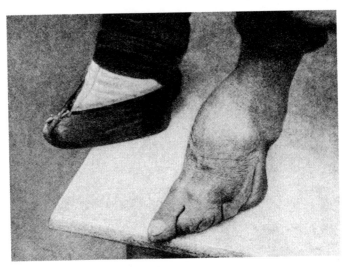

◆ 001　20世纪早期关于缠足影响的照片
图片作者B.普里多，出自汉默顿编著《世界各国人民：往事及现状》（伦敦：弗利卫出版公司，1923），亚瑟·科比特－史密斯《中国：百万民众艰辛史》一文。

1
关于缠足的一些问题

我7岁大的时候,母亲带我出门到田里,荞麦花正开,母亲缠起了我的双脚,用布条紧紧裹住。她用裹脚布紧紧缠住我的脚,也许都会令骨头断裂。我哭了,母亲只是打我。我妈说我的一双脚太大了,以后没有人要我,我会找不到婆家。在荞麦地里,母亲为我裹好脚后,就让我走回家去。我一路上没有停歇。等我们到家了,母亲让我坐下开始纺线。那时候,女孩家是不许出门的。我小时候还可以出门四处跑,但长大了,就不能出门了,我必须待在家中干活,纺线织布。我纺出的纱线非常好。其他人给我棉花,我纺成纱线以后,他们再来取走。他们会给我钱或者馒头。我年轻时还编过草帽,父亲会拿着草帽上集市出售。

——爱花(80岁),2008年10月19日由作者及研究团队访问于陕西洛川

就在并不久远的过去,缠足这种具有生理摧残性的习俗与上百万中国女性息息相关。[1] 缠足使用外力强压发育期女孩的脚骨、脚趾及足弓,使脚

---

[1] 我们的保守估计是,中国有上亿女性在成长过程中曾经缠足。关于缠足的资料记录实在是太少了,所以任何相关估算都难免有猜测的成分。我们的粗略估算过程如下:(转下页)

骨停止向前或向外生长。最严重的缠足会令女孩的双脚痛苦地永久变形，限制其一生的活动能力。要达到稳定的效果，需要多年缠足。所谓的"三寸金莲"，基本上是不可恢复为天足的。在历次的政治运动中，小脚女性被要求放脚，松开裹脚布，让脚不受原先的限制继续生长。然而，这种"解放脚"走起路来却十分痛苦，甚至不重新裹上就走不成路，因为整个脚的骨骼架构已经破坏。稍轻一些的裹脚传统，是将四个脚趾弯在脚掌下，以使脚型变窄。这种"黄瓜脚"或"半坡脚"放脚时相对容易，但是很多人放脚之后，四个脚趾仍窝在脚掌下不能复原。缠足这一习俗在中国遍布各地，持续了数世纪，直到民国（1912—1949）依然没有停止。20世纪中叶，给女孩缠足这一习俗业已结束，但许多女性伴随着已经缠过的双脚迈进了21世纪。在同一时期（民国晚期），绝大多数中国人践行着劳动力密集型的小农经济。由此，我们要问，中国农村女性缠足之后是如何劳动的？难道她们只是"吃闲饭"吗（在一个人口过多、劳动力剩余的农业国家）？还是她们只负责生儿育女？这对贫困家庭而言似乎都是绝无可能的。这一疑问激发了我们的兴趣，推动着我们的研究工作。

有关中国女性的缠足问题，研究中国的学者、传教士、历史学家、小说家等均提出过许多见解。然而，关于缠足女性的生活与劳动的问题，却总是被人遗忘或者草草带过。鲜有研究者询问缠足女性本人的意见。这也许是因为存在一些既定的假设，比如，农村女性极少缠足，或缠足的农村女性都是全职家庭主妇而不参与商业经济。还可能有一些原因，比如，由

· （接上页）1900年清朝人口数约为45000万。根据班久蒂（Judith Banister 1987，3）的资料，1851年总人口数为43000万，1953年为58300万。在这45000万人中，大约有90%是汉人，因而汉族人口数大约为40500万。假设在这40500万人中，半数是女性，那么汉族女性人口数约为19200万。（对女性人数的估计是根据110∶100的男女比例得出的，其中保守计入了因溺婴、遗弃或无人照管而造成的女性死亡率。资料来源：[Jiang et al. 2012；Mungello 2008]）如果半数汉族女性生活在缠足风行地区，那么大约有9600万女性曾在19世纪下半叶经历缠足。如果当时的人均寿命估算为40岁至50岁，并假设19世纪初的总人口数为43000万（比19世纪末略少），那么19世纪上半叶经历缠足的女性人数则约为9200万，19世纪合计缠足人数约为2亿。上述关于缠足分布范围的假设并非没有依据，我们会提供受访者母亲及祖母的相关数据作为证明。

于缠足女性行动不便及语言不通，很难与研究者产生交流，因为这些研究者大都是非亲非故的男性，而女性一直是固守在家的。最后一个原因是，缠足女性的劳动场所多在自家屋内及庭院这样的私密空间，外人对其生活和劳动情形自然是难得一见，即便是乡里乡亲的男性也不容易知道详情。因此，我们的研究转而关注女性的劳动与缠足之间有何种关系。如果将女性的劳动方式变迁纳入考虑，我们想问，这样是否能得出关于缠足及其消亡的有力解释？

在中国广阔的疆域内，晚清及民国时期（1850—1949）的政治变局对人们的日常生活造成了极大的破坏。[1]天灾人祸及残酷而持久的战争穿插在大多数普通人的生活中。迁徙与侵略、国际战争与内战以及民众强烈不满情绪之下的造反运动，彻底打乱了百姓生计、财产状况及价值观念。19世纪几个重大的政治争端分别是：（两次）鸦片战争、太平天国运动，以及许多局部地区的长期起义运动。代表20世纪早期的重大事件分别是辛亥革命、抗日战争，以及使中国共产党获得政权的解放战争。[2]政治及军事冲突又进一步加剧了生态环境的恶化。尤其是在华北平原，长期的干旱、饥馑、洪涝夺去了数百万人的生命。[3]在这些可怕的变故面前，许多农民不得不背井离乡，以躲避自然灾害、匪患及战乱。然而，妇女们仍旧给女孩缠足，不论发生了起义、迁徙、清朝灭亡还是军阀混战。直到20世纪三四十年代

---

[1] 中华帝国晚期，一般指明清时期（1368—1911），而我们的研究兴趣主要集中于这一时期中的最末期，即清朝后期的19世纪。

[2] 这些冲突发生的时间表明，清末和民国时期是政治冲突极为频繁的时期。其中包括：两次鸦片战争（1839—1842，1856—1860）；太平天国起义（1850—1864）；捻军起义（1851—1868）；西北地区的回民起义（以及云南回民杜文秀起义，1855—1873），地点分别为甘肃（1872—1878）、陕西（1862—1873）、新疆（1864—1876）；黔乱（1854—1873）；义和团运动（1899—1900）；第一次中日战争（1894）；辛亥革命（1911—1912）；抗日战争（1937—1945）；土地革命战争和解放战争（1927—1937，1945—1949）。

[3] 1876—1879华北平原的饥荒，夺取了900万—1300万人的生命。1920—1921年的干旱和饥荒祸及大约3000万人，估算的死亡人数为50万。1928—1930年华北平原的饥荒中，死亡人数经估算为1000万人。在李明珠（Lillam Li 2007，284）中，有一张1850—1950年重大灾害与饥荒的列表，不过在这张表上，却漏掉了1887年因黄河决口引发洪灾而造成的100万人口遇难（因黄河而遭灾的还有1937—1945年90万人）。

之前，缠足现象在历次社会动乱中均继续存在。

关于缠足，许多作者将其作为城镇精英阶层追求美丽的举动，然而，历史学者却很难找到有关缠足分布传播情况的可靠记载。历史学家高彦颐（Dorothy Ko）注意到，自12世纪以来，男性知识阶层在谈到缠足时，都是只言片语的"点评"，是"神话、传说、小道消息与历史相互杂糅的关于缠足起源的故事"。到了19世纪，缠足则成了"正史、地方文献及道德宣教等官方文本中的禁忌内容"（Ko 2005，2，110—111）。在史料中，将可信的见闻与书斋中的遐想划分清楚是极为困难的，因此，当代历史学者采用了以时间、区域或其他社会经济关系来整合琐碎史料的研究方法。

然而，不论欣赏或批判，中国学者谈到缠足时，总是带有缠足最开始是精英阶层行为的想法，并认为这些精英生活在远离农业的城镇。中国精英阶层中有女作者有时会写到自己的缠足，但农妇、女佣、女工等群体却几乎不参与写作。在19世纪，西方的观察者们评论缠足，大多依据的是其对女性（往往是老百姓）户外劳作场景的一瞥。对于城市中足不出户在家劳动、不为外人所见的女性（精英/老百姓）而言，其缠足的普遍程度是难以估测的。[1] 从上述文本资料中，极少能产生与特定地区及社会—经济状况直接相关的研究视角。尽管还有一些关于缠足满怀诚意的见闻及论断，但根据目前所掌握的有限资料，仍无法对19世纪末之前城镇女性（精英/底层）中缠足的普遍程度做出任何有力的推断。

本书关于缠足的研究，在诸多方面与其他此类作品有重要区别。第一，我们所写的是农民，我们采访了从中国东北到西南各地区数以千计的农村女性。第二，我们关注缠足与女孩家庭经济劳动之间的关系，她们在家庭中生长并学会劳作。第三，我们提供关于缠足消亡第一手的大规模比较研究数据，对促使农户摒弃此遍布各地且持续数世纪之久的顽固习俗的外在力量，提出新的见解。在此研究项目中，我们穿越中国，探寻缠足的概貌

---

[1] 直到20世纪中叶，中国的妻子仍经常被丈夫称为"内人"，这表明她们的职责是在家中从事家庭劳动。（Jacka 1997，122）

（这一痛苦且悠久的习俗竟能如此束缚中国年轻女孩的身体）。我们想提出的，是对目前流行的缠足研究的纠正，以及将女孩、妇女的生活与其生计模式重新联系起来的思考。

在中国乡村经济变迁的背景下，我们尝试解读中国女性足不出户的家庭劳动及缠足问题。通过考察缠足与女性繁重的劳动量之间的关系，以及缠足如何消亡，可以延伸至更宏观的中国经济转型问题。在重估前工业时代中国劳动生产率的诸多前提的基础上，本研究结论将对现有关于中国经济史的论述提出挑战，同时也反驳了时下流行的关于缠足消亡的解释，因为这些解释没有考虑引发变革的经济基础。

缠足的兴起及传播

为了研究缠足的经济意义，我们的理想是期望能够廓清其起源，界定出最早开始缠足的地域和群体。然而，缠足在中国的发生和扩展路线，难以确切得知。缠足的原初目的及传播方式，可以说是未知的，学者们普遍接受的说法是，缠足起源于宋朝中心地区的精英阶层，由此扩散至全国各地。[1] 根据高彦颐引用清朝中期历史学者赵翼的研究资料，18世纪是缠足的巅峰时期，除了南方四个"边陲"省份缠足较少之外，"缠足在帝国上下全面施行"（Ko 2005，131）。[2] 缠足在一地会存在多种情况，赵翼举出的苏州城城墙内女性缠足及城门外田间劳动女性赤足的例子，即指出了这一点（131）。但事实与赵翼的印象相反：当时缠足并非仅限于城市女性或精英女性。19、20世纪的见闻录及文学资料表明，缠足在全中国普遍存在，无论城乡也无论贫富。从事中国研究的学者曾提出，正如精英时尚会被其他阶层所效仿一样，缠足也是

---

1 开封（古称汴京）是北宋王朝的首都（960—1127），杭州是继北宋之后南宋王朝的首都（1127—1279）。开封与杭州都是纺织业的重镇，宋朝是中国历史上一个商业扩张的时期。
2 高彦颐解释道，在中国南部边陲的广东、广西、贵州和云南四省，"只有省城里的人会模仿缠足的做法，而乡村地区则不会这样"（Ko 2005，131）。这些乡村地区包括统治阶层的汉人及被征服的各种少数民族。

底层社会与农村社会效仿精英阶层的做法。说到底，关于缠足起源与传播并没有可靠的文献证据。即便我们接受缠足自上而下扩散的可能性（甚至只是看上去有些道理），肯定还有其他促使缠足传播的动机。

社会学家克里斯蒂娜·特纳研究缠足的地理状况，运用游记和日记中的材料，绘制了一张中国古代核心区域的缠足分布地图（或称之为"草稿"）。（Turner 1997，447）她的推测是，缠足在长江以南存在但并不普遍，而在长江与黄河流域之间的地区较为普遍，尽管许多广阔的农村地区由于缺乏充分信息而难以准确概括其缠足情况。缠足在黄河以北如此普遍，几乎是毫无例外（除了河北省），在西南省份云南也是如此（这一点也许令人出乎意料）。在缠足较为普遍的地区内，不缠足的小群体也是存在的，反过来说也一样（在缠足不普遍的地区内，缠足的小群体同样存在）。特纳将缠足分布图与中国的农业区域对比，结果发现，在气候寒冷、沙漠及山区等不适宜定居、发展农业的地区，缠足是逐渐减少的。（448）[1] 缠足兴盛并持续的地方，很显然是汉人（中国人数最多的民族）占据的农业区。在缠足方面颇有见地的柯基生得出过同样的结论，即缠足这一习俗的前提是汉化（或准确地说，汉文化传播）。（柯基生 2003，15—16）

汉族人口约占中国人口的92%。在古代帝国扩大疆域的时候，汉人在边境建立藩国属地并与其他民族通婚，因此在许多地区，汉文化与当地文化相互融合。虽然幅员广阔会带来生态、语言、风俗及亚文化方面的区域差异，根据巴博德与杰乃·萨拉福的说法，汉文化的突出特征是"人口密集居住和农业精耕细作"的经济模式。在这种模式中，小农户有责任向政府缴纳赋税并保证顺从，以此为基础支撑起古代国家政权及其行使行政功能的城镇体系。（Pasternak, Salaff 1993，3—4）经过长期、连续并不断加强的中央集权，汉民族建立了一种"长期生效的适应性"，巴博德与萨拉福称其为"中国方式"（Chinese Way）。（3—4）从历史的角度看，"中国方式"所受到局限的地方，

---

[1] 缠足消失的地区有东北的黑龙江、吉林和内蒙古等省份，以及新疆与西藏等西部省份。缠足率在四川西部、甘肃及辽宁北部地区有所减少。

是在边陲地区不能定居发展精耕农业的地区，以及国家税收－分配体系及发达区域市场体系均未能形塑当地习俗及认同的地区。（Gates 1996，72—75）

在与汉人比邻而居且生活方式相近的少数民族地区，有些民族接受了缠足这一习俗。但总体而言，缠足对边地少数民族来说是很晚才传来或完全不存在的，且缠足的内涵已与更宏大的"汉化"问题搅在一起。在多民族杂居地区文化相对独立的群体中（例如回、土家、白、彝以及通常不缠足的客家[1]），女性缠足程度不尽相同。[2] 因此，缠足并不一定是某一民族特有的。统治清朝（1644—1911）的满族是这一总体情况中的重要例外。满族作为来自北方的统治者，明确将缠足定义为汉人习俗。满人虽未能成功将缠足清除（Ko 1998；Elliott 2001；Shepherd 2012），但缠足在满人群体内基本上是被禁止的。[3] 除了满族的例子之外，认为汉人将缠足视为一种民族特点以区别他族的观点，也许有一定的解释力，但与服装、发式或文身等标志相比，其显著性就略显不足。[4] 而且这一说法也不能解释为何缠足在

---

[1] 客家是早期（北方）汉人向广东（南方）迁徙的一个很特别的族群，一般不缠足。长三角某些地区的女性，以及北京地区的一些女性，也是不缠足的。（Fei 1983；McLaren 2008；Walker 1999；Elliott 2001，247）哈罗德·列维写道："在单个省份内，缠足区与非缠足区彼此相邻。在福建、广东和广西等南方省份，天足占比更大一些。"（Levy 1966，273）

[2] 缠足并非严格局限于汉族，或作为汉族的识别特征，尽管在伪满洲国或台湾岛等汉人与当地少数民族杂居的地区，缠足被视为此边疆环境中的族群标识。有些地区的少数民族女性也会缠足，但在其他一些地区，尤其像客家这样的汉族女性并不缠足。当某地家庭经济中含有定居农业及手工业时，非汉族人群的缠足行为，也许更多的是模仿汉人而来。其周边以刀耕火种及游牧为主的群体，一般不会引入缠足。在兼有汉族与其他民族特点的定居农业人群中，缠足在有些情况下是认定女性族群身份或是否汉化的标识。关于满族与彝族（19世纪文献中称之为尼苏族）的缠足资料，见高彦颐（Ko 1998；1997，14，24）。关于土家族的资料，见鲍梅立（Brown 1996）。关于白族的讨论，见许烺光（Hsu 1967）。

[3] 满族人是清朝的皇权阶级，原本是游牧人及骑兵。满族女性一般都会骑马。佩雷菲特（Alain Peyrefitte）援引安德逊（Aeneas Anderson 1795）所写的北京满族女性："'她们并不缠脚（相对于缠足女性而言）……而完全是天足。'斯当东曾见过一些漂亮的女骑手：'几名鞑靼女子骑马代步。她们像男子一样，两腿分开跨骑在马背上。'"（[1992] 2013，125）[《停滞的帝国：两个世界的撞击》，佩雷菲特著，王国卿等译，北京：生活·读书·新知三联书店，2013，第110页。]

[4] 鲍梅立（Brown 2004），高彦颐（Ko 1997，1998）和舍费尔德（Shepherd 2012）注意到，缠足在台湾有时会成为一种族群分界线，用以区分未缠足少数民族女性的举止与（转下页）

关于缠足的一些问题　　011

汉人与其他民族交往极少的中原地区兴盛且持续。[1] 本研究并无意于讨论某些晚近或久远的他族历史如何影响缠足率。[2] 我们明确得出的结论是，缠足兴盛并持续的地区，主要是由汉人占据的农业区。

缠足的分布情况也随着时代的发展有所变化。在19世纪末期，基督教传教士及中国的改革派发起了反缠足的宣传活动，他们在讲演及文章中经常发表此类言论，诸如缠足痛苦、丑陋、病态、妨碍生产、性放纵、屈辱以及残疾，或缠足使国家衰弱。(Broadwin 1997, 422, 426—427, 435) 由他们建立的反缠足组织有1895年创办于上海的天足会、1896年创办于广州的不缠足会，及1903年创办于杭州的放足会。反对缠足者提出，缠足女性是懒惰且不事劳作的，她们的生活"不是整天坐在那里吃东西，就是绣花或者做其他显然无用的事。即便从事劳作，也是体格虚弱……5个缠足女性的劳动力，抵不上1个天足女性"(Broadwin 1997, 426, 转引自清末改革家张之洞)。很显然，这样的批评并未考虑缠足女性是否用她们灵巧的双手参与了有回报的经济活动。正如一位美国传教士在1910年代的书信中所写的，绝大部分反缠足组织都是昙花一现，遭到了坚决的抵制："我自己曾费了多大的劲，与这些不可理喻、头脑发蒙、因循守旧、冥顽不灵、固执己见……的女性争辩，但是，就是没法劝她放开恼人的女儿们那双该死的小脚。"(418, 转引自Graham 1994, 39) 不过也有赞同的声音，如布罗德温提到："总体上他们在中国中心城市很快便打击了缠足的习俗。"(420)

（接上页）汉族女性的"文明"举止。因此，在族群交界地区，缠足是女性可用以强调自身汉族认同的手段。由此推断，汉人女孩的缠足，主要是为了与当地少数民族作出区别，因为后者在文化的其他方面与其并无太大差别。另外，少数民族女性与汉人女性在经济活动中的异同却鲜有提及。人类学家许烺光在1941年写大理白族时（大理是云南省一个大市镇）曾提到，中老年女性是缠足的，且半数以上从事手工纺织业并出售产品，但他从未将手工劳动与缠足联系起来，也没有对说两种语言的白族的族群身份认同提出质疑；(Hsu 1967, 18, 69) 另见孔迈隆 (Cohen 2005, 46, 48)。

1 此处包括诸如华北平原上人口稠密的河南省等地区，汉人占绝大多数。
2 对于缠足的起源及在各地传播的先后时间，有赖于下一步对普通民众女性档案资料的发掘工作，以及对出土墓葬中女性足骨的分析与年代认定。如果中国考古界可以关注到普通民众的墓葬，其考古发现将揭示缠足在各个地区早期历史中的普及程度以及分布情况。

根据特纳的说法,"对于在外国势力的压迫下,需要尽快建立起现代国家的、在中国占有权力及财富的男性精英而言,在早期阶段缠足的消亡遵从着(从上向下)的阶级等级,这并不出乎意料"(1997,465)。看到缠足在中国沿海城市逐渐衰落,改革者们便急于证明自己的劳动成果。(456—457)"在1910年代,给女儿缠足的行为已经几乎在城市上层阶级中消失了。"(Broadwin 1997,419)但自相矛盾的是,正如特纳所言,"对反缠足运动不加评论的观察者经常称,精英阶层的缠足比底层的缠足更为普遍且更趋极端。另外,对反缠足运动的评论却总是强调,其最大的成功是精英阶层不再缠足,而底层及农村地区依然缠足"(Turner 1997,456—457)。

农业、手工业及商业化

发现了缠足与定居农业之间的大致关联,为我们研究前工业时期中国女性的劳动状况迈出了第一步。第二步则是家庭内的劳动分工。中国古代的经典说法"男耕女织"持续了数世纪,支撑着前工业时期中国农户粮食生产与布匹纺织的交互关系。[1] 然而,这句格言仅仅指出了性别分工,并未谈及各年龄阶段与生命周期中人的劳动能力与劳动状况。这一格言彻彻底底地掩盖了未成年女孩对家庭经济的贡献。(Gates 2015,128—130)未成年男孩同样承担家庭劳动,但在发育健壮之前,并不能承担诸如犁地等壮力劳动,而且在犁地等劳动之前,也不一定需要小男孩做某些前期准备。但女性织布却完全依赖小女孩之前的纺线劳动,就像本章开篇的故事一样,纺线的劳动在女孩很小的时候就开始了。这种小男孩与小女孩的劳动差异,启发我们超越众所周知的性别分工视角,转而探寻对理解缠足非常关键的女性生命进程中不同阶段的独特意义。

基于女性手工纺织业劳动在经济中的重要地位,我们假设,女孩的缠

---

[1] 这一说法遮掩了一项事实,即中国的许多地区,在日益发展的劳动分工背景下,乡村女性同样会参与多种农业劳动。(Jacka 1997;Bossen 2002)

足率及持久性，在女孩普遍从事商业手工制品（用来交易而不仅仅自用）生产的地区较高，而在商业手工制品生产并不普遍的地区较低。我们相信，缠足的习俗在相当程度上受到家庭对未成年女孩某种劳动形态的需要，人们希望女孩从很小就可以从事对家庭经济有用的手工劳动。缠足这种严苛的束缚，限制了小女孩逃离手工劳动的能力，并且告诉她，以后再也不能奔跑玩耍了。小女孩必须学会忍耐由亲生母亲加给她的疼痛的禁锢。新裹上的脚走起路来是疼痛且困难的。小女孩这时别无选择，只能驯顺地安坐在家中或庭院内。一般对女孩的教育是，缠足可以让她们以后顺利找到婆家，说不定还能嫁得不错。伴随着这一愿景的，是对不缠足女孩会嫁不出去的警告。[1] 这些说法让女孩自觉自愿地为将来的婚姻生活做出长期投入，通过痛苦的身体重塑，使自己做好以后做媳妇和妻子的准备。同时，在娘家的劳作调动起她对心灵、双手及上半身的运用，教给她眼下在娘家及未来在婆家的重要劳动技能。女孩如果反抗，就会遭到严厉的惩罚。

从这一逻辑出发，如果在工业品涌入并挤压了女性家庭手工产品市场的时候，为女孩缠足的意愿会随之下降。我们对经济形势变化如何影响缠足做出了如下解释：当女性手工制品的市场收入降低，或女性不再从事商业手工制品生产，家庭会逐渐停止给达到缠足年龄的女孩进行初次缠足。当需要长期以坐姿从事的手工劳动仍然维持着家庭收入，并作为完成家庭经济义务之辅助渠道时，缠足就会持续下去。一季或一年的市场行情下降，并不会降低家庭对女孩手工劳动的需要，因而也不会促使父母停止缠足。影响父母决策的因素，应该看作一股潮流，是社会对缠足女性所长期从事的手工艺的永久性抛弃。另外，女性家庭手工业转型的速度，取决于女性能否找到其他可以在家做并且能带来收入的手工产品。在找不到其他能带来收入的手工活计的地方，如果原材料充足并且确有自用需求，女孩或许仍然要学习传统手工艺，但这时父母的缠足意愿不会非常强烈。

---

1 在鲍梅立等人 2012 年的著作中，讨论了母亲传递给女儿的关于缠足能带来更好的婚姻机会的说法。

母亲的缠足理由

母亲是给女儿缠足的直接主体。白馥兰写道:"可以想象关于孩子的许多决定是很难做出的。我们也常常为中国人在一个好母亲或好家长身上所寄予的希望而震惊不已。"[1](Bray 1997, 336)在后续章节中我们会写到,女儿的缠足大多数情况下是由其亲生母亲操作完成的,除非母亲在女儿未达到缠足年龄时去世。在某些情况下,尤其是"童养媳"制度中,女孩的婆婆(或未来的婆婆)会找人或亲自为其缠足。在20世纪初,有些女孩的父亲反对给女儿缠足,但母亲却坚持说缠足是非常必要的。母亲为何要给女儿缠足呢?我们主要考察两种说法,一种是母亲劝说女儿忍耐缠足疼痛时所说的理由,一种是表面上并不说出来的理由。我们不能要求人们去表露自己那些并不愉快的行为动机,也不能指望人们能够剖析出约定俗成的社会行为中的深层逻辑。我们认为,缠足令女孩付出受伤的代价,以协助母亲以及未来的婆婆从事劳动。如果母亲点明缠足是为了让女儿能专心从事手工劳动,那么这会毁掉母女关系。尤其是在家里耕地有限、产粮不够维持当年口粮消耗的家庭,缠足可以保证女孩安坐在家中,并从事各种枯燥的手工劳动。对于母亲而言,缠足是一个将女儿留在家中协理家务的理由,以免父亲和兄弟要求女孩去帮他们做农活。

我们相信,母亲和家庭中的女性长辈为家中的女孩缠足,是为了取得对其劳动的控制权,而后将造成这种身体伤害的责任,从娘家母亲推到一位尚未谋面的婆婆身上,因为如果女孩没有缠足且没有学会一手好活计,婆婆就会虐待她。[2]我们采访过的许多女性,都向我们复述了小时候母亲告诉她们的话:只有裹小脚才能找到好婆家,要不然连嫁都嫁不出去。话里

---

[1] 译文出自《技术与性别:晚期帝制中国的权力经纬》,[美]白馥兰(Francesca Bray)著,江湄、邓京力译,南京:江苏人民出版社,2006。后同。——译者注
[2] 在城市中,这一点也是同样的。从事手工艺品生产的女性,会让其女儿帮忙做许多手工劳动,富贵人家的丫鬟,会专职从事纺线、织布及刺绣等劳动,士大夫阶层出身的女性,在未嫁时也会学习非常精巧的刺绣工艺。(Mann 1992)

隐含的意思是，如果女孩有一双大脚，就要嫁到穷人家里去，不得不下地干活（作为佃农），或做重体力活。下地干活或做重体力活，又总是与家道贫穷、生活无靠、妊娠并发症中的疼痛、疲惫、危险，以及因过劳而早衰联系在一起。这些担忧无疑是很吓人的，有助于大人哄劝女孩，让她们不要因疼痛而哭号，并且不要想着松开裹脚布。

对于富有或精英家庭的女孩而言，虽然她们不必担心嫁到穷人家去，但她们会忧虑婚后在婆家能否得到认可与尊敬，未来的婆婆及丈夫能否善待自己。缠足及嫁妆中的女红刺绣，可以向婆婆展示新媳妇在娘家学得的一手好活计。精英家庭的女孩也要学女红，当代作者经常错误地称此为"消闲"，行文中看不到对此劳作之经济意义的关注。

当我们讨论关于缠足的各种观点，并呈现从中国12个省份收集到的农村地区缠足实践的数据时，我们必须谨记中国母亲在生活中所面临的诸多问题。在1960年代以前，中国女性生育子女的数量比现在多很多。人口学家曾经争论过女性对生育拥有多大的控制权，进而对马尔萨斯主义对人口的作用产生了截然相反的观点。经测算，当时农村女性的平均生育子女存活数是6个。[1] 不论中国家庭人口数是"自然生育"（人口学家将不受有效避孕措施限制的生育称为"自然生育"）[2]，还是节育或溺婴的结果，可以肯定的是，女性在怀孕、育婴及照顾幼儿方面有沉重的负担，这些都会分散其精力，并加重劳动量。

在长时间的劳动量之外，加在女性身上的生理负担还有：经常性的怀

---

[1] 从我们所收集的数据来看，1939年以前出生的女性，平均一生中有7次妊娠、6次分娩。
[2] 关于中国夫妻是否能够主动避孕（控制人口增长）的问题，李中清（James Lee）和王丰（1998，1999，2002）、李伯重（1998）及彭慕兰（Kenneth Pomeranz 2002）给出过肯定性的结论，但已遭到尹泰尔和谢莹慧（Engelen, Hsieh 2007）、苏成捷（Sommer 2010）、武雅士（Arthur Wolf 1985, 2001）以及武雅士和尹泰尔（Wolf, Engelen 2008）的反驳。一生中平均6次以上的妊娠、分娩6个婴儿，对于操持家务的女性来说已经是十分沉重的负担了，更不用说还有怀孕、分娩及产后恢复、母乳喂养、照顾婴幼儿等麻烦事。单是生育负担这一项，就足以迫使绝大多数女性减少纺织劳动的时间投入。经济史学家在测算女性的劳动投入时，极少考虑到这一点。

孕、早产的危险、子宫出血、子宫脱垂及小便失禁，每个婴儿1—3年的哺乳期，以及月经。[1] 带孩子的母亲同现代职业女性一样，面临着劳动与育儿的尖锐矛盾，即便劳动地点是在家中。在织布这样的高难度手工劳动中，喂养和管教孩子会造成强烈的干扰。传统技能中许多劳动都极为耗费体力，诸如挑水、推磨、窖藏食物、拉风箱生火做饭、侍弄菜园子、饲养家畜、在小河边或木桶边洗衣服，以及为家人做被褥、衣服和鞋。许多女性还要纺线出售，或留下纱自己织布，以供冬夏衣物、铺盖和做鞋所需。女性还要从事手工产品制作（诸如绳子、席子、草帽、麻袋、网等），以便出售或换取零钱、粮食、油或棉花等纺织原料。白馥兰引用了如下对农村女性纺线织布的描述："（农民）聚家之老幼，姑率其妇，母督其女，灯相对，星月横斜，犹轧轧纺车声达户外也。"[2]（1997，219）

作为母亲，如何让只有7岁大的女儿每天花很多个小时从事无聊且久坐不动的劳动呢？在中国农村，父母并不将年幼子女当作有理性思想的人，或可以协商沟通的同伴。（Eastman 1988，22；M. Wolf 1970，1972，70—71；A. Wolf 1964）人们对儿童的要求是听父母的话，如果不听话，一般就会挨打。儿童当然会反抗逃跑。但母亲要在织布机边完成织布的劳动，便没有时间追在女儿身后要求她们坐下纺线。除非她停下织布，自己纺线，否则她的劳动要完全依赖于另一个人的纺线劳动。中国母亲出于让女儿安静坐下从事手工劳动的目的，会为女儿缠足，这一方法十分奏效。如果一名女孩能默默接受父母的一切要求，甚至是缠足的折磨，那么她就会得到温顺的美名，将来一定能做个好媳妇。

对于繁忙的母亲来说，往往会想到如何把孩子限制住以使其安稳听

---

1 费孝通曾这样归纳开弦弓村女性的育儿负担："村里的孩子整天依恋着他们的母亲……孩子吃奶要吃到三岁或更长的时间……每当孩子哭闹，母亲立刻就把奶头塞到孩子的嘴里，使他安静下来。村里的妇女不到田里劳动，整天在家中忙碌。"（1983，31—32，译文出自《江村经济——中国农民的生活》，费孝通著，戴可景译，南京：江苏人民出版社，1986，第27页。）
2 白馥兰引自《宁河》杂志，转引自童书业1981，306。

话。(Pruitt 1945；Bossen 2002；Gates 1989）相比于更晚近的中国人限制儿童活动的方式，缠足也许并非不可思议。1990年代，成千上万的婴儿（大多数是女婴）被遗弃，人手不够、资金不足的孤儿院里人满为患。("外国父母"[1]2003)[2] 尿布紧缺、婴儿太多，孤儿院劳动人员实在难以应付，以至于在有些孤儿院，小婴儿及三岁以下幼儿会被塑料胶布长时间绑在便盆上。对要照顾擦洗40—80名婴儿的女性来说，这种婴儿排便训练能够省时省物。经济学家史蒂芬·列维特（Steven Levitt 2011）曾提到，他收养的女儿"腿部有捆绑后的伤痕，我想是捆在便盆上留下的"。[3] 缠足也许反映了同样的动机。如果母亲的劳动不堪重负，那么即便疼痛，给女儿缠足也是一种儿童训练的快捷方式。

中国研究中的缠足与女孩劳力

我们的研究旨趣恰恰处在中国研究中两个重要领域的交叉口，即女性及性别研究与经济史。对于女性及性别研究，我们主要关注农村女性生活的变化，以及由此而带来的缠足现象的衰落与禁绝。近来关于缠足的观念，特别是关于农村女性缠足的观念，大多带有误导性。[4] 当时中国女性人口大部分是文盲，没有能力描述出自己的经历。很多关于缠足的叙述都是源于文学想象，而并非来自缠足女性的直接根据。况且很多关于女性劳动的文字，从精英女性的文艺生活到乡村贫苦女性的农活、乡村手工业等，其中都很少涉及缠足一事。

---

1 报道详见链接 http://www.china.com.cn/chinese/2003/Dec/453327.htm。
2 根据一则资料显示，"自1990年代起，外国家庭已收养了超过5万名中国弃婴"（"外国父母"报道，2003）。2011年，美国国务院报告称，在1999至2010年间，有64000名中国儿童被收养至美国。(Leland 2011)
3 此为《魔鬼经济学》的作者列维特为支持"半边天基金会"（一家致力于改善中国孤儿保育质量的机构）所发表的言论。宝森也曾见到从中国收养来的孤儿身上的伤痕。1990年代，宝森曾在缺乏人手的云南一家孤儿院做过志愿者，看到40名至50名婴儿躺在摇篮中，奶瓶倒挂着喂他们，因为保育员没有时间一个个把婴儿抱起来。
4 不论是小说、历史记载还是人类学教科书中，关注时尚和美貌的例子汗牛充栋。

关于经济史，我们着重关注19世纪末到20世纪初年间，乡村家庭经济应对工业竞争的方式。而很多对乡村生产的研究尤其忽视或回避女孩劳力的各种问题。缠足的影响就是其中之一。当新缠的双脚的疼痛将女孩子限制在了家里，她们在门内做的劳动就很容易被忽视。对一个小女儿为家庭做事的期待，很大程度上被许多社会背景因素所形塑，如中国人生活的普遍性原则，还有一些地方特有的风尚。但是，我们可以看到将女孩子的脚限制在小鞋里面，训练她们用双手制作可供销售的产品，如棉纱、布料、网和垫子等中国前工业社会中具有普遍经济重要性的物品。因此，我们的研究针对中国的工业化过程，针对如何改变为规诫女孩和妇女而确立又衰落的社会实践行为，对现有理论加以补充。

近来，中国女性的历史在很大程度上被形塑为前共产主义女性形象，都是被压制的被动的牺牲品。无论压制力量来自父权社会、封建主义、资本主义，抑或来自三者合力，这个在西方与中国改革者中流行的观点，便是传统父权社会中，中国女性都有悲惨的遭遇。[1] 20世纪90年代，对女性自己的书写或描写女性的新材料关注点都试图瓦解那种长期牺牲品式的女性形象认知，致力于寻找新的文献资料，展示女性曾超越社会与经济的限制，寻觅到表达的"媒介"。一些女性是作家、诗人或艺术家；一些女性曾经旅行，或通过一己之力支撑家庭；一些女性以小脚及精妙的鞋制品为傲等。这些女性历史的新视角表明，女性有独立的个性以及个人生活史。她们探索超越社会规范限制的活动领域，可称作"女性文化"。

精英的偏见

研究中国女性的历史学家大多为文献资料所限。分析文献的短板恰恰在于：文献并不"叙述"中国的大多数女性。这些叙述来自社会中的少数阶层，而这些阶层的特权女性则不需要从事繁重的家务劳动，这些劳动的

---

[1] 这并非仅仅是西方的观点。1919年五四运动和共产党革命当中都包括将女性从父权压迫中解放出来的女性改革的内容。

承担者是女仆和职员。精英女性作家投入"高层次"文学与艺术创作当中，获得更多的尊重，有时还会让男性产生嫉妒心。她们关于美、快乐、忧愁以及为家庭牺牲的论述是人类精神的证明，而没有论述大部分女性背负的那些经济负担。[1] 尽管如此，来自精英阶层的、受过教育的女性的作品中时常提及她们刺绣、纺线和做针线活等，这些尤其在她们的婚姻与其他生活圈子的活动中，作为礼品经济的组成部分。[2] 也许在她们的纺织活动中，提到任何金钱都是有损社会地位的表现。

不少研究中国的学者猜测缠足象征着中国精英女性的与世隔绝以及休闲生活，并解释了底层民众广泛模仿缠足的风气主要是为了争取更高的社会地位。（Ebrey 1993，37—43，266；Ko 1994，147—151；Mann 1997）经过调查很多存在缠足现象的地区，我们发现，底层人口对精英阶层的模仿似乎不是选择缠足的因素。[3] 从我们重视劳动的观点来看，缠足应被想象为苦恼的母亲为了纺纱或织布缴纳国家赋税，从而强加给她们小女儿们手工劳动的一种控制方法。历史上，模仿精英阶层似乎不太可能是底层人口必须遵循的社会规范行为。将家庭财富或对地位的渴望视为缠足动机的设想，灵感来源于西方"小脚的灰姑娘嫁给一位王子"的童话，而并不来源于农村女子包办婚姻嫁给农夫后终生从事手工劳作的日常生活。[4] 裹小脚并非为取悦未来的郎君；男孩子也大多接受父母给他们安排的婚事。若在母子关系中突然闯入一位性感的新娘，也不大可能让这位老太太愉快。（Gates 2008，2015）需要更加注意的是取悦婆婆或让婆婆放心，因为她掌管着媳

1　就中国女性作家来说，地域代表性的问题也同时存在。根据1957年的一项调查数据，曼素恩发现，超过七成的清代女性作家都来自长江下游地区，而1843年时这一地区的人口只占关外总人口的17%。
2　见方秀洁（Fong 2004，14，17—21，32，52，64；2008，15，31）；曼素恩（Mann 2007，26，174—175，198—199）。艾约博（Eyferth 2012）有关乡村礼物经济中手工纺织品的讨论；葛希芝（Hill Gates 2015，143—148）有关刺绣用以扩展和维系女性社会网络作用的阐述。
3　报告中关于一些女性仆役也缠足的情况，与缠足表明女性精英身份的观点相矛盾。
4　高彦颐有关缠足现象研究的标题："灰姑娘的姐妹"，正是一个很好的例子。19世纪的中国改革者总是会回应西方传教士大力批评缠足现象的声音。

妇嫁入后的家务,也负责家务的安排。新郎小家庭和邻里关系中挑剔的老妇人们,需要让这个新来的女孩子明白她自己的位置与活计,她们的地位与休闲的理想都来源于此。

历史学家对源于以及关于精英的材料进行研究,从而引发了女性劳作与缠足关系的话题,但很快劳作话题就淡出视野。如高彦颐写道:"缠足需要的材料是'女红',即纺线、织布及针线活等的产物。使用这些物品后,女孩子很快就被教会掌握相关技能。"(Ko 1994,149)高氏没有将这个关联性深入下去,失去了探讨女孩子们的训练、劳作、产品和经济价值的机会。这点遗憾毫无疑问源于文学作品本身,可能因为精英女性们曾喜爱(一直如此)写作高尚的事物,而不关注有经济回报的劳动。

手工业与缠足的关联

虽然有少数研究中国女性生活的学者将缠足与女性劳作联系起来,但总是过度谨慎。历史学家曼素恩问道:"是否18世纪家庭手工业的传播——有关有意识使女性与社会隔绝的现象——促使农户家庭给女儿裹脚?"但又简单总结为:"我们并没有论据证明这一点。"(Mann 1997,167)根据引用的19世纪的游记报告(Robert Fortune [1847] 1972)中记载,一些缠足的女性也做过繁重的劳动,曼素恩始终认为"很难证明女性家庭手工制品的发展与缠足现象的蔓延意味着社会阶层的降低"(168)。对于那些对缠足女性从事繁重工作未能充分的观察,都忽视了这样一个事实,即随着经济条件的波动,无论是由于棉纺织品的价格还是家庭对室外田野劳动的需求,即使有着不可逆转的裹脚,女性都仍会被要求参与更繁重的劳动。但是如同缠足女性在户外劳动的高峰期处于不利地位,那些因田间劳作而双手粗糙结茧的女性,在面对高效的纺织劳作所需要的精细动作技能时,也会发现自己的双手并不适合这份劳动。正如不少人一样,曼素恩"假定"缠足风俗流传"下行"至平民阶层,他们效仿精英阶层与俗世保持距离,以显得体面。虽然曼素恩承认缠足可能对女性在家里从事纺织劳动方便一些,但她没有考虑一种相反情况的可能性:手工纺织商品的推广也可能促使女性缠足。因为缺少相关文献材料,曼素恩只谨慎地建立了一些关联性:"我们貌似可以认为缠足风俗的需求与农村家庭女性手工业产品的推广有某种系统性的联系。"(168)与此相反的是,我们一直认为,对女儿的纺织品以及其他可售手工产品生产劳动的增长性需求,促使母亲们有给女儿缠足的强烈动机。

历史学家白馥兰则更为关注女性的手工劳动(女工),特别是从宋朝至清朝(大约跨越9个世纪)纺织品生产中女性的重要性。[1] 她注意到相关的劳动从女性的童年就已开始,并写道:

> 当一个小女孩开始学习纺纱织布的时候,她就不仅在学习生产有用物品的技能,而且也在学习勤劳、整洁、尊重劳动、作为妻子的尊严和作为国家臣民的责任。在她生产的布料中,她的技术转变成了价值和美德。这也就是帝国后期许多社会改革家和道德家都期盼着复兴妇女的纺织技能的原因之一。(Bray 1997,242)

在帝国晚期,税费从布料变为现金的要求,让女性劳动产品以往享有明确价值的状态成为过去时。(Bray 1997,214,257)商业发展后,男性也能够掌握城市工坊里面复杂的织布机进行劳动,而农村女性在家的纺织产品则逐渐退出市场,价值也更低。(257—260)白氏显然认为学者也开始忽视女性劳动。她指出在这个一度被认为是女性主导的世界里,大量女性继续在这个领域劳动,出现了技能衰退以及"逐渐失去控制"。(239)[2] 白氏还关注女性纺织产品的变化,这些产品只被中国人中极少数所认可。

---

1 白氏注意到,nügong 可以被译为"妇工"。(《技术与性别:晚期帝制中国的权力经纬》,第202页)她描述在儒家道德家和官员的作品中,将女性从事织布劳动的地区视作"文化上或者道德上优越于"女性不从事织布劳动的地区。
2 白氏写道:"在整个帝国后期,妻子的生产作用在很大程度上被遮蔽了。"(《技术与性别:晚期帝制中国的权力经纬》,第284—285页)

> 黄宗智注意到，中华帝国后期小农经济的商业化增加了家庭成员对生产的参与，其中也包括妇女。这可能和我关于妇女劳动边缘化的讨论相矛盾，但其实又不矛盾，因为黄宗智探讨的是经济活动的因素，而我关注的是其表现。（Bray 1997，257）

通过文化精英来区分"经济活动的事实"与"表现"的不同，是大有益处的。文献资源使得研究中国的学者忽视农村女性日常从事纺织工作的强度，也未注意到缠足和手工劳动的关系。事实上，白馥兰（Bray 1997）关于女性及技术的研究值得一提的贡献并未过多关注缠足现象。

无产者与地主阶层对缠足一样都习以为常。（Brown et al. 2012；Gates 2015，chap.4）它的存在与否都不能简单反映一个家庭的财富情况。虽然缠足现象广为流行，但是很少有研究试图认真阐释缠足现象在空间和种类上的区别，女性在自己缠足之后能够做并实际做过哪些劳动。[1] 我们来自中国内陆的证据清晰地指向女性劳动与缠足的关系。通过查访中国广大地区的乡村手工劳动和缠足的比例，一幅中国前工业经济中新的性别关系图景逐渐形成。这幅图景包括小姑娘的劳动，以及她们为此在幼年付出的巨大而痛楚的身体畸形代价。

中国经济史中的女性纺织劳动

与历史学家关注女性与性别不同的是，经济史学家在世界历史中讨论中国的位置时，发现中国经济转型中纺织工业的重要性。但是这些经济史学家主要都在关注女性纺织劳动组织，而并未注意缠足现象。

早在19世纪，外国工厂货品尚未出现在乡村集市之时，中国自有的具

---

[1] 柏桦认为，"女性双脚的损伤更多地是掩饰而不是完全限制了她们对经济生产的参与程度"（Blake 1994，700）。探讨女性劳动和缠足之间关联的深入研究，见葛希芝（Gates 1997a，1997b，2001，2005，2015）；宝森（Bossen 2002，2008，2011）；宝森等人（Bossen et al. 2011）；鲍梅立等人（Brown et al. 2012）。

有影响力的交通网络对于小农经济十分重要。施坚雅认为，在帝国晚期分布在各地的实体商业网络开始转为国家经济。（Skinner 1964,1965）[1] 施坚雅归纳又修正了，一个处在市场调节下中国前工业时代的区域网络与核心区域。女孩和妇女们日常用品生产劳动的重要性，因地域而不同，不仅受环境和地理位置影响，也受当地距离标准市场地区的远近、对特定日常用品需求的变化等影响。货物也会流入无市场的渠道：被征召的军队也需要干粮和衣物，官僚们和皇室也都需要各种供应。直到20世纪早期，中国还是一个农业占主导地位的帝国，有着众多的农村人口，因市场商业和帝国赋税系统而连为一体。农村女性的纺织品劳动正是两者当中重要的组成部分。

工业革命带来全球贸易的扩张与中国城乡女性的劳动紧密联系在一起。在19—20世纪，新的交通方式，如蒸汽轮船和铁路，开始抵达一些地区和当地市场。由于这些新科技降低了海外航行的费用，通过可航行的河流以及铁路沿线，商人们很快就抵达了新的市场。当几十年前大型企业还没有在附近建厂的时候，工业产品已经出现在中国贸易村镇的各个角落。到20世纪前叶，中国已经开始建立自己的民族工业。港口城市最先工业化，由此产生了更多的新型岗位，取代了传统生计方式。上海、天津或广州等港口城市里有极少部分的女孩开始在工厂做工，这标志着大量进口带来的经济和社会革新。（Hershatter 1986；Honig 1986；Stockard 1989）

小规模的家庭生产者开始发现，他们的地方集市供应已经充斥着新型机器制造的棉纱，分别来自曼彻斯特、孟买或者横滨等地。当工业产品逐渐渗入城市与乡村的市场，中国女孩们的命运也就此同时改变，她们纺织品劳动的价值降低，她们相关的技能被淘汰。中国各地的家庭都不得不开始重新考虑，如何让女儿劳作，以及如何面对日益降低的女工劳动力价值。女性家庭手工业与极具竞争力的工业产品的相互影响是我们分析的重要部分。

---

[1] 施坚雅（Skinner 1964，1965）强调自然地理特征（山地和河流流域）形塑着不同地区的零售市场，并引导和启动了中国各地的差异性财富积累。他的分析虽然强有力且被广泛运用，但仍然有反对者。（例如 Gates 1996，63—72）

探索中华帝国晚期的发展，经济史学家们认为，小型家庭农业和棉纺手工业，特别是纺织品生产，在经济中占主导和持续性的地位。最近，两个思想阵营对集约化和内卷化的程度提出异议（通过增加劳动力投入而不是通过提高生产率来增加产量），来给当时中国发展的特征定性，[1]宣称乡村女性纺织品生产力的变化在其中占据重要位置。但是在讨论中，对女性劳动和生产力的估计却是有问题的；极少的资料直接从女性或者对她们的系统观察而来。我们认为，我们对缠足现象的废止和相关纺织技术的民族志研究，将会把这项讨论置于一个接近现实的水平。

在中国工业化前纺织品贸易的全盛时期，计算女性手工劳动生产率的功效尤其会引起争议。在极其复杂的阐述和反述、计算与重新计算等反复讨论中，以黄宗智（Huang 1985，1990，2002，2003，2011）和彭慕兰（Pomeranz 2000，2002，2003a，2003b，2005）的著作为代表。我们集中讨论这两位对女性劳动持相反观点的核心人物。

黄宗智将丝绸和棉布不断扩大的商业生产，与华北平原16世纪至1930年代的长江三角洲地区（江南地区）6个世纪以来的劳动力集约化联系起来。（Huang 1885，1990）在江南，比起种植小麦，非粮作物如丝绸、棉花等，需要更多的劳动力参与。帝国晚期，中国最发达的江南地区，经济绝对增长，但"以每个工作日的收益递减为代价"，因为它需要更多的家庭劳动力。（Huang 1990，77）随着人口的增长，商业化帮助农民维持生存水平，但是在规模越来越小的农场上劳动密集型家庭式的农业生产，加上劳动密集型棉花

---

[1] 那些为了论证变革的细致工作，都通过辩论隐含地囊括了有关西方发展模式（欧洲中心式）和中国发展模式（汉文化中心式），支持或反对共产主义／马克思主义或对20世纪中国经济潜力的市场阐释，不同的发展路线（资本主义或共产主义），以及共产主义革命的必要性（或缺乏必要性）等的各种态度（和热情）。详见，例如，艾伦等人（Robert C. Allen et al. 2011）；布伦纳和艾仁民（Brenner, Isett 2002）；迪弗里斯（De Vries 2011）；黄宗智（P. Huang 2002, 2003）；龚启圣、白南生、李耀辉（Kung, Bai, Lee You-Fai 2011）；李中清、康文林、王丰（Lee, Gampbell, Wang 2002），李伯重（Li Bozhong 1998, 200, 2009）；李明珠（Lillian Li 2007）；利特（Little 2010）；马俊亚、蒂姆·赖特（Ma, Wright 2010）；彭慕兰（Pomeranz 2002, 2003a）；苏成捷（Sommer 2010）；武雅士（A. Wolf 2001）。

和丝绸手工艺的劳动,意味着生产力仍然很低。他坚持认为,农家妇女、儿童和老人再多的劳动,对于他们的生活标准也无明显改善。[1]

在估算女性棉质手工产品的收入中,黄宗智提到了儿童的劳作。虽然他使用性别中立的词语"儿童"和"老人",但毫无疑问,在纺织劳动语境中,这样的词语大多数时候指向女孩和老年妇女。[2] 他算出一个棉花纺线者每天的收入不到1斤(1.1磅)去壳米,"只够养活一个青春期前的孩子。自然也就不奇怪纺线的劳动几乎都给孩子和老年人,很少由成年女性承担。一个成年男性劳力不能或不愿为这种报酬而劳作"(Huang 1990,84—86)。[3] 黄宗智解释因为对妇女和孩子没有家庭之外劳动的要求,家庭需要通过增加更多的劳力来参与这种低回报劳动,以增加商品输出。(2002,513)即使可以"克服文化和人口流动限制"雇用妇女和孩子劳动,雇佣劳动力的企业仍然不能和廉价的家庭劳动力相比。(1990,85)[4] 这种来自妇

---

1 提到江南地区,黄宗智强调,"家庭年收入的增长并不主要因为每个工作日的回报增加,而是因为家庭劳动更多的投入;来自以前充其量参与部分生产劳动的妇女、儿童和老人,以及业余时间参与的成年男性的家庭劳动投入。这是一种没有发展的增长,或是一种内卷化的增长"(Huang 1990,77)。黄宗智(1985)对华北平原经济内卷化的解释与此类似,即认为人口扩张和商业化不会导致资本主义生产,而是强化了雇佣家庭劳动力小型农场的制度和经济意义。
2 我们没有发现有关男孩子学习纺线的材料,虽然有些地区的成年男性会学习织布,特别是当一个家庭或者工厂有大型复杂织布机的时候。
3 黄宗智计算出,平均1亩棉花地出棉花30斤(33磅,或15公斤),足够22.7匹布(每匹1.32斤,4%—5%损耗率)。平均1个纺线者每天可以用5盎司轧过的棉花或者15盎司未轧过的棉花,纺纱5两(两,换算率为16两=1斤)。18世纪和19世纪早期,纺纱的回报"大约从未轧原棉价值的30%—50%"。每斤原棉"比同样重量的大米价高两倍。""3斤多的原棉纺纱,价值约为2斤大米价值的三成到五成,或等同于6两到1斤大米的价值。"黄氏(Huang 1990,84)认为,1斤至1.5斤大米的价值,即为每天纺线的收入。我们猜测,他指的是去壳的大米,因为他说,如今华阳桥1位成年女性农业劳力每月配给为44斤(去壳,63)大米,男性劳力则为47斤(1990,85)。成年女性的配给应该为每天1.5磅。据李伯重(2009,393—394)估算,在18世纪和19世纪早期松江纺织业地区,(纺纱的)回报要高得多。
4 黄宗智强调,那些入不敷出的家庭成员有亲属的接济:"一个家庭农场不会解雇超编的家庭成员。"(Huang 1985,8)即使在大多数情况下,黄氏对于亲属制度的纽带让家庭成员不被解雇的认识的确如此,但他可能过于自信,因为不是主体的家庭成员通常未必会被养护起来。送养或者买卖男孩、女孩以及非法妻子买卖等,都是应付家庭压力的常见办法。(Sommer 2015)

女和孩子廉价劳动支出的家庭产品，可视作中国较晚采用省力生产技术的原因之一[1]。(2002，516)

彭慕兰反驳了黄宗智的计算，认为女性的纺织品收入要高得多。他（Pomeranz 2002）[2]摘选出黄宗智分析中一项小数点的错误之处（1990），认为女性织布（并非纺线）的收入比黄宗智的计算结果要高出10倍以上（非常之高）。[3]黄宗智承认了这个错误，但仍然坚持自己的观点。他反击说自己的讨论不是建立在"价格数据"上，而是他声称的"生产的条件，如农场规模、劳动力投入、农作物组合、家畜和肥料的使用、技术、产量等等"（2003，157）。作为回应，黄氏批评彭氏错误计算了一位女性纺出一匹布的相对时间，[4]而且他决定"不再进行任何精确的量化估计，以免不少无法估量的因素卷入其中（特别是家庭劳动力的构成）"（157）。其中之一便是女孩的劳动。

前工业时期的布料生产中的瓶颈因素便是棉纱。棉纱的短缺显然影响了人们投入织布的时间。

> 专心织布通常需要有提供棉纱的亲戚……市场在组织劳动分工阶段，还未完全替代家庭（或者大家庭）。因此，这对于在其家庭结构之外思考"一个女性劳动"的价值有些误导作用：比如，青春期的女孩子或者老年的婆婆，她们理应是有相当劳动力的，因为她们为自己35岁的母亲、媳妇提供织布用的棉纱，而一旦家庭失去织布者，她们就

---

1 伊懋可（Mark Elvin 1972）和宋汉理（Harriet Zurndorfer 2009，58）都曾描述和分析过中国吸收棉纺织生产科技的缓慢过程。
2 彭慕兰借鉴了历史学家李伯重的观点，后者强调女性并非由于文化限制远离农业劳动，而是因更高的收入从事纺织劳动。
3 黄宗智（2003，157）回应说他确实放错了小数点，并指出彭慕兰"在回应中提到这项错误至少不下十几次［见彭慕兰（Pomeranz 2002）］，他几乎将这一点作为他的主题"。实际上，彭慕兰（2003a，168，169，171；2005）在随后的反驳中继续详细讨论了这个错误的小数点。
4 黄宗智指出，织一匹布需要7天时间，包括1天织布4天纺纱，而彭慕兰认为织布需要3天（Huang 2002，513）。中国不同地方（从福建到四川）的女性告诉葛希芝，"一天，一丈布（约3.6米）"，而这需要经纱已上浆，并放置在织布机上，准备纬纱梭子的劳动也已经完成。

在一夜之间成为经济负累。(Pomeranz 2005, 247)

尽管彭慕兰承认不是所有在家庭从事劳动的女孩和妇女的生产力都如同熟练纺织者,但他没有就家庭女性中的年龄等级和权利关系等提出相关问题。关注市场价格,认为商品、劳动力都有自由市场,使他忽视了年轻女性农奴般的劳动力。

彭慕兰也和黄氏一样对于纺织品的货币价值感到困惑,疑惑在于"纺线是一种成年女性始终可以养活自己的方式"(Pomeranz 2005, 248)[1],但与此同时,他很奇怪为什么她们很少销售棉纱:

> 从纺线劳动中解放出来,一个女性可以通过织布来挣更多的钱并投入更多,即使她需要为棉纱支出更多,但为什么棉纱的价格仍然没有上涨,销售的数量也没有增多?可以肯定一些家庭——比如寡妇带着年少的女儿们——会生产棉纱,但是不会用其来织布,且需要额外的收入。如何解释这样的家庭不出售棉纱的原因是非常困难的。(248)

彭氏的困惑,与他倾向于假设或多或少完善的市场经济有关。虽然他也允许女性劳动力在家庭非经济体的嵌入,但因为试图为这个劳动力估值,他要比黄宗智的观点给予市场更多的意义。

彭慕兰认为,让女性投入纺织生产是与经济和收入增长相关的,而黄氏认为,增加的劳动力不过是为了维持基本的物质水平。对于彭慕兰来说,女性的家庭纺织劳动是"更多家庭认为可以支付起女性足不出户的部分原因"。他总结道,"经济增长是否与更好的生活条件、更高的技术水平、更清晰的性别劳动分工以及涉及女性足不出户的多样化场景(更多的女性出门劳动,还有更多在家而非在田间劳动的女性,甚至依然有很多缠足女性)相关"(2005, 242)。这是少数提及缠足的参考资料之一,但是像女性及性

---

[1] 此种论述来自李伯重(2000, 63—65)。

别研究史家以往讨论中未涉及缠足现象一样,他也并未从女孩如何生产大多数中国人身穿的土布的角度谈及缠足。总体来说,彭慕兰关于女性纺织劳动的观点陈述如下:

> 参与将原棉制成棉布全过程中的[女性],应该大概每天赚得比四口之家一天的口粮多一些。在某种程度上,成年女性可以让其他人从事纺线、清洁劳动,而她则专注于织布劳动,这样就可以产量更大,因为织布的报酬是其他劳动报酬的30倍。(Pomeranz 2005, 247)[1]

虽然是根据18世纪中期江南地区的情况,但这种观点说明,彭氏对于当时女性织布者生产力很高这一观点,站在更为普遍的立场上。

在计算女性劳力的生产力时,彭慕兰还提到儿童劳力,或者更精确地说,女童劳力。他声称黄宗智"尚未能够区别对待成年男性、女性以及儿童劳动力,而将他们的生产力混为一谈"(Huang 2003a, 167)。为纠正他所提到的缺陷,他决定将女孩的劳动力"折"去大约"三分之二"。(2002, 548)[2]

---

[1] 彭慕兰继续谈到,"但是……那里看起来只有极少供买卖的棉纱",这表明棉纱市场是很衰弱的。(Pomeranz 2005, 247)在先前强调使用价格数据之后(2003a),彭慕兰也接受了黄宗智的批评,即乡镇商人零售布料的价格并不能完全反映乡村女性纺织者的收入。(Pomeranz 2005; Huang 2002, 217)臆测特殊类型布料的更高回报(1750年左右)后,他承认具有有关布料的价格不是由纺织者,而是布料染整的从业者,如染匠和轧光师,而且通常都是由乡镇男性定出的疑问。(Pomeranz 2005, 247)两位作者都没有澄清原始数据的性质。然而,大多数日常织布机手工纺织的棉布,历经从织布开始到投入使用整个过程,都没有经过染色或轧光。

[2] 然而,他作为基础的此项减少的数据却来自黄的著作,并涉及繁重的农业劳动——换句话说,男孩的劳动,与成年男性的生产力不尽相同。在一个注解中,他解释道,"我已经决定不再给女性劳动力打折扣,因为这会使得我的计算更加保守,还因为常用的折扣方法——通过对比女性和男性的收入率——在这里无法适用。首先,我们缺少有关18世纪中国收入的较好数据。第二,假设收入率的不同精准地反映出生产力的不同,即为假设出一个高效的劳动力市场,是否存在任何与此相关的东西都是这里的问题之一。20世纪,儿童收入在任何地方都是成年男性的12.5%—37.5%;(Huang 1990: 66)即使没有什么可继续的,但通过将他们的劳动力视作成人个体的三成,足以意味着我不大可能打太多的折扣。"(Pomeranz 2002, 548n10)他从黄氏借用的儿童收入数据,来自长期的农业劳动者,大多数是男孩,年龄为10岁(公历标准)及以上。而与纺线劳动不同的是,年轻男孩的体力可能会对农业劳动生产率产生影响。

关于缠足的一些问题

显然，彭氏缺少女孩何时开始全天候纺纱及每天产量的数据，也没有女性何时变得"年老"而不再有纺织能力的数据。[1] 轻松的劳动如纺纱或织布的技能，不一定因年龄而衰退，这与耕田地或者挖水渠的情况有所不同。[2] 我们的数据显示，女孩可以在很小的时候就开始纺纱，因此，对于制作普通家用土布所需的棉纱，[3] 以年龄来划分纺纱产量的标准是值得商榷的。我们不能够接受那种将儿童或者老妇的劳动天数进行打折或估计比例低得多的假设。

彭慕兰持有将女性和男性的生产力一视同仁的保守观点，但他却彻底减少了儿童（和老人）一大部分（三分之二）的纺织品劳动力。通过计算在给女儿缠足并让其在 7 岁纺纱之后，一位母亲能够织出多少布，我们意识到，大部分有关纺织品的计算，可能严重低估了年轻女孩甚至老年女性的劳动。[4] 这也正是即使不基于任何事实证据，数值计算仍然经常看起来是具有权威性的典型案例。

彭慕兰和李伯重都认为市场经济行之有效，因为女性在农业上没有多

---

1 当彭慕兰计算出"180 天的劳动（大部分为儿童所做），可能相当于成年男性不超过 100 天的劳动，这可能与每天生产 13 斤粮食是等值的"时，他就会重复这个折扣的过程（Pomeranz 2002，550）。但是如果成年男性的劳动状态与儿童相比并无优势（可能更糟糕的是用农业劳动的粗糙双手来纺线），他们（儿童）每天的劳动成果价值就只相当于 7.2 斤粮食。

2 视力会随着年龄衰退，但是贝多芬即便耳聋，也能够当音乐家。一辈子从事纺织劳动之后，有些女性还可以在视力不清的情况下继续劳作。我们就见过不少老年女性七八十岁仍然能够从事手工劳动。

3 在这里，"棉纱"和"棉线"都是可以互换使用的，一如人们在乡村地区使用的情况。在英语当中，棉纱一般要比棉线更粗，前者用于编织，后者用于缝纫。而在 2012 年 2 月，当劳拉·宝森在马萨诸塞洛厄尔纺织工坊里，与一位使用机器驱动织布机从业 30 年的纺织者聊天，她认为这两个词是可以互换的。在某种程度上"棉线"更为精细，而"棉纱"则是织布中更为厚重的原材料，但二者之间并没有很明确的区分。纺织者的能力与对棉纱的使用，决定了手工纺织产品可精细可厚重。

4 彭慕兰承认，"纺织品生产的经济学还没有被充分理解，学者们还没有探索出技能性劳动与其他劳动之间的差异，前者往往是由女性在生命的黄金时期完成的，后者则由女孩或老人承担完成"。但是，他也没有否认自己之前对女孩和老人劳动成果三分之二的折扣，甚或也没有提到那些对儿童劳动力折扣的早期讨论。（Pomeranz 2005，240）

少生产力,为了赚更多的钱,自然就离开了这个领域而投入纺织品生产。李伯重(1998)提出这种变化是否因人口增长和农业规模萎缩而引发的疑问。他认为一对夫妇中,如果妻子专门制作纺织品,丈夫专门耕田,即使土地只有原有的一半,他们仍会赚得更多。对于李伯重来说,劳动力的划分和风险的分散意味着生产力的增长。根据对女性劳动天数和手工布匹价格的估算,他判定,织娘比男性农业劳力要赚得多(以年度计算)。李伯重认定女性不做农活是受到纺织劳动的吸引,而并非因为土地不够种。但是当我们看到七八岁的小姑娘双脚畸形,不得不每天坐着生产所需的棉纱,难道我们真的可以肯定妇女和女孩是"受到吸引"而不是"被迫"去面对纺车和织布机的吗?

当缺少哪怕十分有限的有关乡村女性如何在家庭中劳作的信息,我们必须十分警惕那些经济史学家们给出的假设和计算,即一位女性每年劳动多少天,以及她可以生产多少产品等。这些假设以及估算,总会忽视对家庭再生产十分重要的事项。他们不考虑女性劳动日是否还有其他的家庭义务,有没有强迫性,或者女性是否可以自己售卖布料并掌握收入。他们简单地假设出一个"均质"的乡村女性的固定生产率——不受怀孕、生子、哺乳或者照顾孩子打扰——可以按照其计算出的生产率来劳动,以期得到相应的回报。

黄宗智针对彭慕兰对女性掌握新技术充满想象力的判断提出批评,认为他"受到蒙蔽……由于一个建构,而受到一个不可思议的所谓典型女性纺织者概念影响,即其赚的钱比从事农业的男性高几倍"(Huang 2002,521)。与黄氏相比,彭氏和其他人对女性劳动能力的特例假设,以及各种估算放在一起,似乎能够提出帝国时期中国经济发展的重要观点。实际上,我们认为女性劳动力中的不确定性,使得大部分详细的估算属于主观臆断。他们没有妇女和女孩从事劳动的确凿数字,也没有她们使用纺车和织布机的实际类型,那么这些观点就受其假设歪曲,而属于无端的猜测。

这种来自经济史学家具有启发性的实践和讨论,有助于思考中国发展过程中女性角色的问题,但是答案会因我们提供的各种证据而更加明晰。

机器纺轮进入中国市场之前，母亲、婆婆从事织布的高生产力，建立在女孩由于缠足而产生的高强度劳动之上。

无论从性别视角还是经济视角来认识历史，研究中国的历史学家们大都忽略了女性手工劳动和缠足之间的联系[1]。我们的研究旨在通过一项针对妇女和女孩——不光在那些奢华院墙之内，而且还在成千上万的乡村泥墙院落之中——缠足年代的劳动的深入研究，并最终将女性劳动力的角色重新纳入中国经济的历史当中。这些女性不仅为自己的家庭生产布料，也为帝国内外的相关贸易生产布料。让女儿和媳妇年轻的双手也投入其中，不仅生产纺织品，也生产无数的手工产品，如被子、席子、麻袋、草帽、布鞋以及草鞋等，而这些都不再被习惯于工业品的当代消费者所追捧重视。[2] 我们试图让这最后一代的缠足女性描述自己年轻时的劳作，在这些叙述必将消逝之前，使用这个珍贵的"活的档案馆"。在第二章，我们会具体阐述去了哪些地方访问这些女性，为什么选择这些地点，以及我们如何与她们接触等。

---

[1] 不少历史学家反而强调文化关注点在于女性气质和时尚，或传教士和共产主义运动的意识形态。研究中国的学者在很大程度上忽略了缠足和女性手工劳动之间的关联性。与此不同的是，柏桦认为，缠足通过"男性-支配家庭谱系"、"隐藏"女性劳动力的过程，助力占有女性劳动力"神秘化"的过程。（Blake 1994, 700）但是，当柏桦将抽象的父系-支配家庭谱系视作主体的时候，我们认为，母亲自己仍然奋力提高劳动生产力（在男性-支配的性别阶层分类系统中），并寻求从附属地位的女儿手中获取更多劳动力的这种办法。

[2] 方显廷（Fong 1933, 46）在1928年大范围调查了乡村手工业的情况，尤其是河北省。

2

寻找答案：研究方法与田野工作

在第一章，我们解释了为什么母亲有给自己女儿缠足并限制她们自由的动机，（因为）她们需要女孩手工劳动来增补家庭收入。本章介绍了我们是如何收集数据来验证这种解释的有效性的。获取这些数据并非易事。另外，这个涉足广大地域范围的项目还要看到中国不同乡村社会中巨大的差异性。我们还将介绍一项研究需要面对的方法论和复杂性——因为这种多样性——而这在社会分析中并不常见。

我们最初的假设是在中国前工业化时代，女性从事的经济性手工劳动和缠足的高发生率有密切的关联。我们问：乡村的母亲是否真的为了家务上有人协助就给自己的女儿裹脚？当家庭手工制品对家庭收入十分重要时，缠足是否是一种让女孩持续从事手工劳动的有效方法？假如果真如此，缠足现象应该在女性从事商业性手工劳动的地区持续更长的时间。而在那些工业产品已战胜手工产品的地区，禁止缠足的时间理应更早。当女孩的手工劳动不再能够显著赢利时，给她们缠足的动机就淡化了。长期以来，政治和文化包括教育的革新被视作缠足结束的动因，而我们则认为，经济压力在其中扮演着决定性角色，这一点被完全忽视了。

宏大的计划是一回事；实施则是另一回事。这一章勾勒和解释了我们是如何具体组织研究的。早期的地方研究为我们的假设提供了不同侧面的支撑，而我们需要在更大范围内进一步验证。怀疑论者习惯性地认为，缠足现象来自对美的追求和丈夫的需要，容易认为我们的研究是地方特例而对于广阔的中国并不具有概括性。因此，我们通过对中国各省市地区老年女性进行访谈的大量样本，来确认女孩手工劳动和缠足现象的紧密关联性，从而验证假设。

探求这样的假设需要从乡村女性自身来搜集数据。乡村女性，大部分不识字，是所有人中最容易被历代中国学者所忽略、被视为保持缄默的一群人。乡村女性身处其中，很少有人破例为她们说话。西方传教士、中国改革家以及革命者都认为乡村女性是受多重压迫的，但是却没有真正探讨过她们劳动生活的细节。陈词滥调依然存在，且很难改变。在父权系统中，将女性描述为被动的牺牲品是很常见的现象。但是当研究中国的学者搜集民国时期的女性口述史时，一个不同的、动态发展的图景就呈现了出来。（Pruitt 1945；Hershatter 2011；高小贤 2006）不少当代学者试图从无声和隐形中将女性劳作的身影剥离出来，我们的研究正是建立在他们的那些研究之上。中国女性曾经就在那里，她们生育后代了，许多人经历过被支配的情境——但她们所做的远比那些要多。

当中国 1980 年代开始对外开放之后，不少旅行者很惊异地发现，在乡村地区或者一些城市里，裹脚的老年女性仍然在世，并且还在处理自己的事务。1988 年，在成都市一个大型庙会活动上，还有大批裹脚的香客参与其中，葛希芝认识到，这是一个即将消逝的机会，可以从尚在人世的女性中了解更多这种使人衰弱的习俗。1991 年至 1992 年，她在四川省妇联的支持下申请了一个大型研究项目；当时七八十岁的女性都是 20 世纪头二十年出生的。她的问卷调查法开创了一种访谈方式，揭示了老年乡村女性在孩童和年轻时代所从事的各种劳动，并同时记录下她们在 20 世纪初期缠足的经历。这项研究提供了来自大约 5000 位女性的量化研究基础，证实大部分乡村女孩都曾裹过脚，也都从事过贴补家庭收入的各种类型手工劳动。（Gates 2015）[1]

---

1 葛希芝数量有限的证据表明，大约 4000 名福建女性参与了 1990 年代厦门大学同人的一个项目，但是利用这些数据发表的作品却屈指可数。（Gates 1997b, 2001）

劳拉·宝森在云南的一个村子进行人类学田野调查，在比较重点村庄与其他研究点的过程中，使用了葛希芝的问卷来探讨各地缠足消失现象上的异同之处。她发现在 20 世纪 50 年代仍然有村子给女孩缠足的云南，女性从事劳动种类有所不同，缠足持续的时间也有所不同。（Bossen 2002，2008）

我们两人最初都没有信心，因为缠足的老年女性很快就陆续去世了。在中国各地调研发现，乡村女性中的缠足现象是非常普遍的，但是在四川和云南，我们几乎没有找到什么记录和分析缠足与女性劳动之间关系的官方数据。

采访前革命时代女性的机会已经过去，我们决定对其他省份的老年乡村女性迅速组织调研。21 世纪初期，我们对在世的老年女性群体启动了一项大型多省市样本访谈；[1] 我们的目标是深入探究乡村女性劳动和缠足之间的关联性，并扩展已有的调查点。同时，收集量化数据，其中不仅记录女性手工劳动的种类，还有中国广阔土地上缠足现象在乡村地区的普遍程度。2006 年到 2010 年，我们在华北平原和西南各省市开展了调研工作。我们寻找乡村地区 60 岁以上的女性，特别是 70 岁、80 岁的群体。缠足与否不是选择的标准。在不同出生年份的女性中，只有包括缠足与未缠足两个群体，我们的样本才能揭示这些情形在不同女性群体中的比例。虽然调查是这项研究的重要组成部分，但作为人类学家，我们还强调将开放式访谈、讨论、对当地情况的直接观察与数百名老年妇女的调查结合起来。另外，我们还广泛整合了当地其他资源，从老年男性商人到当地历史学家、学者等。

---

1 这次收集的大批调查数据受到美国国家科学基金资助（BCS#0613297），首席学者鲍梅立，参与学者宝森和葛希芝。葛希芝和宝森收集了中国北方和西南省份的数据。鲍梅立主持了长江流域省份的调查。一项有关缠足和婚姻迁移性的研究使用了此次所有调查点的数据。（Brown et al. 2012）宝森对中国的研究来自加拿大社会科学与人文研究理事会的一项资助，葛希芝在四川的研究受到古根海姆基金会的资助。宝森在哈佛大学拉德克里夫高等研究院的研究，以及葛希芝两个月的访问参与，均得到了卡尔 & 莉莉·福兹海默基金会的资助。

调查点的选择

到19世纪末，上海是一个已完成现代工业、交通和贸易大力革新而高速发展的港口城市。在长江中下游及其支流附近，承载着国外和国内商业运输的帆船和蒸汽轮船都汇聚于上海。中国东南和东北部的其他沿海地区，也发展了早期的对外贸易中心，其中很多连通了香港、广州、福州、青岛和天津等地。[1] 在民国早期，因外国和国内生产的工业纺织品和其他产品流入，长江三角洲地区已深受影响。将关注点转至21世纪，我们才意识到，前几代研究中国的学者已深入研究这些港口地区及其水域系统，却很少寻找那些生活在缠足年代、曾参与手工特别是纺织业生产，并还在世的乡村女性。

避开这一繁华而特殊的核心区域，我们在远离中国长江中下游河谷，以及东南部、南部沿岸的内陆地区选出了16个村庄调查点。就这样，我们有相对合理的机会，去寻找那些仍然在世、生长于缠足现象普遍流行、消费品均为手工制造年代的老年女性。这些调查点，跨越8个从北部、西北部至西南部的省份，19世纪的时候，这些省份的交通状况都十分有限，且险峻异常。[2]

在黄河与黄土淤积之下，华北平原地区人口密集，有宽阔平坦的平原地带。在内陆地区，西北地区的黄土高原与内蒙古的太行山脉、戈壁沙漠相连。我们将在第三、四章分析华北平原和西北地区的情况，第五章是我们在温暖、多山、毗邻西藏和南亚地区的西南地区的发现。为了对比，我

---

1 中国东南地区包括浙江、福建、广东和广西省。
2 这8个省份包括4个华北平原省份（安徽、河北、河南、山东）、两个西北省份（陕西和山西）以及两个西南省份（云南和贵州）。我们调查了7个北方村庄和4个西北村庄。在西南，我们调查了5个村庄，云南有4个，包括宝森早期的田野调查点（Bossen 2002，2008），贵州有1个。施坚雅提出（Skinner 1977）19世纪宏观地域系统的概念，启发了不少中国地域研究。（如 Benedict 1996, 13, 地图1和2）依据不同地形和河流流域，中国的宏观区域在更大的民族国家范围形成了以地域为基础的交通、贸易、通信和文化体系。我们的调查点就来自施坚雅9个宏观区域中的3个：华北平原、西北和云贵（云南和贵州）。

们还涉及了葛希芝早期在人口密集省四川做的调查[1]，四川省在长江上游有一大片肥沃盆地。放在一起，这些省份覆盖了中国很大的领土面积，涉及很多人口。直到20世纪初，这些地区还距离中国核心区很远，乡村的市场也尚未被工业纺织品和其他产品所湮没。我们采访的女性，都成长于突然遭遇工业竞争上升力的内陆地区。在中国广大的内陆地区，关于乡村女性的劳动和缠足实践是个相当未知的领域。

在每个省份中选择调查点时，我们旨在寻找差异性，希望领会到女孩们和妇女们不同种类劳动形成的境遇。差异性并不难找。地方性本身就已孕育了村庄之间的差异，反映上千年环境与历史不同的积淀。有的社区人口稠密、人群聚居；有的则分散而居。由于不同的地方资源、特色、到城镇市场的道路、政治领导等，各个村庄发展有所差异。我们在对各个调查点的探讨中都涉及了这些多样性。我们的选择，还受制于可以开展田野工作的社会网络。每个省的网络都有所不同，也就是说，我们选择一个村庄，主要不取决于其是否有手工劳动或者缠足的历史，而是取决于是否能够发动中国课题助理给予帮助，让他们为我们向当地官员担保，并为我们提供便利条件。

我们也利用了一些早期经济学、社会学、民族志和历史学的研究成果，用以补充研究。民国时期或者19世纪末的地方资料，虽然很少涉及大量女性的内容，有时候也会提供一些有价值的背景材料。那些关于19世纪末20世纪初地方经济、科技、交通和贸易的二手资料，也能为一些调查点提供重要的背景资料，并指导我们的选择。如20世纪二三十年代卜凯（John L. Buck［1937］1964）大量的中国乡村调查、李景汉（1933）的乡村调查、西德尼·甘博（Gamble 1954）在河北的调查、费孝通和张之毅（Fei, Chang 1948）在云南的调查。我们还将地方志——研究中国的学者延续性的正史研究，作为补充信息的来源。

交通的便利确实也是调查点选择的一项因素，对于那些特别偏远的地

---

1 这里的四川省指划分出重庆之前的四川省。

方，路途的遥远确实打消了我们探访的念头。幸运的是，中国的交通在近些年已经有了长足的发展，一些村子曾经鲜有硬化路面可供抵达，如今已经有很便捷的良好路况，或者已成为城镇地区。我们特意选择的村庄调查点，足使我们在很大范围内探寻劳动和缠足的关系，从而不会产生系统偏差。

乡村调查与访谈

在中国做调研和田野调查总会引起官方对中国形象的担忧。我们的研究主题是前革命时期女性的劳动和缠足，这在很多方面都没有什么争议。但是，国家荣誉感还是很容易受到那些时常贬低中国和中国文化的外人的冒犯。正是由于这个原因，不管发现了什么，废除已久的缠足现象仍然是一个敏感的主题。因为有这样紧张的官员，我们如同行走在蛋壳之上，一直强调对女性的劳动对于家庭和社会贡献的研究兴趣。

我们设计的问卷和访谈旨在收集有关劳动的信息，并未有任何政治和文化上的敏感性，很容易就可以由我们采访的女性提供。根据从大量女性身上系统地搜集的这些信息，我们了解到女孩、年轻未婚女性和少妇参与活动的大致类型。基于1990年代葛希芝为四川制订的调查方法，我们改造并扩展了问卷，其中涵盖了更多有关女性亲属和当地经济状况的内容。[1] 之后，我们对准备的问题进行了完善和预调查。这份标准的问卷包括个人背景、婚姻状况、在原生和婚姻家庭中参与的劳动类型等各种问题。而对于那些能够清晰描述自己早年生活的女性，第二份问卷则针对她们的村庄生活和女性亲属（母亲和祖母等）。第三份问卷由访谈展开，主要针对民国时期参与过贸易活动的老年乡村男性。起初我们担心问卷过长，因为需要在和女性的对话中了解她们的童年经历和劳动。而在每个情境中了解了女性生活后，我们就变得更加熟练。在后期调研的调查点，我们重新调整和扩展问卷，其中包括对每位女性的母亲和祖母缠足情况的问题，从而扩展了

---

[1] 鲍梅立也在校订工作中起到了重要作用。

对过去缠足现象进行的历史记录。

我们细节式的问卷需要一个小时甚至更长时间才能完成。当中有每位女性的个人生活史：出生年月、出生地、结婚年龄以及婚姻所在地。[1]有关劳动的问题被分为婚前和婚后的部分：未婚女孩时，开始在母亲的管理下劳动（大约5岁至16岁）；做新媳妇时，在夫家特别是在婆婆的管理下劳动。例如，一位1925年出生、1940年结婚的女性，理应会描述1930年代她在娘家的劳作。这种对女孩劳动时间和地点的归纳方法，对于没有时间概念地回忆内容十分有帮助。根据经验，没有受过正规教育的老年乡村女性相对很少会对某些事件有准确的时间维度，但是她们都知道自己的生肖，从而能够让我们计算出她们的出生年份。[2]另外，她们也记得自己结婚、幼年父母去世以及出生时（通过生肖）的年龄和自己孩子的年龄。大多数女性可以说出自己开始缠足的年龄。[3]

在调研中，我们必须以一种中国式的团队协作来进行。大批有兴趣的当地学者、研究生、乡村研究助理以及中国朋友都来协助我们。[4]因为大部分访谈对象都是女性，我们每个访谈小组的成员大多也是女性。而且，因为老年女性大多没有受过正规教育，使用的都是当地方言而非省内通用语调，有了当地助手引介和翻译的大力协助，我们的调研才得以顺利进行。对于学生和其他省内城市居民来说，那些当地方言很难理解，也很难学会。尽管足够好心、有才能、有活力，我们助理的访谈能力确实是参差不齐的。[5]

---

1 为了保护被访谈人的隐私，我们不使用实名，通常使用化名。
2 例如，一位女性如果出生于马年，那么就会知道她的大概年龄。中国的生肖十二年一个轮回，将不同生肖与年份相对应，可以估算女性的年龄，也让我们得以确定她的出生年份。
3 如果村民用传统历法或名义上的年份来计算年龄说虚岁（度过的年份数），我们便会将其转为西历中的实岁（整年）。
4 给我们提供帮助的人不计其数，难以一一列出，我们在致谢中感谢了其中的一些人。
5 对于这个项目来说，这并不是独特的特征。相反，它是所有调查内在的但未被承认的特征。访谈者是不同的人类个体，有不同的才能、短板以及个性差异等。即使尽最大努力使问题标准化，但受访者和访谈者都不可避免地反映了他们的个人能力。社会学家可能会从不同个体中寻找共同的平均值；人类学家们却更有可能鼓励被访者说得久一些、详尽一些，试图通过对话来减少其中的误解。

有一些人能够逐字逐句记录解释下来。他们不仅确认了当地方言中不常用的俗语，而且还问到那些年轻人早已不使用的过去的当地测量单位。比起那些在城市里长大的学生，有乡村背景的访谈人要更容易和乡村女性攀谈。这种个体性的差异自然会影响从访谈而来的定性信息的深度。在每个调查点，我们为了解当地经济状况和各种劳动类型，短期内需掌握全新的知识。对于老年女性有关自己童年劳作、父母早亡或者家庭贫困的叙述，村庄里的年轻助理和大学生们通常都会不免产生惊异与感动。[1] 人类学家认识到访谈和倾听对方的重要性，从而理解他们对自身文化和行为的解释。与此同时，那个描述和解释地方实践与信仰的人并不一定理解更大的语境，或者想解释行为背后的潜在动机。对于性、性别或收入、财富等敏感话题来说尤其如此。

使用问卷调查来启动大多数访谈，我们最终也会转至扩展相关话题讨论的机会。我们的目标是，在每个省份每个调查点的两个不同地区访谈100位老年女性。[2] 之后，我们从村民和官员处获得有关老年女性居民的信息，并了解女性不同出生年份群体的分布信息。如果最初的村庄或者村民小组健在的老年女性数量有限，我们便继续从邻村访谈所有听力尚可、语言清晰的健在老年女性。

我们的村庄调查样本数量并不平均，这其中有许多原因。每地的条件不同，遇到的困难也不同。在有些地区，家户居住得非常分散，许多老年女性的住址都难以确定。有时候，我们走了一个小时的泥泞小路，却发现要找的访谈对象进城去了。有时村庄里的老年女性人数太少，逼得我们只得到附近的行政区域去集齐样本量。在城市周边地区，老村落在城市发

---

1 对于我们所有人来说，一个持续性的语言问题是有关工作和社会地位的前提词汇表与"新社会"中学到的词汇之间的区别。持久的语言问题是"工"的现代用法，即劳动或工作，与乡土短语中针对农业劳动、手工劳动或家务的使用是不同的。在1949年至70年代中期，"工"的核心意义是"国家分配的任务"。而现在，"工"的含义在这个含义以及前革命、后"改革"含义当中摇摆，每个含义都嵌入在特定的政治经济景况当中。
2 我们希望在每个省份选择两个县，但山东和贵州的调查点只选了1个县。而在云南省，因为宝森从1980年代末期就开始做民族志研究，我们的调查点覆盖4个县。

展中被湮没，村庄中的老住户也不再分散居住。由于找不到足够的最高年龄组受访女性，我们在最后几次田野调查中适当扩大了样本量。宝森将其1990年代中期的调查点样本扩大，以便达到每地100个访谈的目标。关于样本村庄的基本信息，请见本章末尾的表格2.1及2.2。

为了精准定位缠足开始消亡的时间点，我们按照出生年代对老年女性做了分层。一开始，我们设想缠足在大部分地区消亡于1930年代出生组，但后来发现，即使在1940年代出生组中，也有缠足的情况，但这一组中的缠足在1950年代往往就放掉了。在每个调查点，我们都打算访问足够数量的女性，并且她们的年龄分层是从1920年代以前出生直到1950年代出生。每个调查点中，人数最多的都是1930年代出生组。1920年代及以前出生组的女性，身体尚健康能接受采访的实在为数不多，因而样本量是不够的。如果我们访谈的女性身体状况欠佳、听力不好或者回答含混不清，我们便会礼貌地停止访谈。大部分女性都能轻松明确地回答我们的问题。

我们的抽样方法偏向于目前尚健在的女性群体，这是毫无疑问的。在60岁及70岁年龄组中，我们访谈对象的许多同龄人都已经由于诸多原因相继辞世，致使我们的抽样受到影响。在1958—1961年的"大跃进"饥荒中[1]，缠足女性比天足女性也许更难熬过这一困难时期。在当时，如果缠足在精英阶层更加普遍，那么这一阶层女性又会比较容易成为后来阶级斗争的目标（在1950年代会被称作"地主"，在"文革"中会被称为"反革命"）。其实，靠手工制品维持生计的穷人家女性和寡妇同样缠足。在农业集体化，尤其是"大跃进"时期，缠足女性比天足女性更难转行去干重体力活，因此缠足女性的死亡率也许更高[2]。如果是这样，这就意味着缠足变形严重的女性极少能活到21世纪。然而在我们的调查中，所遇到的童年时

---

1 关于"大跃进"时期的艰苦情况，以及女性下地干活而带来的折磨，见冯客（Frank Dikotter 2010，255—261），但作者没有提到缠足。海伦·斯诺提到，在1930年代，她看到逃难的缠足乡村女性"因为几乎无法行走，而实际上处于死亡的边缘。她们的脚是树墩"（Snow 1984，43；着重为原文所加）。

2 关于缠足女性死亡率的定量数据，迄今尚难以获取。

曾经暂时缠足或终身缠足的女性，在尚健在的老年女性人口中占比非常高，这意味着我们并未夸大缠足的普遍程度。

年长的村民见到外国人来访，往往会很开心（甚至激动），表现得非常和蔼可亲。我们的外国人身份让她们获得了极大的乐趣，她们对我们的好奇心，有时跟我们对她们的好奇心差了不多少。当我们问起劳动经历时，极少会遭到受访者的抵触。与此相反，她们会充满自豪地解说自己的劳动经历，从老式木箱中翻腾出还留着的手工制品给我们展览：自己裁剪的衣服，一摞摞漂亮的被褥，手工织出的床单、绣花、布鞋，等等。如果我们表示对劳动工具感兴趣，有些女性会到储藏室或院子角落的废旧木头堆中，找出落灰的木头零件，给我们演示从前的织布机是如何组装使用的。她们谈起手工纺织品时充满着独特的个体经验，因为这些纺织品曾经是农村人必不可缺的，代表着女性的尊严，承载着如此多的回忆。这些作品中有她们的劳动史，是婚姻家庭纽带，经历过的艰难困苦以及人生的灿烂篇章。作为人类学家，我们尤其珍视这些在村庄调查及深度访谈中收集到的第一手定量及定性资料。受访老年女性肯为我们花费时间，与我们聊天并告诉我们丰富的地方知识，我们对此感到幸运与感激。

娘家村

在我们所采访的各个调查点中，老年女性几乎都是从外村嫁过来的。对已婚女性而言，娘家村（女性本人生长的地方）与婆家村（女性丈夫生长的地方）之间有着重要的区别。中国人的婚姻主要遵循婚后从夫居制和父系财产继承制，在这种制度下，女性在结婚时搬到丈夫家中居住，男性在结婚时则没有居住地变动。[1] 村中的媳妇大都由外村嫁入，这使女性在财产继承、亲属支持网络及性别合作等方面处于不利地位。在我们探寻村中女性婚前做小姑娘时所学习并从事的劳动时，我们会问及她们娘家的地点

---

1 农村习惯上强调父亲、儿子、兄弟及与父系亲属的纽带关系。中国的父系财产继承制及乱伦禁忌，使得姐妹和女儿必须嫁出去，分散到其他村庄。

和生活条件。

同样，我们还会对每一位受访者问同一个问题，即在她们刚结婚时，在婆家做什么劳动，婆家的生活条件如何。这些婚后生活的数据并非本研究目前的关注焦点，因为大多数受访者在娘家已经完成了缠足。但这些数据能够让我们了解调查点的全貌，得知年轻新媳妇在这里是如何劳动的。婆家村与娘家村的距离一般在步行可达范围内，约为10—15公里半径范围。受访者的娘家在空间分布上并没有十分严格的区域。男方家庭一般不会去太远的地方找媳妇。[1]因此，受访女性关于童年时在娘家劳动情形的五花八门的描述，实际上为我们了解调查点周边村庄的状况提供了丰富详尽的材料。村中媳妇来自其他各村，意味着女性们儿时所掌握的经济活动，也许比婆家村要更为多样，这取决于某地某村能够发展何种优势产品，诸如编篮子、种棉花纺棉花或编草鞋。不论在何地，母亲都要交给女儿做一些手艺活，而婆婆也会赞扬在娘家学了一手好活计的媳妇。

女性的日常劳动

现代社会科学结合经济学与人口学，研究男性与女性各自的劳务模式、正式与非正式劳务以及成年男性、成年女性和需要抚养赡养的人口比重，并由此推测抚养儿童及赡养老人的经济负担。然而在实际情况中，这些测量范畴并非如假设的那样是统一且可换算的。我们深入家户劳动现场，询问关于女孩劳动的情况，由此发现：如果将劳动年龄定义为16岁以上，那么女孩这一不可忽视的劳动力群体则会被大大低估。正如白馥兰观察到的：

> 女性所做劳动的重要意义，被中国长期以来家庭生产的重要性所掩盖，家庭生产是一个无可争议、无可回避，却又未曾被深入考察

---

[1] 大多数媳妇是邻村嫁过来的，与本村处于同一商业集市区域，只有这样，双方父母和媒人才能够经常碰面商量婚事。（Bossen 2002, 2007; Lavely 1989; Skinner 1964）在个别情况下，媳妇是从比较远的地方嫁过来的，为了逃避外省的饥馑。极少数女性的婆家和娘家在同一个村子，或者与别的媳妇娘家在同一个村子。

的问题。家户可在数世纪中作为基本的社会生产单位维持运转,但此"单位"内部的组织方式、劳动分工、技术控制及管理权和收益权归属,却可以发生翻天覆地的变化。(Bray 2013,130)

对女孩劳动的思考,为我们探讨中国早期纺织工业发展及中国的工业形态提供了新的思路。

当我们向乡村女性询问劳动情况时,她们通常会说自己的劳动是"做家务",这是一种习惯性的模糊谦虚的说法,提供不了什么信息。她们有时会提到"干活儿",也就是干农活。很快我们就明白了,工作(劳动)一词是指在公办单位中从事体力劳动。这是一个社会主义时期产生的词语,与她们早年的生活没有关系。在教育普及之前,女性在乡村家庭中成长并学会劳动,没有人教她们如何罗列自身劳动技能,或计算自身劳动的市场价格。[1] 她们也没有向外人介绍自己各项劳动任务的经验,因为她们身边的女性大都做着同样的劳动。在社会主义时期,社会上所推崇的劳动者是工厂中的工人和田地里的农民,乡村女性繁重的家务劳动,并不能得到工人与农民那样的认可、尊崇与回报(更不要说城市中的公务员了)。因此,不在田间或车间劳动的女性,便会认为她们在家中所做的各种活计称不上是一种劳动(诸如织布、缝制被褥、衣物及鞋、加工自用及出售的食品等)。

至少,女性仍低估了自己的劳动价值。在性别的意识形态中,女性认为自己的劳动产品一方面"仅仅是家务活儿",另一方面又很明白无误地知道这对养家糊口必不可缺,她们对自身劳动价值及劳动产品价值的认知因

---

[1] 我们费了很大的劲儿,想收集关于女孩与女性劳动产品的价格或交换价值的信息。然而事实证明,完善的系统性及比较性资料收集,在访谈工作中过于复杂。在所访谈女性不同的成长时期中,物价及通货经常发生极大的变化,而且尽管政府试图统一度量单位,但依旧远没有统一,因此,由于地区和时期的不同,我们所收集的数据存在太多差异性。在民国时期,中国经历了工业与铁路的扩张、经济的发展与萧条、战时的封锁、日本的侵占以及通货膨胀。由于货币价值的不确定性及波动性,我们以粮食的数量为指标来询问女性收入情况。她们记得比较清楚的是几斤纱能换几斤棉花。这与葛希芝(Gates 2015)在四川对更早一辈女性的调查有所不同,在四川样本中,许多女性知道她们的劳动报酬能折合多少粮食。

为意识形态而变得模糊含混。我们见到过为自己的劳动产品感到自豪的女性（这些劳动产品比如细布料、喂养健壮的猪、精心料理的田地），然而这并不是社会想传递给她们的关于劳动的内涵。

每当我们谈起她们过去的劳动经历及所掌握的各种劳动技术，认为这些具有非常重要的意义，而且应该永远铭记时，她们都会给予我们热诚的回应。我们会事无巨细地询问每位女性，她所种过的各种庄稼、做过的产品及劳动的种类。我们在前期调查中，已经熟悉了南北方不同的农业体系及其诸多变种。然而，调查点中的受访女性会教给我们她们所受的训练、劳动中的生活以及当地习俗，她们会向我们解释方言用语及特定劳动技术，以便于我们在访谈女性劳动问题时能够有所进步。我们会问她们，获取各类劳动报酬的方式，是"卖"、是"工资"，还是"换"。我们还会问她们，家中是否拥有诸如纺车之类的劳动工具，以及几岁开始学习纺线织布。一开始，要回忆起半个多世纪前的童年生活，并向我们做出解释，对于她们来说显得很困难，但当我们给出具体确切的结构化问题时，她们慢慢地能够打开话匣子了。正如艾约博所言：

> 与受访者讨论日常生活的具体细节，其最大的好处，是让我能将受访者看作在生活中无所不会的大能人。许多社会科学的访谈内容设计，都会让作为外人的研究者显得比当地受访者还要无所不知。我在调查中将访谈内容引入受访者最富技能的方面，这样可以矫正一部分上述失衡。（Eyferth 2009, 19）

我们的研究经历与此相似，许多女性会耐心地教育我们，让我们明白她们曾经是怎样生活的，这令我们久久难忘。

缠足

缠足这一话题，曾是中国研究中的敏感题目，这也许与列维1966年出版的一本书有关，在这本书中，作者认为缠足是一种色情行为，意在挑逗男性的小脚崇拜。（Gates 2015）一些政府官员也许认为缠足并不适合做研究题目，或者曾被寻求轰动的记者所冒犯，因而留下负面印象。然而，我们在受访的老年女性中却并未遇到此类抵触情绪，这些女性自己是缠足的，或家中有人是缠足的。她们清楚缠足的痛苦及艰难，但她们也十分明白，缠足曾经是女性地位的标志。老年女性在被问及是否曾经缠足时，她们回答得十分干脆利落，还经常主动给我们看其缠足和手工做的小鞋，甚至让我们看其裸露的双脚，以便了解缠足的真实形态。如果缠足真的是一种情欲化的对象，那么我们相信，这些受访者对外国人谈起缠足，会像谈起性话题一样含蓄。

在调查中，我们会问及当地女性，是否有过缠足经历？在几岁开始缠足？如果有，那么是否放过脚，还是一直保持缠足？我们还会就缠足的整个过程提许多问题，包括请她们对缠足及其消失的原因做出解释。我们鼓励受访者讲述亲身经历，她们也往往会脱下鞋袜或裹脚布，让我们看到各种各样变形的双脚，折断的足弓、窝在脚底的脚趾，以及折断、扭曲或窝成奇怪角度的脚趾，形形色色的状况都与缠足的标准形态相去甚远。给女孩动手缠足的人，技术未必个个娴熟，因而一些女性的脚被裹得歪曲或者脱形。从理想模式的"三寸金莲"，到某些地区的"半坡脚"（又称"黄瓜脚"），缠足的样式差异很大。这些都包含在缠足的范畴中。要给缠足定出一套通用分类标准是几乎不可能的，因为，如果脚是先裹了几年又放过的话，其伸开后的测量也毫无意义。我们发现最有用的分类法，是将女性分为"曾经缠足"（无论长久或暂时）及"从未缠足"两类。因为我们的受访者曾经历过变革时期，其中许多人为了适应社会环境的变化，曾经先缠后放，或者反复缠放不止一次。缠足给女性双脚带来的永久性伤害程度，极大程度上取决于初次缠足时的力度，以及缠足所维持的时间。即便只经历过一次缠足，其痛苦情形也会给女孩留下刻骨铭心的记忆。

除了记录下每位受访女性的缠足经历外，我们还会询问其直系女性亲属的缠足情况（包括祖母与外祖母、母亲及姐妹），这些数据可以让我们估算更早期的缠足普及程度及其衰落的时间。受访者家中女性长辈的缠足，曾在其年轻时十分明显地为其目睹（现在这些受访者都已步入老年），这些长辈的缠足大都十分严格且持久，有特制的鞋子用以固定缠足的形状。在我们的受访者中，也许没有听说过长辈的缠足在定型之前可以放开的例子。我们的估算标准是，母亲的年龄大约比受访者年长 25 岁，祖母、外祖母的年龄比受访者年长 50 岁，这样便可将样本范围扩大至 19 世纪出生的女性。受访者姐妹的年龄估算标准为，姐姐比受访者年长 5 岁，妹妹比受访者年幼 5 岁。

在此有必要说明，我们并不想将女孩的劳动与缠足情况简化为单一模型，用一两个变量解释所有个案。我们想要做的，是通过对女孩劳动与缠足间互动关系的细致观照，得出女性手工劳动如何在总体规模及地方层次上参与了缠足这一痛苦行为的终结。在第六章中，我们会用整体田野调查结果来衡量这一论断。接下来的每一章中，我们会逐一呈现中国广阔地域内的诸多村落，这些村落在国家及市场力量的作用下，从属于一个整体。

定义田野调查点

本研究中的田野调查点，从地理上分为三类：华北、西北和西南。（表格 2.1 及 2.2）为了既能照顾受访者的隐私，又能给读者一个较为准确的地理位置概念，我们用村落所属上级行政区划（市或县）来给村落命名。"定县"是一个例外，因为关于此地已有很多作品发表，必须对其下辖区域做出明确界定。如果某村的上级行政单位是市而不是县，我们就用市名来代表此村在省内的位置（例如开封、六安、长治、青州）。我们也会使用乡镇名称（如碛口）或村落的化名，以便强调其特殊的历史或区域地理意义。

表格 2.1　中国华北平原、西北和西南的调查点

省份	县或市	地理位置	调查点村庄与省会城市及其他城市的大致距离
华北平原地区			
河北	定县清风店	华北平原	北京西南 400 公里
河北	定县庞村	华北平原	北京西南 400 公里
山东	青州	华北平原周边地区	济南东 95 公里

续表

省份	县或市	地理位置	调查点村庄与省会城市及其他城市的大致距离
河南	开封	华北平原	开封市南 20 公里，郑州东 80 公里
	淮阳	华北平原周边地区	周口东 27 公里，郑州南 210 公里
安徽	临泉	华北平原	阜阳西 60 公里，合肥西北 275 公里
	六安	华北平原	六安西北 30 公里，合肥西 70 公里
西北地区			
山西	长治	华北平原	位于山西省东南部，长治市北 15 公里，太原南 250 公里
	临县碛口	华北平原周边地区	位于山西省西北部，与陕西隔黄河而望，太原西 230 公里
陕西	周至	华北平原	西安西 90 公里
	洛川	华北平原周边地区	西安北 200 公里，延安南 100 公里
西南地区			
云南	禄丰	西南山地	昆明西 100 公里
	陆良	西南山地	昆明东 100 公里
	通海	西南山地	昆明南 100 公里
	江川	西南山地	昆明东南 80 公里
贵州	安顺	西南山地	贵阳西南 90 公里，昆明东 420 公里

表格 2.2　各村基本情况

省份	县/市	调查年份	样本数	出生年份范围	未入学率（%）	文盲率（%）
平原地区						
河北	定县：清风店	2008	138	1916—1944	62	64
	定县：庞村	2008	63	1921—1939	76	78
山东	青州	2007	137	1918—1940	85	82
河南	开封	2007	100	1916—1951	77	75
	淮阳	2007	100	1913—1950	82	84
安徽	临泉	2007	100	1916—1950	88	85
	六安	2007	101	1915—1950	91	87

续表

省份	县/市	调查年份	样本数	出生年份范围	未入学率(%)	文盲率(%)
西北地区						
陕西	周至	2007	102	1914—1956	74	68
	洛川	2007	104	1915—1950	75	76
山西	长治	2006	97	1914—1948	70	75
	临县	2006	99	1916—1943	73	77
西南地区						
云南	禄丰A	1996	56	1915—1939	79	81
	禄丰B	2010	50	1921—1950	65	67
	陆良A	1996	49	1913—1941	100	100
	陆良B	2010	114	1918—1950	94	95
	江川	2010	212	1918—1950	85	84
	通海	2008，2010	121	1912—1950	83	75
贵州	安顺	2009	200	1916—1941	89	91

[注]：总共访谈了1943位女性。禄丰的样本来自同一个村子，时间不同，受访者也不同。陆良的样本则来自不同时间同县不同村里的受访者。因为1996年采访形式有所不同，陆良A的数据没有被用作涉及手工劳动的计算。

中国北方的11个调查点可以分为两组。其中7个在北方的冲积平原上，分别是：河北的清风店和庞村、河南开封、安徽的临泉和六安、陕西周至、山西长治。另外4个调查点则属于平原的边缘地带，分别是：河南淮阳、山东青州、山西临县、陕西洛川。这4个调查点，有些在自然环境上较平原地区更为复杂，有湖泊或山丘，有些则处于严寒、崎岖、干燥的黄土高原，这些自然条件赋予当地种种的便利与不便。在西南的4个调查点，则分布在多山的云南和贵州两省的谷地之中。葛希芝在四川调查得到的一组共计20个调查点，大都是从群山环绕的四川盆地中10个不同市县而来。

3

华北平原

本章与第四章将介绍华北平原及附近的北方地区、西北地区的11个调查点，提出关于缠足的持续性的证据，并描述此地区中女孩与妇女的劳动。在这些调查点中，我们探寻了女性手工劳动的当地条件，以及工艺改进和交通运输发展如何对年轻女孩的家庭经济创收能力造成影响。缠足在乡村农业人口中是极为普遍的现象，而并非精英阶层女孩所独有，而且有充分证据表明，缠足与年轻女性劳动模式之间有相当直接的联系。通过记录每一个调查点中缠足的普及程度及消亡情况，我们可以逐一验证事实是否与假设相一致。

在北方村庄的调查中（图3.1），我们得到了受访女性及其长辈女性亲属缠足率的数据，数据表明，缠足限制了此地区所有女孩及妇女（各图表的数据表见附录一）。从1860年代至1920年代，乡村缠足率有缓慢的下降，但依然稳定地维持在80%以上，直到20世纪初才有大幅下降。

是怎样的经济条件和政治条件，在历史上形塑了此地区女性的生活？华北平原是黄河流域上一片广阔、植被稀少的地带，是中国早期政权的发祥地。数千年的密集开垦，耗尽了此地的自然资源，统治、战争及建设等一系列人类活动，却维系了长期的社会统一。在河北省、山东省及安徽省，

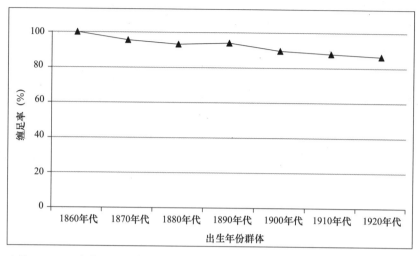

◆ 图 3.1　1860 年代至 1920 年代，华北平原及西北省份各出生年份群体的缠足率

图中数据是根据六省（安徽、河北、河南、陕西、山东、山西）及 11 个调查点的长辈人群而得出的。长辈指祖母辈（受访者父母双方各自的母亲，及受访者丈夫的父母双方各自的母亲），以及受访者的母亲和婆婆，只要受访者认识这些长辈即可。

我们调查了 7 个点[1]，旨在从当地老年居民了解他们家乡曾有过什么样的生息地。在第二章的表格中，罗列了诸多调查点，这些调查点分布在各个自然环境、现代交通发展史及辛亥革命后政治经济格局变化都不尽相同的地区。对每个调查点，我们都会给出关于劳动性别分工及当地缠足形态变化的概述。全部区域中缠足消亡的时间进度，都很好地验证了我们的假设，即缠足的消亡是由女孩手工劳动价值的丧失而导致的。

华北平原中地势低平的核心地带，与各类山地之间，自古以来在民生方面便是相互依存的。平原出产粮食和纤维作物，丘陵山地则出产矿物、动物及林业产品。以畜力车、人力及简易推车为工具的交通运输，成本是很高的。在平原，相似的自然条件使得人们愿意从事同种生产，而难以达成市场经济的劳动分工。这种自然条件支撑了中国的早期政权。在唐朝

---

[1] 在最开始，调查点数量是 8 个，山东还有 1 个调查点位于临沂市附近，由一位当地人作为调查助手做了一部分访谈工作，但由于我们未能成行，且样本数据过小，因此排除。

（618—907），当长江流域及更远的南方地区输出的物资成为了经济支柱时，统治者开凿了贯通华北平原的京杭大运河。这条运河南北连接北京和杭州，全程1794公里，确保了全线物资运输及支流航运的稳定。（Van Slyke 1988）满人作为清朝统治者在北京定都，使得北方的政治地位进一步提高。在我们所调查的这一广大区域内，除了大致流向由西向东的黄河，以及连接南北的京杭大运河之外，还有一些长途陆运官道，用来运输各地征收的贡赋及兵丁。因为利润较为丰厚，可支付高昂陆运成本的丝绸、茶叶等商品，也走官道运输。由于河流冲积的松软土质，这些官道及小道很快就被骡子、骆驼和独轮车辗出辙印，雨雪天便化为稀泥。当地乡村所生产的价格便宜的货物，即便本地消费不完，除非被征作贡赋，否则也不会向外运得很远。

16世纪中叶，棉花传入河北、山东两地，并成为了经济作物，这对华北平原地区是一次重大的发展机遇。棉花种植遍布华北平原，为长江下游地区丰富的棉产品手工业提供了大量原料。棉花的经济价值远超过粮食作物，其价格是同样面积土地所产粮食的两到三倍。（P. Huang 1985, 108）[1] 一开始，很少有北方人在自给自足之余生产销往外地的棉布，因为当地气候干燥，棉线容易断裂。（111—114, 118）[2] 到了18世纪中叶，我们调查点之一的河北定县，已成为区域性的棉花批发中心，投机商和批发商蜂拥而至，为东南地区的棉纺织业采购原料。棉花在南方加工成棉布，又反向输送回北方。北方人渐渐学会了挖地窖，因为地窖内潮湿，纺纱时棉线不会断裂，由此北方开始了专供外销的纺织布业。没有自家棉花地的人家，会从小贩那里买棉花回来纺纱织布（李景汉 1933, 704, 表格 296）。到了19世纪晚期，大部分家庭织布是机纱与手工纱混合使用，机纱作经线，手工纱作纬线（695），这部分机纱从沿海纱厂经铁路源源不断地运到内地。在整个前

---

1 下述文献描述了华北平原地区棉花种植及棉布生产的扩张：Chao 1977；Feuerwerker 1995a，1995b；Zurndorfer 2009。
2 宋汉理（Zurndorfer 2009, 52）指出，河北、山东及河南的干燥气候，使得纺棉纱劳动无法开展，直到挖地窖才解决了这个问题。（Chao 1997, 21；Bray 1997, 217；Elvin 1972, 1973, 214；Zurndorfer 2009）

工业时期的华北平原棉纺业,尽管有商业化存在,但棉花种植依然主要是以家庭为基础的,而非大型商贸所必需的雇工形式[1]。黄宗智一针见血地指出:"种植经济作物必然有利有弊。"(1985,108)种棉花比种粮食受益高,但却不能保证家中的粮食够吃。

华北平原地区的自然条件恶劣,生计艰难。黄河作为华北平原的第一大河,曾因改道数百公里,在1897年给上百万人带来灾难。华北平原地区的人口增长,也使得当地的人口、土地和水利资源难以承受,根据估算,1393年此地人口数为700万,1800年增长到1500万,而1930年代河北、山东两省的总人口数已达到了7600万至7800万。(P. Huang 1985, 324)贫困与社会动乱又带来了各种见过或从未见过的疾病。历史学家一致认为,19世纪晚期至20世纪早期,是中国民生多艰的一段岁月。华北平原极不稳定的降雨量与极为频繁的天灾,在世界其他人口稠密地区也是罕见的。(L. Li 2007, 24)这一地区自然环境的恶化,也属"史无前例"(307)。反复爆发的恐怖饥荒,侵蚀了人与人之间的联系,例如1876—1879年、1888—1889年及1920年代的3次饥荒。总体上看,北方地区因此造成了900万—1300万人口死亡(284)。到了1930年代,中国乡村新生儿的预期寿命仅为25岁左右[2]。

从1850年代至1940年代,农民所遭遇的战乱可以说从未停息,从死了上千万人的太平天国运动和捻军起义,到义和团运动及乡镇一层的抵抗运动。像之前的数个世纪一样,在20世纪,华北平原依然是发动战争的首选地区。在清朝末年,军阀之间相互混战,而1927年国共合作后,军阀与国民政府(国民党)依旧时战时和。1935年,毛泽东率领共产党熬过了长征,在陕北找到了安全的根据地,共产党军队及当地组成的拥护共产党的

---

1 在表格A.1第3列中,可以看到受访者家庭种植棉花的百分比。
2 班久蒂(Banister 1987, 6)和布拉默尔(Chris Bramall 2009, 295, table 9.2)引自乔治·巴克莱等(George Barclay et al. 1976)的资料显示,在1929—1931年间,乡村农业人口家庭的新生儿预期寿命,经估算,女性为24岁,男性为25岁,初生婴儿1年之内的死亡率为30%。雷伟力和王国斌(Lavely, R. Bin Wong 1988, 724)估算的1930年预期寿命为32岁。

游击队武装力量，遍布山西、河北与山东的山区，打击或团结北方军阀残余势力。共产党军队在1937年抗击日军侵略时，曾与国民党军队组成了较为松散的联盟，国民党在南方前线作战，共产党在敌后作战。在整个抗日战争时期，国共两党的游击队一直在华北平原及山区的大部分地区开展抗日自救运动[1]。从19世纪末直到1949年中华人民共和国成立为止，华北平原地区既没有过和平的时候，也没有过稳定的政府。

在19世纪末期，洋货进入中国市场的商业利益，及中国政府试图在这一国际压力下自我保护的举动，开启了一个交通业的变革时代。1906年，长达1214公里的京汉铁路开通，连接了北京与长江内陆大型口岸汉口。这条纵贯华北平原的京汉线，开始改变华北平原地区原有的经济形态，极大地促成了粮食与原棉外销。到了1907年，东西向铁路建设工程已相继开展，不断延伸的陇海线，使得华北平原各地区间的贸易更加便利。1934年，陇海线终于竣工，从西安可以直通沿海地区，将华北平原的四大片区有史以来第一次连在了一起。由于煤矿的需要，山西很早就已开始修建铁路，还有一条沿着旧商路从俄罗斯直向南通往黄河流域磁州的铁路。还有从北京通往天津和港口城市山海关的铁路、北京通往煤矿及东北地区的铁路，以及连通北京与山东省会济南及港口城市青岛的铁路，包括我们另一个调查点，山东青州，其富裕也离不开铁路的建造。1912年，天津、山东西部及南京三地也通了铁路。在中国中部及南部，起到了交通商贸变革作用的轮船，在华北平原却无用武之地，因为只有当地吃水浅的小型货船，才适用于季节性干涸的黄河流域河道。尽管华北平原的平坦地势有利于铁路建设，但由于缺乏工程材料，修铁路并不容易。1910年代至1920年代，适用于公共汽车和机动车的公路开始修建。当时的机动车道路非常之少，山西军阀阎锡山曾在1923年获得了表彰，因为他在一个上千万人口的省份

---

1 关于一幅根据日本资料绘制的地图，见卡洛琳·布伦登与伊懋可（Caroline Blunden, Elvin 1983，164—165）。以下文献描述了日军占领区共产党的抵抗活动：Snow 1938; Hanson 1939，280—281；Tschiang 1986, map 9; Esposito 1959; Chesneaux, Le Barbier, Bergère 1977，90，102，291。

（路遇、滕泽之 2006），修建了 215 公里的公路（Franck 1923，259—260）。

  总体上看，由全球贸易及西方工业发展引发的变革，经由中国东部沿海，辐射并渗入到西部内陆地区，但这一过程并非是简单线性的。我们在华北平原地区的调查从河北省开始，因为古代中国的首都北京为河北省所环绕，它是一个北方地区及外国商贸的吸引力中心，对周边地区及早期铁路建设具有十分明显的政治影响力。河北南边是山东省西部，这是华北平原的地理中心。我们在山东的调查点青州，是处于平原边缘的山地，但很早就受到了铁路的影响。再往南的河南省与安徽省，是经济形态各异的纯粹的内陆省份。在中国西北地区，我们从山西和陕西各找了两个调查点，在这 4 个调查点中，有两个处于华北平原的最西边界，两个处于黄土高原。由于远离太平洋西海岸的贸易和工业，这些内地调查点为我们呈现出了迥然不同的政治经济背景及通往现代经济一体化的不同路径。

  每个调查点的情况，为我们勾勒出缠足的深入程度，及其曾经得以兴盛的乡村经济及劳动条件。这些数据不应被视作"典型"，它并不是为了代表其所在省份的整体情况，也不是为了代表一县一村的情况。中国乡村的差异性太大，任何调查点都是无法代表的。不如将每个调查点视作一个自然实验场。在这里，我们可以看到独特的地域构造如何塑造了当地的劳动分工、商业环境以及家庭经济中对年轻女孩劳动的依赖。通过每个调查点中的数据，我们也可以估算交通、技术、贸易等现代社会变革，是何时、以何种方式悄然渗入或一拥而入地影响某一地区的。无论我们的访谈是取自某一村庄，还是某一县中的数个村庄，我们的兴趣点在于地域特色以及诸种变化发生的时间线索上的证据。我们所研究的时段主要是 1900 年至 1940 年，该时段恰好与社会政治动荡、军事征战及战时动员（尤其是 1937 年之后）所带来的剧烈的经济变革时期相重叠。随着各地情况的不同，这些事件会对乡村经济转型起到加速、冻结或扭转等多种影响。19 世纪晚期及 20 世纪早期的社会动荡所造成的艰难困苦，我们的受访者或曾直接经历过，或从亲属那鲜活的记忆中获知。她们向我们谈起逃避饥饿和战乱、亲眼目睹饥荒的事。这些事件，就是那些做出决定她们一生命运的家庭决策的背景。

河北省

环绕着北京与天津的，便是河北省境内的华北平原。河北省的北部与西部是山区（海拔并不高），隔开了平原、草原与远方的沙漠。河北省南部地区，既是当代华北平原发展的典型代表，也是历史上一项重要变革的策源地。河北省长久以来是王权的中心地带，人口密集，主产粮棉，战事频繁。1853年，太平天国运动向北打到了河北中部，引发了十年战乱。1900年，以基督教徒为首的外国势力在山东、河北的入侵引发了"扶清灭洋"的义和团运动。在我们的调查点之一定县[1]，就有义和团当年招兵习武的据点。义和团同当地基督教的斗争，吸引了外国军队兴兵镇压。（Gamble 1954，437—439）

1906年后，由于京汉铁路建成，定县县城及周边村镇受到了极大影响。最显著的变化，是军队可由铁路直接开进定县中心。在义和团运动之后，定县局势十分动荡，政府主要精力投入到了京汉铁路等基础设施建设中。1927年，军阀张作霖与阎锡山为争夺北京开战。甘博写道："只要开战……就向乡村派出车辆、牲口、人力、粮食等等名目繁多的税赋。"（Gamble 1954，451）而收税官简直就是穿着制服的敲诈者。"晋奉之争"直到1931年才平息，在这一年，定县遭到了国民党轰炸。1937年，日军入侵华北平原，定县政权七次易主，直到由日军彻底控制了铁路枢纽。此后，在定县及整个华北平原，日军控制着城市和铁路，而在乡间，抵抗组织开始兴起，对日军发动突然袭击。

在政局动荡的另一面，则是京汉铁路在沿线推动的经济剧变，直接影响着数以百万计的乡村女性。在定县，这一方面的记录尤为详细。

定县：经典调查点回访

在1930年代前期，定县面积1240平方公里，有453个村，40.8万人口（Gamble 1954，4）。定县在研究河北地区的手工业和缠足方面有特殊意义。西德尼·甘博的定县研究提出了一个广为采纳的观点，即民国时期新思想和

---

[1] 现为河北省保定市下辖定州市。——译者注

学校教育在华北平原地区的普及，是缠足终结的原因。我们的调查数据则显示，即便在甘博和李景汉做调查的定县，这一结论也是夸大了事实的。

定县（今为定州市），作为一个县城及地方行政中心[1]，数百年来一直是原棉出口主产区及地方政府所在地。在20世纪早期，定县的纺织业是当地的特色支柱产业，有6万多名女工纺织本地土产的棉花。(Gamble 1954, 288) 民国初年，政府在定县及周边乡村开展了教育和社会发展试点——平民教育运动[2]，这也许是因为当地文风淳厚，或是适合作为新政推广的样板。这部分材料十分幸运地由社会学家详细记录了下来，中国学者李景汉和美国学者甘博在1926年至1932年间在定县做了田野调查。(李景汉 1929, 1933; Gamble 1954)[3] 同期还有一位参与合作的学者张世文（[1936] 1991），主要关注手工业及其他非农产品。

定县女孩和妇女的劳动

在李景汉、西德尼·甘博及张世文的作品中，均很少提到女孩作为劳动者，在整体女性劳动中的特殊性，这与大部分研究中国家庭、政治经济及其交互关系的作品相类似。他们关注的重点，是定县下属的东亭乡，这是一个试点实验区，7至12岁女孩入学率较周边地区高出不少（李景汉 1933, 198, 表格79）。这些女孩在同龄人开始劳动的年纪得以脱离生产去上学，几年之后大多数又离开学校回到劳动中。因为多上几年学，东亭女孩开始从事纺织业的平均年龄在12至13岁间。相比之下，清风店及庞村1930年及之前出生的女孩，开始从事纺织业的平均年龄分别在11岁和8.6岁，比东亭早一些[4]。李景汉关于纺织业的记录，在某些方面极为详尽，

---

1 定县县城是定县的首府，周边乡镇的行政中心。"定县"同时指县域所辖地及县城。
2 平民教育运动由晏阳初等人创立，1926年在定县建立了人民学校、技术推广、合作社等实验试点，一直运作到1937年日军入侵为止。
3 李景汉的定县调查篇幅较长，尽管不如甘博的定县调查在后世学者中通行，但其详尽的民族志记录具有很高的价值。
4 我们以1930年为界，是为了排除由于战时需要而造成少女必须参与劳动的情况。在第四章中的山西部分，有对女性战时纺织小组的讨论。

但并未区分女性在人生各阶段的劳动情况,忽略了女性劳动生涯的复杂性——女性必须同时面对生育和劳动两大难题。

在影响定县女孩的诸多变革中,棉花是一项共同因素。1906年京汉铁路开通,不仅为定县原棉在华北平原打开了市场,也引进了工厂生产的纱。这种纱很快进入了手工纺织业,用来织"土布"。(李景汉 1933, 696; Gamble 1954, 303)机器纺线的转速大大高于传统手工,这导致手工纱的价格下跌[1]。

> 结果是,手工纱的价格极低,近乎与原棉价格等同。在这种情况下,纺线作为副业已经挣不到钱了。例如在定县,纺线工人的年均净收入在1920年代已低至3.26元,而织布工人每年则能挣到22.15元。[2](P. Huang 1985, 132,引自赵刚 1977, 179—183, 185)

不过,手工纱在棉农家庭中,依旧具有自给自足的功能。(图3.2)在制约织布所需纱供给的手工纺线速度瓶颈被打破后,手工织布业开始发展壮大。1910年代引进的改良版织布机,以及1920年代升级换代的脚踏式铁轮织机,提高了纺织工人的生产率。低价的机纺纱及改良的铁轮织机,使得纺织者在供销渠道畅通的前提下能够增加产量(定县当时就具备这样的渠道)。在1930年代,定县有2648架织布机,其中49%的铁齿轮织机贡献了77%的产量(Gamble 1954, 302)。从1921年至1930年,"数量超过1060万件、价格超过1100万美元的半手工布(机器纺纱作经线的布)"从定县运出,其中有"超过70%"运往了内蒙古察哈尔地区,其余则运往山西及更远的西北地区。(308)因此,尽管手工纺线业收入大幅下降,但

---

[1] 赵刚研究指出,1930年代蒸汽纺轮和传统手工纺轮的生产率比至少为44∶1。每天劳动11小时,纯手工纺线可产半磅,而蒸汽纺轮在同样的劳动时间下,每天可产22磅。(Chao 1977, 180)

[2] 此段黄宗智的引文转引自赵刚,赵刚又引自张世文(1936)1991, 427。关于定县机器纺线的讨论,见甘博(Gamble 1954, 288—289, 298—300)。

◆图 3.2　1931—1932 年，定县女性在纺棉花，可以看到一只缠过的小脚
西德尼·甘博拍摄，美国杜克大学大卫·鲁宾斯坦珍本与手稿图书馆藏。

当时的手工织布业却可以竞争内陆市场。1920 至 1930 年代，华北平原地区的军队往来频繁，这又带来了额外的市场需求，定县的布匹便成为了冗长而腐败的军需供给链末端的士兵军装。

清风店

我们最年长的受访人回忆说，在她的少女时代，清风店人种棉花，将轧好的棉花从本地火车站运送出去。对于 86% 的受访女性而言，纺棉花（自家地里产的或者本地市场购买的）是她们必须从事的劳动之一，将近 70% 的女性会销售自己纺出的纱（即便不全部销售，也起码销售一部分）。50% 的女性织布，或用特制的小型织机织粮袋，28% 的女性在娘家用专门的织布机生产用于销售的布匹。大约五分之一的清风店女孩还会在家纺麻线，用来给家人纳鞋底（但只有 3% 的人出售麻线）。庄户人家的铺盖、穿戴、鞋袜等物，基本上全靠自给自足。

庞村

庞村女孩的劳动内容比较复杂，包括纺线、织布、编苇席等，因此，传统的纺线业和织布业分别受到技术革新以及家庭采购新设备能力的影响。大多数庞村女性（81%）回忆道，她们少女时代要纺棉花，其中75%的人出售纱，因为这种较为结实的手工棉线可以和机纱配合使用，也可以用来给苇席锁边。（Gamble 1954，93）庞村女孩还有搓麻线的劳动（成品是麻绳或细麻线）：25%的人搓细麻线，其中5%的人出售细麻线。细麻线是纳鞋底的材料，因而是家庭必需品。大约半数的家庭有织布机，相应地，46%的织布机生产家庭自用产品，其中30%的家庭也销售自织的布匹。[1]

正如李景汉、甘博及张世文的研究中所写到的一些社区一样（虽然我们的调查点不在其中），我们在定县的第二个调查点庞村，曾经是（现在依然是）苇席之乡。人们从附近的湿地地区购入苇草，织成苇席，然后定期从清风店大宗外销。织苇席用麻或棉作经线，织出的席子铺在火炕上十分平整（炕是华北平原绝大多数人家日常坐卧的家具）。席子没有褥子耐用，尤其是如果有小孩在上面尿炕的话，所以隔几年就要换一次。织苇席不分男女老少，各人的生产力取决于各人在忙正事之余有多少空闲时间。在庞村的受访女性中，22%曾经在婚前织过苇席，且都是用于销售的。她们在访谈中提到了各种各样的劳动经历和劳动能力问题：

"一天一张席"（四位女性提到这一说法，甲说，她从十四五岁起就开始织席了，乙补充道，一天一张席的劳动进度必须很麻利才行，丙说，这里的一张席，指的是单人用的席）。

一天工夫，我织了两张6英尺的席（单人席），我7岁就会织席了。

我从7岁还是8岁开始织席……织的席会拿去卖，但也替别人织（由对方提供原材料），每张席工钱二角。

我们4个女孩一起织席，我是其中一个。我白天织席，夜间织布。

---

[1] 在这些家庭的自产布匹中，自销与外销是部分重合的，生产外销布匹的家庭同时也生产自销布匹，因而也包括在这46%的自产自销家庭之中。

在一个为期5天的集市上，我卖了5张还是6张席，这些钱买的食品，够我维持到下一次集市开张。

对于以织席糊口的人们而言，从这些不假思索的回答中，可以看到她们童年日复一日劳动所留下的不可磨灭的记忆。在河北及其他一些地区，苇草编织业并不罕见。河北永清县的水泽地，几乎种不成棉花，因此那里的女性一般并不纺线织布，在有些村子，她们以织苇草作为家庭经济的重要支柱（L.Li 2007，108）。在本章后续部分及下一章中，我们将会反复看到，苇草编织这一手工劳动，与纺线织布相比，较少受到20世纪早期工业变革的冲击。

在定县，20世纪早期是手工织造技术发生飞速转型的时期。根据甘博（Gamble 1954，301）的研究，当时的织布机分为传统"粗笨"织机、改良脚踏织机与铁轮织机三类，然而很遗憾，我们无法了解到调查点中三类织机的比例。很显然，用传统木质笨织机的家庭，在市场竞争中处于极为不利的地位。铁轮织机的体积较大，速度是传统木织机的4倍（Chao 1977，184）。正如高阳案例中所提到的（Grove 2006），投资置办一架较为昂贵的脚踏式铁轮织机，往往会将此项劳动从女性转移至男性。庞村一些女性提到，有成年男性在家中从事织布劳动。大体积的织机比较便于操作，但劳动者的体型也要相应高大一些，这是小个子妇女或女孩所无法胜任的。

在华北平原盛产棉花的地方，纺织厂很快地遍地开花了。1913年，安阳开办了一家纺织厂，1925年，京汉铁路以南沿线的石家庄和郑州也有了纺织厂（Lai 1967，87，89，figs. 2，8）。到了1920年代及1930年代早期，定县富裕人家的衣橱里，已经出现了外国进口布料和纯机器生产的布料，而这在当时是一种奢侈的点缀。（李景汉 1933；Gamble 1954，101，123）

定县的缠足现象

关于定县缠足的证据，在学界已广为引用，比如甘博的这段表述："不同年龄段女性的缠足数量显示，即便是在乡村，一项足以抵制早期满族统治者禁令的根深蒂固的社会习俗，居然在25年之间便消失了。"[1]（Gamble 1954，7）在1929年所收集的515个家庭样本中，缠足在40岁以上的女性（1892年之前出生）中是"无一例外"的，占比99%。调查者在13岁以下女孩（1916年当年及以后出生）中没有发现新的缠足案例。（Gamble 1954，48，60，table 9；李景汉1933，281，表格149）甘博对此总结道："如果这些数据具有代表性，那么我们可以说，缠足在定县已于1919年终结"（Gamble 1954，48）。

李景汉将缠足的终结归功于定县知事孙发旭，孙在1914—1916年曾主持禁止缠足和16岁以下女孩放足两项工作。拒不听令者将会受到惩罚，在孙的命令下达之后，定县不可以再出现任何缠足事件了。（李景汉1933，280）如果孙长官真的严格推行了这道命令，那么在他当政的最后一年，即1916年，16岁及以下的女孩则应全部是天足或已经放足了。但在图3.3中（东亭部分依据李景汉和甘博的数据绘制而成），可以看到，1905年至1914年间出生的女孩，是已经缠足并且在调查期间依然没有放足的。这是一段废除缠足的高速期，但仍有抵制的情况存在。

在图3.3中，还有我们所调查的清风店和庞村受访女性及其女性亲属的缠足情况[2]，通过对比可以看出，东亭女孩废除缠足的时间更早。即使是在1913年新一波政府管控开始之前，东亭的缠足也已经下降了将近五分之一了。因此，在1900年至1909年间出生的女性中，有五分之四在1929年的调查中说自己是缠足的。在东亭，1920年出生组的缠足率已下降为零，而在清风店和庞村，1920年出生组中依然有38%是新缠足的。从东亭（定县的一个下辖区）的数据中，可以看到，缠足的消亡是从少部分人开始的（1900—1904年出生组，如果假设缠足平均年龄为7岁，则这部分人的缠足时段为1917—1921年），在平缓的开头之后，迅速扩展至1910年代出生

---

1 甘博在另外的文献中曾说，定县的缠足在1919年，经过了"30年"消失了。这与其之前的结论多少有些出入。
2 庞村的样本量很小（共36人）。为了弥补小样本量的误导性，我们将其与同属一县的清风店样本合并起来。

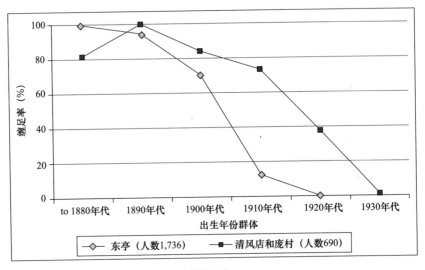

◆ 图3.3 河北定县1940年前出生妇女的缠足率
东亭的数据采自甘博（Gamble 1954，60，table 9），清风店及庞村的数据是作者调查所得。
［注］：在定县，缠足在东亭实验区的消亡比另两个村庄（清风店和庞村）速度快，后者在当时并未受到改革者的特别关注。

组的主体人群（此组的缠足时段为1917—1921年），接下来便渐渐进入尾声，当最后一批拒不配合的人也不得不接受此项生活变革时，缠足便彻底消亡了。清风店和庞村的女孩，比起沿海的广州、上海、北京等城市，甚至比起东亭，废除缠足的步子都要慢一些。在清风店和庞村，缠足维持的时间更久，且直到1915—1924年出生组（其缠足时段为1922—1931年），废除缠足才有了明显效果。为何此地的步调与别处不相一致，而这种不一致，又是否能揭示出引发社会变革的一些要素呢？

我们的回访数据，经与李景汉及甘博的调查相对照，验证了两点事实。其一，早在定县受到政府严格管理之前，废除缠足的情况就已经开始了。其二，在定县中心区域之外，缠足废除的速度比李景汉与甘博所选的东亭要慢得多，而他们之所以选东亭为调查点，是为了验证社会运动给乡村带来的变革。东亭所受到反缠足运动的影响尤为深远，因为这是1926年平民教育运动在定县所选取的试验区，在此施行了严密策划的社会改革举

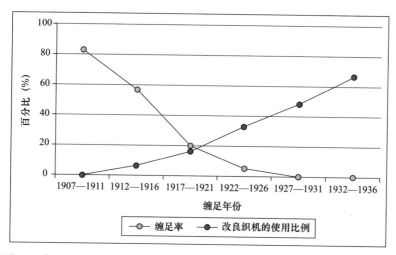

◆图 3.4 定县改良织机的使用比例与缠足率（按缠足年份划分）

数据采自甘博（Gamble 1954，60，314，table 9 及 table 96）的数据。[注]：完整的数据组中包括 1736 位女性，其中 704 位女性出生于 1900 年之前，其缠足率超过 94%（此数据未显示在图中）。见宝森（Bossen）2002，47。1907 年至 1936 年中，效率更高的改良织机的引入和增加，与同期定县女孩新缠足率的迅速下降是合拍的。一般认为，初次缠足年龄为 7 岁，因此，表中的缠足年龄组是在甘博（Gamble）1954 的资料中给出的出生年龄组基础上增加了 7 岁而得出的。尽管甘博认为初次缠足年龄为 3 岁，但在我们的访谈中，绝大部分受访者认为初次缠足年龄应为 5—10 岁。见克罗尔（Elisabeth Croll 1995，20—24），葛希芝（Gates 2015）。

措[1]。东亭的缠足样本中有一部分是城市人口（李景汉 1933，694），还有一半样本是来自平民教育运动总部所在地的小镇，这部分人是相对富裕的自耕农户（Gamble 1954，24—26）[2]。这些家庭更愿意把女儿送去读小学，而天足又或许是小学生的一项基本要求[3]。

1　在定县，社会改革者可以沿袭地方乡绅之前所做的工作。（Gamble 1954，185，188）
2　甘博描述了 5 个样本。其缠足数据来自 1929 年调查中在实验区所收集的 515 个家庭（共计 3571 人）。这些样本及另外两个样本"因为并非随机抽样，故不能作为当地的典型代表。其中均有超出平均程度的中产阶级家庭和富裕家庭……（也）没有独自一人单挑门户的'家庭'"（Gamble 1954，24）。
3　在 515 个家庭的调查中（Gamble 1954，62，table 14），甘博对 12 岁以上的人做了调查；只有 3 名女性（占 1176 名女性的 0.3%）和 48 名男性曾经是学校的学生。在实验区（3 区），女孩占当地 63 所初级小学学生总数的 16%，但同时有 14 个村子没有学校。在定县，6 至 14 岁的儿童中，上过学的人数不到七分之一（1954，195，198）。甘博未曾表露过学校是否要求女生是天足。

华北平原

东亭女孩缠足率的下降,既不是因为政府管控,也不是因为平民教育运动的开展,因为二者在时间上明显晚于缠足率开始下降的时点。恰恰是在19—20世纪之交,从天津大量运来的机器纺出的棉线,使得女孩整天坐在纺车边纺线的必要性削弱,尤其是在城市化程度较高、经济较为富裕的东亭。另外,如果说平民教育运动的开展,在东亭缠足率下降的中期阶段起到了"革除陋习"的作用,从而促进了这一历史进程,那么在清风店和庞村,教育则不会起到太大作用,因为在我们的样本中,有几乎70%的女性从未上过学,也一直不识字。[1](见附录一表格A.2)清风店和庞村,都在平民教育运动的实验区之外,与之隔着一条唐河,且在定县县城30公里以北。这两个村庄所走的是清风店火车站,而不是定县火车站,农业和手工业较东亭而言占比更大。也因此,张世文([1936]1991)选了一个唐河北边调查点做他的家庭手工业研究。综上,我们可以看出,19世纪末大量涌入的机纺棉线,以及1920年代引进的纺机纱的新式飞梭织机和铁轮织机,有可能减轻了女孩久坐纺线的压力,从而削弱了缠足的必要性[2]。

我们在定县的缠足调查非常宝贵,因为恰恰在缠足消亡的过程中,有学者在定县做了大型的高质量调查,我们的数据可与之两相参照。前后两组调查数据的对比,提供了一个挑战经典的、意识形态化的缠足消亡理论的绝佳时机,经典理论认为,缠足消亡是政治运动和教育普及所带来的。同时,早期定县调查中丰富的经济和劳动技术变革方面的数据,也极大地佐证了缠足消亡背后存在着一部分经济原因,那就是,女孩纺线的手工劳动已不再能够对家庭带来价值或做出贡献。

---

1 在清风店,我们样本中的63%从未上过学,另有7%在1949年解放后才上学。
2 见宝森(Bossen 2002, 45—48)。甘博给出了一村中织机工艺变革的数据。原始型织机占比从1912年的93%,下降到1932年的20%,而1908年引进的飞梭织机,到1932年占比已增长至51%。铁轮织机1922年首次出现,10年后增长到16%。同期织机总数由280台下降至239台。(Gamble 1954, 314)第六章有关于织机工艺改进的进一步讨论。

山东省

山东省是我们调查范围中地理位置最靠东的沿海省份，其西部与南部的市县，与河北、河南及安徽三省相接壤[1]。经过了数千年的封建王朝统治，山东省平坦且荒芜的土地，在密集开垦种植小米、小麦及玉米等农作物的过程中，已经几乎丧失了森林与湿地。在黄土地的泥泞村庄、一望无际的田野中，架着高出地平线的堤坝，因为河流改道频繁，时时威胁着庄稼。1897年，黄河曾经从山东省南部改道至北部，此时本就遍布着饥荒、干旱与瘟疫的华北平原，因此雪上加霜。

棉花传入山东省是在元朝时期，到了清朝，已成为当地产棉地区的乡村生计支柱，尤以山东西南部显著（唐致卿 2004，218—221；P.Huang 1985，112）。女性老小从早到晚忙活得两头不见天光，纺线织布带来了家中一项颇为可观的收入。（图 3.5）山东省的棉产品最远销到山西（唐致卿 2004，450）。山东平原地区种植棉花，而我们的调查点青州则是山地，人们种植其他适应当地环境的农作物。山东中部的丘陵地区，有一定的森林植被，也有雨水及山泉等较为充足的水源，因此在生态方面较平原产粮地区复杂很多。在 1840 年代，政府曾推广当地特产的柞蚕丝——历史上重要的产品——以及烟草。（249，455；Esherick 1987，10—12）

山东省沿海地区与西部丘陵地区之间的交通并不方便，因为黄河在山东境内的落差非常大，且此处地形地貌对修路不利。京杭大运河这条数世纪中的南北主航线，连接着黄河与长江，流经山东西部，满载着贡米与名贵丝绸的货船由杭州沿河而上，驶向北京。19 世纪中期，由于河道泥沙堆积、黄河改道以及太平天国运动，京杭运河处于失修停运状态。此后，运河沿线城镇的失业率激增，山东西部的土匪势力增长。随着运河交通废止，轮船运输业开始发展，扩展了与青岛、烟台、天津等港口城市的交通。

---

1 周锡瑞将山东省分为六大区域：胶东半岛、鲁西北、济南昌邑地区、鲁南山区、济宁、鲁西南（Esherick 1987，7—10）。我们的调查点青州位于济南昌邑地区。

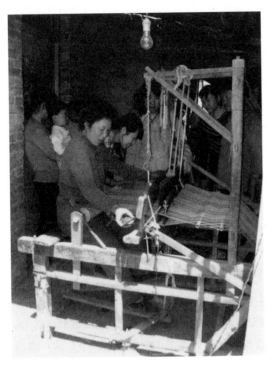

◆图 3.5 在山东,一位妇女展示木制脚踏式织机如何操作

1899 年至 1904 年,德国人在义和团运动的压力下,修建了从山东东南部港口青岛通往济南的铁路。到 1912 年,从天津通往南京的南北向津浦线,将济南连入了一个由北京辐射出的更大的交通网中。

1911 年,辛亥革命使中国深深陷入了四面割据的状态,山东省受到英国与德国的严密管制。"一战"之后,《凡尔赛条约》将青岛从德国割让给日本。而日本人所觊觎的是山东的大米和蚕茧,尤其还有原棉(唐致卿 2004,448)。从 1927 年至 1930 年代早期,山东省时而爆发南方国民军与北方反国民党势力的斗争。我们的调查点青州处于铁路边,因此常常是双方拉锯战的焦点。

1861 年天津开埠,1862 年山东北部的烟台(旧称芝罘)开埠,在这之后,山东便已受到外国进口商品的影响。1864 年太平天国运动在南京遭到镇压后,长江与京杭大运河的交汇点镇江,又重向华北平原贸易区开放。

进口到山东的洋纺织品"开始时是布匹,到19世纪80年代,棉纱的进口量逐渐增加,90年代更有了大幅度的上升"[1](Esherick 1988,69)。1882年,烟台进口了将近150万磅纱。到了1899年,也就是义和团运动时期,烟台的棉产品进口量超过了2070万磅。天津与镇江的机纱进口量也有相应增长[2]。同时,山东沿海地区的纺织业就业人数大幅缩减。1866年,烟台海关的行政长官赞扬了省内广泛使用的当地纺织品。根据周锡瑞的研究,在二十年之后,即1887年,烟台海关的行政长官报告称"棉纱的进口据说严重妨碍了当地的纺织业,而纺织业是许多穷苦妇女养家糊口的手段"。一年之后,这位长官又报告称:"我推测本省的土棉纱已几乎再没有什么发展了。"(引自《中国通商口岸贸易报告》1887,41及1883,43,转引自Esherick 1988, 70)

1901年,山东西北部恩县的一位美国传教士明恩溥(Arthur H. Smith),曾写过棉产品由轮船经沿海地区进入中国的情形:

> 人们可以从写给各轮船公司负责人的报告中获悉棉纺织品的对华贸易有了发展,而且其前景在广州到天津和牛庄的沿海商业网上十分广阔。但是没有一个人了解,这项贸易的发展对生活在辽阔的植棉平原上的成千上万中国人产生了什么影响。到不久前为止,他们一直在依靠纺织15英寸宽的布来勉强维持贫苦的生活。织一匹布需要辛苦劳作两天,在市场上所卖的钱只够买整个家庭最低限度的生活必需品和足量的棉花以继续不断地织布。有时,织布会持续一整天和大半夜。
>
> 在一些村子里,每个家庭都有一台或几台的织布机,许多工作都是在地窖里完成的。地窖里成年累月响着织梭的咔嗒声。但是现在织布机闲置无用了,织布的地窖正在变成废墟。(Smith 1901, 90—91,

---

[1] 译文出自《义和团运动的起源》,[美]周锡瑞著,王栋、张俊义译,南京:江苏人民出版社,2010年,第63页。后同。——译者注

[2] 港口天津在1889年进口了将近890万磅机器棉纱,1899年进口了超过3580万磅。1899年在镇江,"有政府贸易通行证的棉纱占销往内地货物的40%,布匹占22%"(Esherick 1987, 69)。

转引自 Esherick 1988，71）

明恩溥在山东西北地区的亲身观察，毫无疑义地将华北平原农民每况愈下的处境归咎于新式纺织厂：

> 但是，近来孟买、日本甚至上海的纺织厂非常活跃，中国的产棉区到处充斥着数量多、质量好而且价格又比土纱便宜的机纱，纺纱的轮子已不再旋转，青年、老年、病弱者和无助者微薄的收入来源永远断绝了。（Smith 1901，90—91，转引自 Esherick 1987，71）

因此，"批发商的代理人不再出现"（Smith 1901，90—91，转引自 Esherick 1988，72）[1]。周锡瑞的结论是，机器棉纱在棉产区未必完全取代了手工纱，但农户向商贩出售纱的机会却减少了。[2] "这些地区正在失去它们的外部市场（大部分在北方和西部地区）。现在从天津进口的货物直接占领了这些市场。"（Esherick 1988，72）

机器纺织业与手工纺织业之间的拉锯战，在 20 世纪早期悄然开幕。应国内外纺织厂的原材料需求，山东的棉产量在 1914 年至 1936 年间翻了一番。尽管手工棉产品销量下降，诸如草绳或发网等手工制品的销量却提高了。山东历史学者唐致卿总结道，日本与德国的资本主义打破了山东小农户经济的结构性障碍（2004，433—436）。在 1920 年代及 1930 年代，产量增加的棉纺商品及其他手工制品，也许起到了提高大众生活水平的效果（435—450），但是对于从事手工纺织业的人们来说，所受到的影响则取决

---

[1] 周锡瑞在引用明恩溥的材料时曾考虑过，他的说法也许存在夸大的成分，"明恩溥作为传教士显然是在引导人们注意中国排外主义是经济原因而不是宗教原因"，但周锡瑞和我们都认为，明恩溥确实是根据在鲁西北的第一手资料写作的。在义和团运动之前，明恩溥也写过机纱与土纱的竞争，"过去几年中，在中国的植棉区能够强烈地感受到机纱的竞争。许多以前尚能勉强糊口的人现在已到了挨饿的边缘"（Eshrick 1987，361，引自 Smith 1899，276）。

[2] 1980 年，周锡瑞访谈了恩县东邻的平原县农民，发现没有人提到 1920 年之前买洋纱的事。

于他们能否获取新技术、在工厂找到工作，或转而制作其他手工制品。如果上述几条都办不到，那就很有可能失业。人类学家杨懋春描写了他山东家乡[1]的女孩所受的冲击：

> 近来他们被迫与日益涌入乡村的工厂生产的布进行竞争……许多家庭已放弃了传统的原棉纺纱，现在他们到集镇上去买棉纱，然后在家里织成布……老年人听到老织机的声音，看到布保持原样就感到安慰，他们为老传统仍然存在，世界还没有完全乱套而欣慰。然而既然他们的女儿不必纺纱了，怎样让她们在漫长的春天有事可做呢？这一新问题老年人更加关注。[2]（1945，26—27）

青州：丝绸与山柿

青州地处山东丘陵带北麓，是历史上的行政商贸重镇，青州地区有一种古老的丝绸特产[3]。通往青州的路上，因商贸繁荣而散落着许多村庄，直到1904年开通了西部济南到东部港口青岛的火车，将青州与更广阔的市场区域相连。附近的农民步行将自产货物送到青州，卖给日本商贩，再由商贩运回日本。当日本占据了山东之后（1937—1938），便迫不及待地控制青州进而控制火车站，这令当地农民身处一种危险的对峙中。

我们的访谈样本，来自于7个山地村庄，这些村庄在青州20公里至40公里范围之间，彼此距离很近，分布在一条新修的整齐干净的公路沿线。但在历史上，这一地区没有北方那样的官道，只有供步行的路。当地

1　杨懋春的家乡是台头村，在我们山东调查点青州以北50公里。
2　译文出自《一个中国村庄——山东台头》，杨懋春著，张雄、沈炜、秦美珠译，南京：江苏人民出版社，2012。后同。——译者注
3　在元朝，青州与济南之间有道路相通，又由济南向东南通往海边，穆斯林也在此驻军。到了18世纪，青州女性的手工织品已成为公认的经济支柱（Jing, Luo 1978）。早期的关于山东的英文民族志作品，写到了沿海及平原的村庄，但未写到过青州这样的山区。（Johnston [1910] 1986; Pruitt 1945; M. Yang 1945）

出产的粮食作物包括小麦、玉米、小米、高粱、豆类及红薯。

青州女孩与妇女的劳动

在我们的访谈样本中，青州女孩和妇女的主要收入来源是养蚕。过半数（52%）的青州女性提到在娘家做姑娘时养过蚕，三分之一（36%）的女性养蚕是为了出售或挣工钱。[1] 棉产品在青州的重要性，不如在山东西南平原那样重要。尽管有超过三分之一的家庭种植棉花，但只有不到 10% 用于出售。大约 40% 的受访者娘家有纺轮用以纺线[2]，但只有不到 10% 的家庭有织机并且织布[3]。大部分女孩并不会纺线织布用以出售或挣工钱。青州女孩还有一项季节性劳动，即采摘、削皮、储存、包装柿子和山楂，然后卖给商贩。果干的加工劳动，像养蚕和纺棉线一样，都是年轻女孩的手工劳动。

虽然青州乡村女孩用手工劳动为家中挣得收入，但棉布却是从其他村庄买来的。在 20 世纪早期，从天津运来的大量机纱，使得华北平原上专门从事织布的村庄（包括定县及河北高阳县）有了发展机遇，并且通过织机更新换代，为当地市场提高了土布产量。（Chao 1977，197—199）[4] 到了 1899 年，天津、上海等沿海城市已开始生产机织棉布，有一部分就贩到了青州[5]，到了 1925 年，济南和青岛这两个山东城市也开始了机织棉布的工厂

---

1 山东山林所产的野蚕丝，是当地一项重要特产，但我们在山东的调查，并未专门询问女性是养野生蚕种还是桑蚕。
2 在军阀切断了青州的贸易供给之后，纺线很可能成了当地一项必不可少的手工劳动。样本中纺线的 54 位女性，学会纺线的时间都很晚，平均为 15 岁，而非一般的 7—8 岁，而且在 1933 年前，没有人学会纺线。这意味着在军阀切断棉布供给之前，当地人不需要自己纺线织布。
3 尽管有 43% 的女性娘家有纺轮，39% 纺线，但仅有 6% 的女性娘家有织布机，8% 织布（见附录一表格 A.3）。
4 定县和高阳县是两个研究得很充分的县（Gamble 1954；Grove 2006）。赵刚（Chao 1977，195—203）提到了其他手工织布中心的起落，比如山东的德平和潍县，河北的宝坻。潍县处于胶州—济南铁路线上，距青岛 114 英里。
5 见贝斯福勋爵（Lord Charles Beresford 1899），第 1 页前面的地图。

生产（Lai 1967，89，123）。在1930年代至1940年代，乡间小贩从我们的调查点村庄贩出蚕茧和果干，又从别处贩回土布和洋布。

青州的缠足现象

青州1930年以前出生的女性中，大约有四分之三（74%）是缠足的，（图3.6）其母亲或祖母、外祖母的缠足率为80%—100%[1]。1930年前出生女性的缠足平均年龄为11岁，较1930年后出生组早一些，后者平均缠足年龄为12岁。这一相对较晚的缠足年龄，说明青州女孩的劳动并不总是坐着不动的，像养蚕、加工柿子等活计，比纺线织布更要求人来回走动。一些青州女性提到，在她们看来，缠足的女人可以摆脱重体力户外劳动。青州相对较晚的缠足年龄，及其持续的下降趋势，与养蚕业地位上升、纺织业地位下降的趋势相一致。当手工棉纺业受到工业冲击时，其他诸如养蚕或储存包装柿子等家庭手工业的出现，意味着女孩不必由家中转移到户外或田地劳动。

正如唐致卿（2004）所写，机器棉纺业给手工业带来的冲击后果，取决于人们是否能够获得新工艺、在工厂找到劳动，或找到其他手工收入来源。在青州的调查中，没有发现当地人改良织机的线索。如果有女孩在工厂找到了工作，那么她们就会离开家乡（我们如今也就不会在访谈中遇到她了）。对乡村的妇女和女孩而言，机纱及廉价棉布的涌入，一定会掐断她们之前的一项收入来源，即便养蚕卖蚕和加工水果能抵消一部分损失。由于早在我们所能够访问的最年长年龄组人群出生之前（1920年代），进口机纱就已经于19世纪末出现在山东了，因此，我们无法判断用以出售或交换的手工纺纱，曾经是否较为普遍。如果有过这么一次转型，那么，最年长年龄组的高缠足率，就与本书中的理论相符合。同时，养蚕及烘干、包装果品等如此密集的

---

[1] 长久以来，青州的本土文化较为多样，有回汉杂居的村庄，也有天主教传教士的身影（《青州市志》1988，43—55）。我们并未系统地调查族群-宗教的认同问题。在青州附近，约有三分之一的村庄居住着回族人，在其门廊和正屋中都有明显的宗教符号。离城更远的地方，回族就不多了。当地人说，在城乡及回汉之间，缠足并没有什么区别。我们观察到，青州的回族女性也有缠足者。当然，在青州的回族老区，一些老年缠足女性戴穆斯林式头巾。

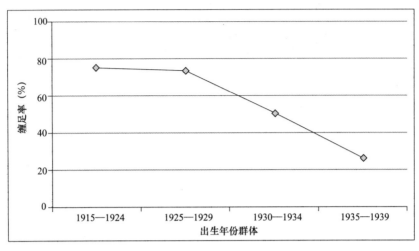

◆图 3.6 山东青州各出生年份群体的缠足率
[注]：共 136 人。

手工劳动，也与缠足限制当地女孩行动能力的状态是一致的。

河南省

我们的研究涉及华北平原的典型地区，如河南省的调查点。河北省南部及大部分黄河南岸地区，河南与安徽北部的开阔平原地带，都曾经历过洪水、干旱、饥荒与暴力的骇人历史。在河南，黄河河床时常会越过周围平原地区，形成沼泽湿地与农业旱地。河南多数地区种植小麦、小米、高粱、大豆和花生。描述清朝时期华北平原地区较低的生活水平特征时，历史学家李明珠提到县市不同的地方特产源于土地的干湿程度。在干燥地区，农民种植棉花，女性擅长纺织。在潮湿地区，湿软的土地里极少或根本没有棉花生长，但芦苇丛生，女性多编织草席与门帘。[1] 在两种情况，女性手

---

1 李提供了两个河北村庄的例证。在农民种植棉花的冀州、南宫，女性纺纱织布；而在潮湿的永清县辛安镇，农民并不种植棉花，女性就用芦苇来编织草席、帘子以供售卖。（L. Li 2007，106—108）

工产品均赚取家庭收入中的重要部分。(L. Li 2007，106—108）我们在河南所选的点便来自两种环境，女性各自制造两种不同的手工产品。[1]

开封县：黄河附近的棉花种植村

开封市是中国宋朝的古都，位于黄河南部15公里处。在历史上，开封市就因其主要的水路而与其他地区相连：黄河走东西，大运河流南北。到1910年，连接东西的铁路——陇海线在河南省最早完工的一段就是西边穿越开封至洛阳的部分。当陇海线与南北向的京汉铁路在郑州交会，长距离贸易在中国北方呈现出多样化的特点。(Wou 1994，15—17，map 1) 郑州，作为开封西边60公里处的铁路枢纽，也因此比开封拥有更多的商业活动，开始担任地区发展的领头者。尽管新的交通方式如铁路与公路大力发展，在1930年代、1940年代，乡村地区的交通水平仍然停滞不前。我们在开封县的调查点距离开封市南边约15公里。两位商人回忆当年步行到开封市的距离（大约3个小时），或拄棍或推独轮车走在尘土飞扬的路上。他们大多将粮食或花生换成钱；极少有关于布料的商业活动。

开封女孩和妇女的劳动

和河南北部的大多数地区一样，开封的农民种植棉花，纺成线，然后织成他们独特的土布。（图3.7）农民从不买工厂制作的棉纱或者布料。"他们很穷，无力支付这样的花费"，一个商人这样解释。土布可以在地方市场上买卖，但是需求量很小，因为大部分有女性的家庭都能够自己制作土布。农民们在布料上基本可以满足自我的需求（自给自足）。另一个商人回忆起女性从不参与长距离贸易活动，因为她们缠足"不能走路（走得很好或走很远）"，两个人都认为附近没有纺织厂。但是，到1920年，新建的大规模的郑州豫丰纱厂能非常轻易地将大批棉纱与布料通过铁路运抵开封。一份1929年的报告显示，豫丰纱厂有53000个纺锤，200个织布机，还有近

---

[1] 我们在河南选的两个点也反映出定县中织布的清风店和编席的庞村的不同之处。

◆图 3.7 河南的织布者，1989 年。像这位女性一样从事纺织的农民已十分罕见

4000 的工人。（Pearse 1929）那些工厂的纺锤对河南的乡村纺织者自然会有一定影响。这种间接的影响是城市对手工纺织棉纱与手工织布需求的降低，如同上文中对山东省情况的形容，当地布料商人"不再出现"。（Smith 1901，90）

在开封调查点的访谈，证实了女性在纺织品上的特长，以及手工产品数量逐渐下降的特征。在她们出生的村庄里，大概三分之一的女性种植棉花，四分之三的女性纺线，有超过一半的人织布。三分之一的家庭有自己的织布机，有的则与邻居共享织布机。不种植棉花的家庭则在与其他棉花种植户或小贩的交换中获得棉花。[1] 比较女性婚前与婚后的手工产品以发现不同时间内的变化，结果表明棉花种植、织布生产与织布机器所有者的数量略微降低，但棉纺生产的规模却大幅减小。[2] 棉纺生产的数量比例从大约四分之三降低为二分之一，因为工厂生产棉纱逐渐取代了手工的棉纱。虽然 1940 年代末期棉纺生产的数量明显下降，但是直到 1949 年共产党政府

---

[1] 开封的乡村女性并未谈及纺织品之外的其他主要手工产品。
[2] 我们访谈的女性当中，只有 20 位在 1945 年或之前结婚。

成立之后，因为物资的短缺，仍有不少女性在为贴补家用而纺线与织布。其他人则因为布票开始使用而不再进行纺织劳动（1958—1961）。[1] 战争年代，不少贸易往来的公路和铁路或被拆掉或被炸毁，导致东部的纺织品与西部的原棉互相隔绝，为了补充布料供应，家庭纺织生产能够持续也就不难理解了。

淮阳县：一个湖边湿地村庄

淮阳县位于郑州以南，黄河南岸，周口市以东，地处河南东南部陇海线与京汉线交会的扇形地区。淮阳距离京汉铁路的漯河站以东 90 公里。20 世纪初这些铁路的建成无疑拓展了贸易往来，也重塑了一些地方贸易的发展方向。我们的调查点苇席村，地处一大型湖泊沿岸，耕地相对较少。农民种植小麦、小米、高粱、大豆和红薯作为主食。不像此地大多数村庄，苇席村控制着有价值的水资源以及湿地资源。因为有分配湖泊资源的权利，村民们靠打鱼以及将水草、香蒲、芦苇、柳枝等有价值的材料织成草席为生。他们编织芦苇，制作草席、包、网等（像定县庞村）。因此我们将这个点定名为苇席村。

淮阳女孩与妇女的劳动

即使三分之一苇席村的女性在娘家与婚后家庭都为家用种植棉花，但她们也从不织布。[2] 有 9% 的女性在婚前织过布，只有 1 位女性婚后会织布。相应地，仅有 20% 的娘家有织布机，而 3% 的婚后家庭才有 1 台织布机。在娘家时，一半的女性曾于孩童期纺过棉花或大麻[3]，40% 的女性编织过芦苇席或制作过香蒲包。通常情况下，几个家庭成员一起制作席子。棉线或麻线都用作席子和包的穿绳或者锁边。这就解释了为什么不少女孩子纺线，但她们却

---

1 见艾约博（Eyferth）2012 年有关四川和陕西纺织运动的一个讨论。见陈伊范（Jack Chen）1973 年有关"文革"时期河南乡村情况的描述。
2 没有织布机保存下来；我们也没能了解清楚织布机到底是用来制作席子还是布料。
3 48%（总数 100 人）的人纺棉纱，9% 的人也制作麻线，另外 2% 的人只制作麻线。

不织布。大约三成的女性谈到她们卖席子、包或者其他手工制品。当她们是孩童的时候和其他家庭成员一起制作席子，而其他人会拿做好的席子去卖。[1]

苇席村年长的商人们回忆到，他们曾坐船或拄棍在土路上跋涉，抵达当地的市场。不管是坐船还是步行，都得三四个小时才能到一些大型市场，如东边的郸城，或是西边的周口；来回一趟需要两天。卖掉带去的地方产品后，他们会带回食盐、面粉、制衣所需的几匹布等。苇席村村民从周围村买手工织造的土布。从遥远地区如上海制造出来的工业布料也可以在村镇中买到，我们可以猜想到1920年后，郑州豫丰纱厂的产品也会输入周口的市级以及淮阳县的镇级市场。村民不同于城镇人口，几乎还只购买当地结实的手工土布。

开封的缠足现象

开封乡村年长的男性谈到，民国时期村里的女性全部缠足。我们的数据也证实，1930年之前，虽然有些女性之后将她们裹过的脚又放开，缠足现象还是很普遍。女性平均缠足的年龄大约在8岁到8岁半，大多数女性缠足年龄介于5岁到11岁。一位女性明确地把缠足和纺线联系在一起："缠足以后我不再离开屋子；我在家纺线织布。"[2] 从对一群1920年代出生、大约1930年代缠足的女性的访谈中，我们得到的信息描绘出缠足现象极度降低的曲线图。[3]11位女性回忆起基督军阀冯玉祥，1922年开始主政河南，并反对缠足。[4] 缠足率在那些1920年代末出生的女性当中依然很高，但在1930—1940年代出生的女性中却急速降低。这些女孩在大萧条时期到了缠

---

1 在淮阳县的苇席村，如果被采访的女性在她还是女孩时不是家中售卖货品的人，那么在有些访谈记录中则会遗漏用于售卖的物品信息。
2 开封县1923年出生的乡村女性，作者、调查团队的访谈，2007年3月。
3 开封相关比率下降的情况与我们在其他两个安徽调查点的情况几乎完全一致。这三个调查点都地处华北平原，并位于黄河南岸。
4 很难了解冯玉祥的政策是否在当时产生了一定影响，或者后期的媒体在慢慢灌输这样的观点。1930年代，冯玉祥被蒋介石压制。许美德（Ruth Hayhoe 2007, 78）提到，冯玉祥1922年成为地方统帅，并在1927年办高等教育，在开封成立河南大学。

◆ 图3.8 粗陋的裹脚，这只脚，来自河南省淮阳县，为了减小总长，大脚趾被缠到一侧，小脚趾则折叠到侧面或者嵌入脚底。这种缠足还未达到理想状态，因此不仅很疼而且还很丢人

足年龄，又经历了日军侵略及占领华北平原地区。我们调查的村子当时也被日本人占领，但访谈的女性并没有将缠足现象的结束归于日本人的控制管理。两位女性提到当日本人侵略村子时，"小脚"的女人都跑不掉。在1935年到1939年出生的女性中，新的缠足率降低至不到以前数字的一半。

淮阳的缠足现象

在淮阳的样本里最年长的女性中，缠足也是当时的社会标准。（图3.8）在淮阳，女性平均缠足的年龄在7岁，比开封要早，但缠足数量开始降低的时间则晚于华北平原的其他村庄。在1930年代早期出生的女性中，缠足率的降低并未出现。（图3.9）1930年代末期，在周口日本傀儡政府统治下，年轻的女孩子们还在缠足。而在1930年代末期出生、缠足年龄在1940年代中期的女性中，缠足的数量则直线下降。[1]

---

1 虽然在我们开封样本中受访的所有老年女性后期都不再裹脚，但只有一位女性早在1929年就不再裹脚。11位1930年代不再裹脚，37位1940年代不再裹脚。大部分（29位女性）不再裹脚的行为发生在1945年或之后。

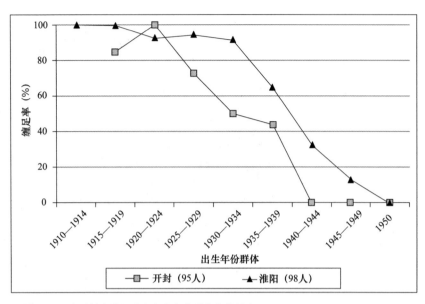

◆ 图 3.9 河南开封和淮阳县各出生年份群体的缠足率

[注]：共 193 人。开封县，靠近开封和郑州等城市，靠近黄河以及新修的铁路等，缠足率的降低比淮阳县要早 10 年左右。淮阳县 1910—1914 年出生的群体中只有一例。

在那个年代，各种压力同时向开封的农民们袭来，如市场变化、经济萧条、战争冲突以及新政府（包括河南的基督军阀冯玉祥）等。如果我们关注女孩及妇女们的劳动，开封地方市场中高比例的手工纺织品与高比例的缠足现象相一致，但是到 1930 年代，手工技术遭遇了经铁路从郑州运来的机器纺织品日益增长的竞争。与此相反，淮阳县农民制作苇席和包并未受到多少来自机器产品的竞争。当地乡村家庭可以继续培养他们的女儿做一些坐着完成的家庭手工业劳动，如制造市场上需要的苇席和包等。对女孩和妇女手工劳动的持续性依赖，与这里缠足现象影响力降低时间稍晚的状态相一致。

安徽省

由于中国河流沿岸漫堤时常发生，安徽省是中国最穷困的省份之一。

两条主要河流——淮河和长江均从西向东穿过安徽,而黄河只从安徽的北部流过。安徽北部也称作淮北,地处淮河北岸;中部位于淮河与长江之间;南部则在长江南边。写到安徽的作者都强调它在地形与文化上的多样性,尤其关注其长江沿岸南部的扇形地区以及那里的商人阶级。(L. Johnson 1993a;Walker 1999)安徽的大户人家,因行销长江上下游地区的丝绸和棉纺取得资本实力,使自己与浙江和江苏的相似地区,即江南地区结成文化同盟,而不与省内北边的穷苦同乡接近。我们在北部和中部的欠繁荣和较少记载的地区选择了一些县,其中两个调查点的村庄分别在淮河的两岸,而淮河通常被视作划分中国北方小麦种植区和南方水稻种植区的分界线。临泉县在淮河北岸,以种植小麦为主。六安县在淮河南岸,以种植水稻为主[1],两个县都种植棉花。

晚清至民国时期的安徽省北部,洪水频发、缺乏治理、土匪猖獗,战争又阻碍了贸易和发展。(Perry 1980, 35;《阜阳县志》1994, 197, 95)虽然古道也连接了市镇,但陆路交通仍然落后且昂贵。当河流水深足够时,人们广泛使用小船进行水路运输[2]。19 世纪末期,条约口岸开埠后,蒸汽轮船提高了中国的贸易量。20 世纪早期,铁路建设大大提高了大宗货物如纺织品抵达小城镇的运输能力。到 1930 年代,四条穿越或紧邻安徽的铁路线提高了跨区域的贸易量,有利于一些地区,却也边缘化了其他地区。[3](Perry 1980, 33—34)

---

1 两个县都在卜凯([Buck 1937] 1964)大规模农业调查当中。临泉属于阜阳管辖;卜凯将阜阳形容为一个小麦-高粱产区,而南部的六安,则是一个"长江流域水稻-小麦"产区。卜凯的调查显示,临泉和六安都生产棉花(table 11),我们的调查点也正是如此。
2 在民国时期,由于较低的人口密度与昂贵不便的士路交通状况,淮北的商业并未有显著的发展。"靠近河道的村庄可以通过船只来买卖货品,但是周期性的水患会影响商贸活动。"(Perry 1980, 33)
3 贯穿南北的京汉线(1906 年竣工)穿过河南,进入安徽西部。而贯穿南北的天津到南京的铁路(津浦线,1912 年竣工)也穿过安徽东部。到 1916 年,连接东西的陇海铁路也掠过安徽北部地区。(Han 2001, 18)1932 年至 1936 年间,另一条南北铁路将安徽中部的淮南与长江边的南京连接起来。裴宜理(1980, 33—34)描述了 1920 年代,铁路建设是如何改变淮北的贸易类型,从淮河、大运河上的小船往来变为通往上海、徐州、开封的火车贸易。

安徽的历史学家讨论说，当 1877 年长江的条约口岸芜湖开埠之后，同外国棉纱与布料的竞争使得乡村手工纺织生产者受到毁灭性打击。手工生产者收入额的衰退不仅发生在城市里，也发生在安徽的一些偏远地区，如六安县。在那里，村庄里曾经有不少织布机与从业者，但当外国布料进入安徽西部地区，许多有名的从业者都不再织布。（程必定 1989，121—124）工厂纺织品先沿着长江由蒸汽轮船水运，再由跨区域畜力车和人力搬运工运输进入内陆城镇。安徽北部的村庄曾经距离江南纺织工厂十分遥远，但到 19 世纪末叶，间接的影响已经穿越整个安徽省。安徽南部的长江港口——安庆距离六安县只有 175 公里。因为有无数小河开放给小船运输，商人们可以抵达很多城镇，而这些城镇都为安徽乡村提供物资供应。

在城镇的市场上，与工厂商品的竞争带给省内腹地依赖农业和手工业的家庭更多的困苦。20 世纪早期，曾经给安徽市场提供货物的农村地区开始放弃手工纺织了。（程必定 1989，121—122）失去销售手工纺织品的收入，加剧了安徽农村的贫穷程度，与其他江南纺织业蓬勃发展的中心地区相比，安徽作为贫困落后地区的名声更加根深蒂固。尽管官员敦促"恢复棉花生产与养蚕业"以及"鼓励棉纺工业发展"，农民却并未回应；手工生产不再是"一份有利可图的职业"。（Perry 1980，36—37）[1]

临泉县：华北平原的一个古老村庄

我们在临泉县选的点，和大多数华北平原的传统村落一样，尘土飞扬，土地平坦，黄泥砖墙，房子则都簇拥在古树的阴凉之下。临泉县的主要作物，与大多数安徽北部的乡村普遍种植的一样，都是小麦、黄豆、高粱和棉花。在我们的调查点，超过八成的农民种植小麦，只有 3% 的人种植水稻。因为这个村子正好位于县中心镇扩张区域外沿，村里的商人带着货物或者推着车，不到

---

[1] 因为制造业匮乏，"[淮北的]商业潜力化为泡影"。虽然淮北的气候对丝绸和棉花都适宜，但在 20 世纪，自古以来一直是蚕种养殖中心的安徽各县"没有桑树，也鲜有织布机"（Perry 1980，36—37）。同见《六安县志》1993。

一个小时就可以走到城里的市场。[1] 民国时期，地方商业主要是卖粮买食盐、丝绸和布料。[2] 临泉县境内有三条通航河流。泉河为最主要的河流，向东南汇入淮河。到1930年代，道路建设工程开了县城汽车交通的先河，但是村路仍然只能供人力车和手推车行进。(《民国临泉县志》[1936]1998，284—285，291) 2011年，县城郊区铺设的宽阔道路已经距离我们的调查点很近，但这个为了建设新的公寓楼即将被拆迁的古老村子，仍然没有铺路。

临泉女孩和妇女的劳动

人类学家韩敏在她一本有关安徽北部村庄的民族志里总结道，在民国时期，淮北平原的女性"只待在家，缝纫、纺线、织布和做饭"[3]（Han Min 2001，71，160）。在我们调查临泉的这个村子，妇女和女孩们为家庭的需要纺线织布（衣服、鞋子、鞋垫、被子），但是其中八成在出嫁前做女孩子的时候还锄地、摘棉花。因为家里种植棉花，大多数女孩（70%）在13岁的时候纺线，一般从7岁就会了。女孩们在16岁个头足够大能使用织布机时便学会了织布。一半女性的娘家都有织布机，但只有30%的女孩们在出嫁前学会了织布。[4] 我们估计在经常纺线或织布的女孩中，大约四分之三的人通过交换来获得生产收入。[5] 因为在华北平原大多数地区，由于担心四处

1　马车也很少，因为土路经常难以通行。
2　我们在临泉县的调查点属于阜阳管辖，此地"古时候就以纺织品闻名"(《阜阳县志》1994，148)。
3　韩敏认为，"因为她们没有能力让自己的劳动力转化为货币，她们的社会地位仍然卑微" (Han Min 2001，72)。另外，韩敏将其归因于"农业比起做饭和纺织劳动，能赚取更多的钱，女孩们自然就比兄弟们为维系家庭提供的收入要少"(71)，也就暗示着手工产品至少有提供收入的一些机会。无现金收入和收入（减少）之间明显的矛盾，可以通过对妇女和女孩进入市场以获取收入的限制来解释。
4　超过一半的被访谈人在婚后才开始纺织劳动。在小部分家庭，父母轮流从事纺织劳动，但多数纺织者为母亲。
5　2007年，我们对临泉的访谈问题过于有限。问到手工劳动的收入（报偿与销售），女性针对纺织劳动总是回答"没有"。之后，通过开放式的问题，我们发现需要询问有关"换"取"实物"，这通常作为获得额外原材料的手段。换取实物会一定程度上保护村民免受货币通胀的影响。2011年，回访了当年访谈过的4位女性。其中的3位（曾说）（转下页）

的匪患，大部分商贸活动由男性参与。

村民卖原棉，但在 1930 年代和 1940 年代，县城市场中手工棉纱的销路大大受限。[1] 地方的纺织从业者可以买到上海、天津和南京生产的机器棉纱。镇上的商人也从大城市、日本或者其他国家进货售卖工厂生产的布料。不像镇上的居民，村民们很少买这些布料，为了省钱用自己的棉花手工纺线织布。而在距离临泉 60 公里的阜阳，一位企业家早在 1908 年就已成立了一家小型纺织工厂。(王鹤鸣，施立业 1991，339，363；《阜阳县志》1994)[2] 1928 年又成立了两家纺织工厂，有 30 台织布机，每天使用上海的棉纱共织造 1000 米白布。这些织布机效率比村里女性的织布机要快一倍。(《阜阳县志》1994，148)[3] 早年，不少安徽的小工厂以失败告终，但仍随着竞争压低了价格，无数掌握纺线织布技能的女性从此不再为市场生产。

六安县：分散在稻田里的村庄

六安县位于安徽省中南部，淮河以南，由北部的大别山侧翼而来，逐渐向平原扩展。六安境内有 3 条有益的河流，时常容易发洪水，但在旱季却又枯竭为狭窄的浅滩通道。淠河，向北汇入淮河，在历史上曾经是连接村庄与外界的重要商路。在清朝，六安县的商人主要依靠这些河流来进货[4]。民国时

（接上页）她们没有"卖"或者通过棉线和布料取得收入）解释说，她们纺的线和织的土布都用来在市场交换（这实际上就是卖）其他货品。收入为棉花或布料的形式。到 2011 年，随着大部分村庄被夷为平地，村民们被分散到新的公寓楼里，我们找不到其他人再次采访有关交换的生产。

1　4 位 1916—1929 年间出生的男性村民，描述了临泉的商业以及周边安徽、河南平原地带的市场。其中只有一位谈及市镇中售卖的家纺棉纱。

2　截至 1908 年，安徽有 14 家纺织工坊，六安没有，阜阳有 1 家，即 1908 年成立的永兴织布坊。(王鹤鸣，施立业 1991，33)

3　1925 年出生的临泉女性，作者、调研团队访谈，2007 年。比较而言，我们六安调查点的一位乡村女性 1 天织一块布，即 4 丈，大约 13 米。其他六安受访的女性，从一天织 6.6 米到 17 米不等（在全天纺织的情况下）。

4　"乡村山区将竹子、木料、茶叶、麻、药材以及扫帚等沿淠河运至六安，以及向北至淮南等地，交换取得盐、煤和其他日用品等。"(《六安县志》1993，235）虽然六安南部山区的女性手工劳动制作扫帚和麻制品，我们在六安北部地区的受访者都不种植或者生产麻制品。

期,"上百船只"停泊在六安附近,特别是抗战交通繁忙的时期。(《六安县志》1993,235,294)1927年,道路和桥梁的改善建设开启了六安的汽车交通;从合肥到六安的一段路1932年开行,不久就有经营性大巴开通。而大部分的路都在抗战时期被破坏,直到1945年都尚未修缮。(217)

我们的调查点位于六安城的北边,淠河东岸20公里的地方,地形起伏,四处分布着房屋小聚落和池塘,由带有车辙的土路相连。虽然50分钟就可以坐大巴从六安城到这个村,但到了这里,我们经常需要步行到分散的各家去。六安这个点是我们在中北部调查的村庄中唯一以水稻作为粮食作物的村。村民们也种植小麦、大豆和花生。不少村民的田里都是一年两熟,水稻之后是冬小麦,还种植棉花,一年农田里比起单种植小麦需要更多的农业劳动。

六安女孩和妇女的劳动

民国时期,超过六成的女性在孩童时就为娘家锄地、摘棉花、纺线。超过四分之一的人为其他商品卖或交换棉纱[1]。少数女性(一成)在出嫁前或出嫁后织棉布。除此之外,24%女性的娘家和20%女性的婚后家庭拥有一台织布机。在少部分家庭中,女性纺线男性织布。一些家庭种植棉花,雇用他人为自己织布。雇用的织布者应该用过改良的织布机,因为当更有效率的织布机被接受后,男性更倾向于从事织布劳动。(Grove 2006,20)我们为了看到老的织布机问过多次,但是在六安没有一台留存。老的织布机和旧的纺轮都已消失、被扔掉,或者1950年代末"大跃进"时期人们在家炼钢铁被焚毁。[2]我们没能找到那些1949年前经商的老商人,但是有一个人说他父亲曾经卖棉纱,还从省城合肥进布料。

1922年,六安县城里5个不同的家庭工厂开始在木制织布机上制作白

---

1 在六安的受访者中,62%的女性给棉花除草、摘棉花,61%的女性在婚前纺纱。26%的女性售卖或者交换棉花。(共97人)
2 一位六安的女性解释,在"浮夸风运动"中,她家的木质织布机被用来"烧锅"了——指的是当木柴变得稀缺时,在后院炉中制造钢铁的"大跃进"运动。

色和带格子的土布,每个机子每天能织布大约 30 米。这个效率说明他们已经使用了改进过的木制织布机以及更快的梭子。1933 年,5 家城镇家庭工坊开了更大的工厂;一家使用铁制齿轮的织布机制作格子布。1937 年开张的另一家工厂使用了一台铁制齿轮织布机和 30 台木制织布机,招收了百余名工人生产白布。1937 年后,对日作战更加刺激了生产。[1] 1940 年代,一家有两百台缝纫机的工厂制作袜子和毛巾,一家织布厂开张时有 16 台木制和 6 台铁木混合织布机。(《六安县志》1993,187)据方志记载,生产与出售纺织品的新企业被视作 1920 年代、1930 年代发展的标志。尽管这些企业在地方有知名度,但更大的转型则包括东部沿海纺织品工厂的大力崛起,铁路和轮船深入内陆的扩张等。

当村里的女孩子还在学习纺线,已经很少的人学织布了。从两方面来看,有织布机的家庭比女性织布的家庭比例高,说明家庭织布劳动正在减退。织布机是生产资料,一个家庭可以多人使用,或者多个家庭共同使用,因此,拥有织布机并不能直接反映织布活动的参与度。而且在六安只有 7% 的女性婚后织布。[2] 由于六安靠近各个长江沿岸城市(距离安庆 175 公里),来自江南纺织中心的布料完全可以供应整个地区纺织品市场。同时,种植水稻和棉花这两种劳动密集型作物,会使六安的女性从事更多的农田劳动,而手工棉纱和布料也就让位于工厂制作的纺织品。

安徽的缠足现象

19 世纪末,缠足在我们选择的安徽中部和北部两个调查点已成共识,1920 年之前出生的女性八成都会缠足,而这个比例在 1930 年代出生的女性中有所下降。(图 3.10)一位 1933 年出生的女性的经历很好地展示了这

---

[1] 在六安县的杨村,每家每户都有木质织布机和麻线(用来在战时编织麻袋运输货品);麻线织布机的数量增长至 8000,有成千上万的人制作麻线。(《六安县志》1993,187)
[2] 关于纺织比率的差异来自不少原因:(1)和临泉相比,六安种植棉花较少,而水稻较多;(2)六安的纺织从业者已经有了改进式的织布机,可能多为纺织工坊中的男性操作;(3)六安地处长江附近,更容易接受工厂的商品,取代当地的手工棉纱。

一点:"我10岁左右的时候我妈妈给我裹脚,大约也是10岁我开始纺线。每次她给我裹脚,我都疼得哭出来。她给我裹了大约半年的脚,然后就放开了。我还要劳动,包括在田里收麦子的活儿。"[1] 缠足和纺线的时间恰好都集中在10岁左右的年纪,但是家里的农活使得裹脚的行为不得不停止。

虽然采访到约一半的临泉女性都提到缠足的经历或者持续过一段时间的缠足行为,但大多数都没有一直缠下去。[2] 平均来说女孩在8岁的时候缠足。1930年代和1940年代,不少女孩子被允许放足。其中超过一半的人在放足不到两年后又开始缠足。结婚时那些缠足的女性(12%)都为1930年之前出生,之后终身缠足。一些临泉的女性说她们只"缠了一半",相对比来说,她们的母亲或者祖母的脚缠得更紧,更符合标准。

在六安,出生于1920年代的女性缠足的比例已下降至80%以下,说明缠足的现象开始减少。如在临泉,不少女孩或者熬过一段时间就可以不再裹脚,或者缠到半裹状态就停止(不再伤害脚背)。女孩缠足一般很早,平均在7岁就开始。[3] 44位"曾经裹过脚"的女性,其中42位(95%)很快就不再裹下去。大多数停止缠足的时间在1920年代末期,1930年代和共产党胜利之前的1940年代早期。

安徽中北部缠足的较高比例持续到19世纪末叶,当时手工纺线与织布等劳动尚未受到挑战。最早,当商人们刚开始把外国的和工厂制造的棉纱、布料引入乡镇市场的时候,乡村的生产者们尚可以应对。到1930年代,许多大型工厂以及中国工厂制造的棉纱和布料销售渠道的改善,意味着一个乡村女孩坐一天一夜纺出的线已经没有多少可以赚取的利润。缠足对于母亲来说再也没有多少益处了。特别是一些女性还说自己的父亲反对缠足,因为需要她们在田里干活。乡村的劳动需求从而开始转变。

村里1930年代出生的女孩们面对的世界是这番场景:新的公路铁路

1　1933年出生的临泉女性,作者、调研团队访谈,2011年。
2　临泉51%的受访女性与六安45%的受访女性都曾经裹过脚,即至少有暂时性的缠足。
3　缠足时间的跨度,从几个月到28年不等,平均时间少于5年。

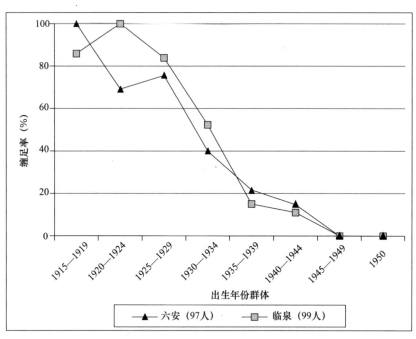

◆图 3.10 安徽临泉和六安县各出生年份群体的缠足率
[注]：共 196 人。

将工厂产品输入乡镇市场，让工厂产品与乡村女性手工制作的棉纱和土布竞争。家庭纺织棉纱的需求萎缩，1930 年代 1940 年代的政治动荡，完全破坏了村庄里的生活。当日本人侵略华北平原，国民党、共产党与日本军队在安徽打了 7 年，之后又是内战时期。军队间时常发生的对抗需要劳工、食物与衣服等，也给村民们带来了诸多困难。战争破坏了贸易，有时却促进了对当地货品的需求，特别是军队，同时也加速了交通和工业带来的变化，以工业品取代了村民的家庭手工纺织品，整合他们的经济行为进入更大的商业系统当中。女孩缠足和纺线以贴补家用的传统不用再延续下去。女孩的手工纺织产品经济价值的降低与缠足数量的降低相携而行。

图 3.11 表明，山东、安徽以及河南开封的三个当地女性都曾经擅长纺织生产的调查点，都有相似的从事相关劳动人数比例下降的现象。以编织苇席为主的淮阳与上述三地相比，受到机器生产的影响较小，因此缠足现

象持续的时间就更长。

华北平原的情况

我们调查的华北平原村庄和省份呈现出引人思索的类型。在河北定县的点,我们发现了在中部调查区域——东亭乡(今为镇)—编注 1910 年代出生的女性缠足数量迅速降低的现象,与在定县其他两个点 1920 年代出生的女性缠足数量再次降低的现象的区别。在编席的庞村,缠足现象持续时间稍长。在山东青州,缠足数量降低现象最为明显的一次发生在 1930 年代

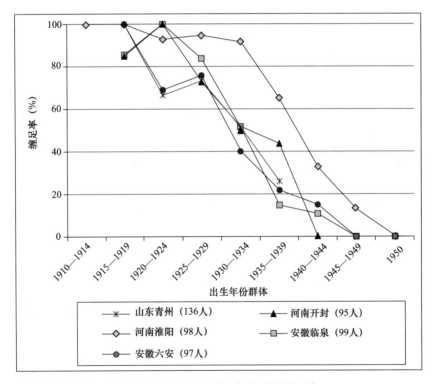

◆ 图 3.11 河南、山东和安徽北部调查点各出生年份群体的缠足率

[注]:共 525 人。青州、开封、临泉和六安的数据都显示,1930 年代及之后出生的女孩当中,缠足比例急速下降。而在淮阳,一个编席的村庄里,缠足比率的降低出现在 5 年之后。

出生的女性当中。在河南和安徽，我们发现相似的缠足数量下降现象，发生在1930年代出生的女性当中。河南的证据来自现象出现略微延迟的淮阳县，以编席为主要手工产品。很大程度上来说，工厂棉纱持续性地替换手工棉纱，随之而来的是改良的织布机及动力纺织工厂的纺织中心在布料市场上的竞争力，减少了乡村女孩手工劳动，也就暗合了缠足数量的降低现象。乡村编席者面对较少的工业资源竞争，相应地，缠足现象就持续时间更长。

4
中国西北

山西省和陕西北部地区隔黄河而居，因黄河向南流动，故山西在东边，陕西在西边。[1] 随后，黄河急转向东，沿着长长的路线奔流入海。山西的地势山峦叠嶂，但陕西南部地区却是广阔的华北平原向西部延伸的一部分，古代西安是它的中心。一直以来，山陕二省构成了核心汉族与中亚草原居民的天然屏障。长城的一部分经由这两个省的北部边界地区。

山西省

山西有众多平缓的山峦自然形成的沟壑地貌，足以汇集足够的雨水滋润山谷地区，从而形成多数人口的聚居区。农民种植小麦、小米、玉米、鸦片和烟草，还从事一些手工业，如造纸、家庭棉纺织生产等。因为地势大多崎岖不平，只有大约五分之一的土地可供耕种。到18世纪中叶，因为商贸和非农产品的重要性逐渐增长，"多山的山西省无法再养活持续增长的人口"。粮食匮乏的山西省开始依靠从陕西省输入小麦和水稻。粮食的运输沿着渭河

---

[1] "陕西"一词英文（Shaanxi）中的两个"a"不是"山西"英文词（Shanxi）的错误拼法；它只是现代一种为了区分声调不同、发音近似却书写相异的两个词语而发明的方法。进一步解释，陕西的英文词还曾经罗马化为"Shensi"。

向下进入黄河主流，之后逆流而上进入汾河流域，还有一小部分粮食是从北边的内蒙古南部等地输入的。(Edgerton-Tarpley 2008，22，29，30)

历史上，山西重要的丝绸和棉花产地主要集中在位于汾河谷地的省会太原，以及位于山西东南部潞安平原的长治。18世纪中叶，清朝在西部地区的商业及军事利益，增加了对当地棉花制品的需求。当地的冬天漫长而寒冷，因此棉花填充的衣物及被褥的需求量很大。即使有一条官道从北京抵达太原通往西安，但是山西山峦叠嶂的地势还是限制了水运系统的发展以及地方交通网络的发展。(Drake 1897，9—10) 交通的不便限制了密集商业网络在山西的发展。但吊诡的是，山西却以大商人著称，不仅有获得官府专卖权的盐商，还有清中期之后从中、东南省份贩茶到蒙古甚至俄国的茶商。(Avery 2003，54—68) 商人们的步伐沿着官府在中部谷地开辟的路线跨入黄河流域，并从中获利。(张正明 2001，62—63) 1930年代，马帮从北京以及北部地区驮着"丝绸、布料和烟草"穿越山西东南部，之后从山西最南端的黄河边上的货物集散地逆流而上向北，"一匹一匹的骡子驮着煤铁制品、瓷器和棉花沿着黄河向北行进"(Burgess 1957，105)。

在1876—1879年干旱导致的饥荒之前，山西是一个相对富裕的省份。除却那里相对有限的耕地和不稳定的水源供应，山西"矿产资源丰富，如煤、铁矿、盐、锡、铜、大理石和玛瑙"(Edgerton-Tarpley 2008，22)。从煤和铁矿产资源而来的财富使得该省成为远近关注的焦点，而且到19世纪末，还使得它有"繁荣的商业网络，省内市镇有大量外国货品即是证明"(20)。1866年，传教士韦廉臣(Alexander Williamson)记录下了交易的物品还有曼彻斯特的棉花、俄国羊毛制品——因为"和蒙古的广泛交易"有"大量的俄国布料"。(Williamson，引自 Edgerton-Tarpley 2008，20) 尽管山西相对富裕和繁荣，但粮食运输的困难与清朝的衰弱使它很容易遭受"奇荒"，在因荒年导致的饥饿、疾病、瘟疫中损失了超过三分之一的人口。(Edgerton-Tarpley 2008，1) 人口数量大规模减少，经济衰败以及19世纪中国贸易从西北转向东南，凡此种种，意味着山西不再有过往的繁荣景象。

民国时期，山西是"中国最穷困的省份之一"。（15—22，24）

1900年义和团运动被压制之后，外国势力要求中国政府对义和团破坏的事项进行赔偿，并用赔款在太原建一所西式高等学校。到1907年，高等教育已遍及山西的城市，北京到太原的铁路也完工了。（Richards 1916，299—307）统治山西的军阀阎锡山在日本侵略之前，使山西保持了罕见的30年政治稳定局面。（Bonavia 1995，127；Gillin 1960）[1] 虽然阎氏和同时期的军阀别无二致，但他的统治更加有效力，甚至在某种程度上持有进步的观点，在1911年至1930年，施行了不少改革措施。（Chi Hsi-sheng 1969，72—73；1976）他修建了一条北达长城的公路，购买不少公共汽车，使他的政府所有的汽车数量稳定在40辆。（Franck 1923，256—260）1933年至1937年期间，他基本修建完成了同蒲铁路，这条铁路从东北部的大同直通西南角的蒲州，跨越整个山西。（Chen Minglu 2011，33）阎氏主张农民种植更多的棉花，发展棉花工坊，奖励家庭手工业，如袜子、草席、草帽及柳制品的生产。（Gillin 1960，303）

阎锡山也异常关注女性事务，他辖制的山西也因此成为废除女性缠足的重要地区（Gillin 1960，295；Ko 2005，50—64）。不仅兴建学校，提倡女子教育，他还提出反对缠足的严格规定，举行全省范围内的废除缠足活动。（1917—1922）监督员们会惩罚那些给女儿们缠足或者不愿自己放足的女性。（Franck 1923；Gillin 1960，295；Harrison 2005，131；Ko 2005，53—64）

1937年至1945年，日本占领山西大半因为煤炭储量丰厚。（Bonavia 1995，127）他们控制了省会太原，以及北部的煤城大同，但对小型中心城市及内陆乡村的控制则不太成功。因为红军与共产党在陕北地区有坚实的基础，而黄河对岸就是山西西部边界，也靠近我们的调查点临县。共产党在山西西部发展了很有效的地下组织，招募山西男性参军，鼓励山西的女性手工缝制纺织品，以弥补战时商业供应的短缺。

---

1 阎锡山统治山西的1911年到1949年，贯穿军阀混战、国民政府、抗战及内战不同时期。

长治地区：缺少本地棉花的郊区村庄

地处小型平原地带，长治市一直是山西东南部太行山西南谷地的行政中心。几乎被四周高地包围的长治地区，其水源供应相对来说较为充分，不仅有不少小溪流，降雨量也比较合适。因为黄土地丰饶，长治一直是山西农业生产地区之一，出产华北平原地区最为典型的农产品：小麦、玉米、大麦、小米，特别还有大麻。（张成德与孙丽萍 2005，356）同时，曾经的丝绸贸易也在山西留下了遗迹，但当时长治的交通并不便利。崎岖的太行山脉使得从长治到东部的河北平原距离约有60公里的艰难旅程。另外，北去通往官道的路要穿过整个汾河谷地，也异常难走。长治的主要干流浊漳河也并不通航。大多数的贸易和移民都向东移至一些河北的穷县，或者跟随向黄河前进的骡队行迹往南。只有1929年阎锡山治下，从黄河到长治的羊肠小道被一条可供汽车和临时公交行驶的粗糙道路取代。（Karlbeck 1957，69）2006年，我们为了寻找到足够数量的符合研究条件的老年女性，探访了长治郊区两个镇的13个村庄，大约地处城市中心以东11公里的地方。

因为每个调查点都有不同的资源，不同的市场准入，所以我们研究的样本村庄里包含各种经济活动类型。[1] 大体而言，这些村民的粮食作物多为小麦、玉米和豆类。部分村民种植大麻或者养蚕获取纺织纤维，还有极少数种植棉花。种植棉花的地区是在河南、河北东部，也在山西西南部。（Buck 1937，64，map 27）大多数的村民都需要从山那边的地区如定县购买原棉，用以制作衣服和被褥。妇女们说民国时候可以从村里的市集或庙会上买到棉花。

长治女孩和妇女们的劳动

结婚前，女孩们给家里用棉花纺织布料，但是在自用之余销售剩余布料的并不多。在调查访谈的女性中，58%的人在幼年时曾纺过线，12%的

---

[1] 我们调查的村民中，大致四分之三的人都种植小麦和玉米，并将这二者作为主食。

人纺线用于出售。一位1930年代出生的女性谈到1斤（16两）纺过的棉花只能卖到几毛钱。"我把纺好的线交给父亲，他拿到邻村去卖。11岁起我就给家里挣钱了。"[1] 另一位1934年出生的女性，曾经提起她用手工纺的线换粗布。一位出生于1935年的女性谈到自己把纺好的纱卖给一个纺织工坊。做一套衣服和一双鞋所用的棉线，可能需要一位女性纺整整一个夏天。在中国的很多地方，纺织从业者一天可以生产3到5两棉线。而在长治郊区的村庄里，两到三天的纺织劳动才能取得1斤原棉，而1斤原棉能生产出16两的棉线[2]，因此一天纺线的劳动报酬相当于另外一到两天所需的原材料。1两棉线可以换"十分钱"，一毛钱[3]，约为一双缠足布的价值。一些女孩子用半天来纺线，半天来刺绣。

在我们调查的女性中，19%的人曾经在结婚前纺织棉布，这一数字与18%的人娘家有织布机的数字大抵相当，但只有约4%的人曾经卖过布。1948年韩丁曾经调查过的长弓村（张庄），地处长治近郊，在距离我们调查的村庄约15公里的位置。[4] 当时，张庄的村民几乎全部穿着土制棉布衣服和布鞋，除了士绅们，他们会在特殊场合身穿从"南方"来的丝绸与缎子衣服。（Hinton 1966, 24）韩丁讲述了一位裹着脚，一双手总在纺线、绕线、织布的王老太太，"在沿海进口的廉价纺织商品影响下，纺线技术已经面临绝迹的时候，她是少有的几位还懂得如何织布的女性之一"[5]。（292，428）

在长治地区的一些村庄里，妇女和女孩们还用其他纤维物质制作物品：20%的人制作麻绳，其中8%的人卖麻绳。一位女性记得自己六七岁

---

1 长治郊县的女性，北村，作者本人、小组采访，2007年4月11日。
2 一斤的原棉可以生产出超过一斤的棉纱，因为里面夹杂着面浆、水分和灰尘。了解更多有关手工纺织的情况，见Hershatter 2001, 47。
3 货币价格取决于战时地方上的巨大差异和不断通货膨胀的影响。女性通常会给出纱线换取原棉的情况来提供价格。
4 山西绥远边区的这一地区，是"1937年下半年之后共产党的密集活动"区域。（Goodman 1994, 1009）
5 译文出自《翻身——中国一个村庄的革命纪实》韩丁著，韩倞译，北京：北京出版社，1980年，第42页。——译者注

的时候就开始学如何揉搓麻绳，另一位提到她8岁的时候开始做此事。[1]还有一种手艺是缫丝，有12%的人做过，5%的人养蚕用以出售或者交换。总而言之，长治地区的村庄，展示了一幅女性从事不同手工业的图景，她们年幼时就时常用自己的双手从事劳作。

临县，碛口镇：重要河港

我们在临县碛口的调查点位于黄河沿岸，地处山西西部边界。碛口在地势高而沟壑遍布的平缓地带有极少量的耕地，因此成为了一个黄河延伸至南北的渡船河口，同时也是与陕西进行东西贸易交往的十字路口。清政府对西部贸易的鼓励促使商人们用筏子将装在草筐里的小麦和菜油从陕西北部沿着河水一路运送。骆驼和骡队运着货物横渡河流从陕西抵达蒙古甚至更远的地方。（高春平2006，180—182）清朝末年，碛口是中国北方最重要的5个商贸集镇之一。（177）1916年至1919年，361位当地的老板与运输商人共同捐款重建当地的黑龙王庙；[2]700多位商贩在当地开设了他们的总店。碛口最富有的权贵兴建了石头的窑洞群建筑，坚固程度足以抵挡土匪的袭击，数目可观到足以容纳商业同道们雅致的娱乐活动，也足以容纳他们的下人和动物行列。到1930年代，一些商铺甚至销售日本及德国生产的纺织品。碛口商人很少买卖当地产品。（Karlbeck，1957，67）

1929年，一位瑞典寻宝人欧瓦·卡尔贝克路过碛口时，阎锡山正在修建一条从汾河谷地的干道通往碛口的公路。当时道路还未完工，旅行者不得不沿着湫河干涸的河床步行进入镇子。卡尔贝克穿越碛口北部，坐的渡船如同"巨大的料槽——大到足以承载10头骡子，以及货物还有乘客"（Karlbeck 1957，65）。

碛口的名字可以译作"戈壁沙漠的入口"，显而易见，这个国家溯

---

1 长治郊县的女性，北村，作者采访，2007年4月11日。
2 黑龙王庙在这一地区政治及仪式上的重要性，见周越（Chan，2006）。

流而上的地区更像沙漠地带……但是这个镇一点儿也不像沙漠之中的集镇，在它的南部地区我甚至可以看到绿色的农田。它是一个狭长的地方，恰好兴建在可说是"泥浆河"的河岸边。（Karlbeck 1957，65—67）

阎锡山的影响力在碛口非常明显。早在1915年和1917年，阎氏就分别将电报线路和一个邮政事务所带到了镇上，比县府所在地——临县同样公共便利设施的安置早了20年。（Karlbeck 1957，182）作为一个重要的商品集散地和河流交叉口，碛口也具有军事战略价值。1938年，日本人轰炸了碛口河滩，最初的400多家商家只剩下61家。（高春平 2006）阎氏当年深入汾河谷地修建的铁路和公路逐渐将碛口作为商业集镇的重要性消磨殆尽。如今，从事农业耕作的村庄聚集在中心区域附近，还有一些渔民家庭散居其中。灌溉和浅井用作粮食的日常水源，除了一小群游客，这个小港口日渐式微。

碛口女孩和妇女的劳作

这个地区女性的手工制品，在描写共产党根据地的文学中不仅很重要，而且众所周知。我们在碛口的调查中，93%的女性在结婚前就开始纺棉，其中49%为了卖。大概60%的女性娘家有织布机，55%的受访者在孩童时就从事纺织劳动，25%的人将成品售卖。纺麻线也是非常重要的：50%的女性曾在孩童时做过此事，25%的女性的麻纺产品是用来出售的。

碛口布店上的一面纪念牌匾上提到棉布在本地的重要性，同时暗示了棉花在1920年之前的稀缺。根据这个牌匾记载，1920年碛口李家山村的李香亭"带头种棉花"，不久棉花就广为种植。到1941年，所有的乡村家庭都在种棉花，并纺线织布。收购轧过的棉花、棉线和土布的商店"跟随时下需求开设"。湫水布店被称作中国共产党山西-绥远边区政府产业的一部分，他们从农户手中收购棉花、棉纱和棉布。这些产品随后"用骆驼运到各县，以满足军队和缺乏棉花地区的需求"。[1] 这项记载说明，早在20世纪之初，商人

---

1 宝森2011年在湫水布店拍摄牌匾，并释文。

从其他地区贩进棉花布匹之后,碛口地区刻意地推行了棉花种植和相关手工生产。

当地女性手工产品的重要性,必须放在中国共产党根据地及其在战时对山西女性纺织生产的影响这两个背景下来考察。[1] 经历过共产党接管本地的老年人的口述中,很多都描述到村民们组织成立做鞋、织布的小组,妇女和女孩是其中的主力。干部们也会很大方地讲述,召集这些家务已经很繁忙的女性有多么困难。(张成德和孙丽萍 2005,41,79,82—90)[2] 图 4.1 和图 4.2 分别展示了一位当代碛口女性使用纺轮和一个 1940 年代的小女孩纺织工。

长治县和碛口镇的缠足现象

我们两个山西的调查点禁止缠足的时间不尽相同。在长治,缠足衰落相对较晚,这与我们对女孩手工劳作的假设相一致。与之相反的是,来自碛口的临县数据则显示出更早的停止缠足时间;碛口并不符合女孩和妇女密集的手工劳动和缠足之间联系的判断。我们并不期待每一调查点与个体都符合我们之前的假设,或者我们可以解释每一个例外的情况。尽管如此,我们还是力图去理解每个调查点的特殊之处。

在长治县,1930 年前出生的女孩的高缠足率,与其在某种手工业中的高参与率相一致,无论这种手工业是纺线、织布、捻线还是缫丝。尽管有对阎锡山改革的各种宣传,长治缠足率降低的情况并没有很早出现。(图 4.3)在他任期内,出生在 1920—1924 年间的女孩群体的缠足率略有下降,但这并不能说明问题,因为这个年龄组的人数只有区区 4 人。1925—1929 年不同出生年份群体人数相对较多,其缠足率也是很高

---

[1] 碛口如今有不少供游客欣赏的公共墙绘,详细叙述了早期共产党的活动。共产党在当地强大的影响力表明,在延安附近的陕西和山西的共产党根据地,组织并依赖于临县的女性纺织劳动。(《临县志》1994,239)

[2] 在这 3000 个访谈的文集中,极少提到缠足的事。这说明在当时,共产党非常依赖与村民的合作,以至于不愿意推行废除缠足的政策。

◆图4.1 山西临县一位妇女用传统坐姿展示简便纺车的使用

◆图4.2 陕西延安一位正在纺棉纱的七岁女孩,1942年

中国西北

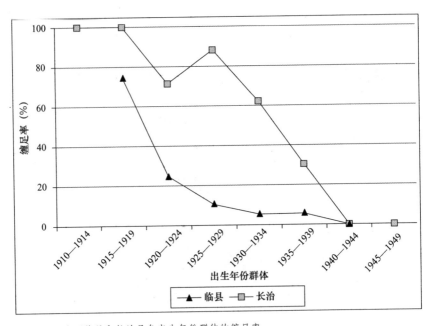

◆图 4.3 山西临县和长治县各出生年份群体的缠足率
[注]：共 189 人。在临县碛口，1920 年代早期出生的女孩群体缠足率迅速降低，而在长治县，类似的降低现象发生在 1930 年代晚期出生的女孩群体中。

的，1930 年之后出生的女孩缠足率才开始下降，也正是公路和铁路即将竣工的时候。1948 年，在张庄（1937 年至 1945 年被日本人占领）附近，韩丁（William Hinton）发现女性们裹的脚"骨头非常小，就如同被挤压的树桩"，这使得她们走路很不灵活，"就像踩在高跷上"。[1] 他还发现参差不齐的变化，"在两次世界大战之间，几乎所有地方都废除了缠足，但到 1945 年在山西的山区仍然能发现脚一走一跛的年轻女孩子们"（Hinton 1966，24）。

在临县，碛口女性停止缠足相对较早，但纺织业在此却广泛传播。（图 4.3）1920 年代出生的女孩们（1930 年代早期长至缠足年龄）缠足的现

---

1 在韩倞（Carma Hinton）和戈登（Robert Gordon）的纪实电影《小喜》（*Small Happiness*，1984）中，张庄的老太太们则很乐于谈缠足的事情。

象已经减少为15%，随后指数一直很低，直到1940年代出生的女孩们再也不用缠足。为什么碛口缠足率的降低现象比长治的村里要早得多？

作为整个19世纪和20世纪早期繁忙的内河港口与商业集镇，碛口的经济与多数临县内陆地区比较孤立的村庄不同。其中最重要的缘由在于，许多常驻商人和长途贸易者都集中于此，使得碛口已经开始都市化。另外的原因可能是阎锡山在废除缠足改革上强大的执行力。还有早在19世纪末期因为交通方式的改变，外国纺织品的竞争力使得手工业制品开始衰落。这些影响，因为1920年代推动的棉花种植的复苏，以及抗日战争期间为了满足当地共产党根据地的经济需求而重振手工纺纱和织布的巨大压力，而难以辨清。

阎锡山在山西废除缠足的普遍性影响还值得商榷。（Ko 2005，50—64）1920年代，在太原定居的外国人认为阎氏的"禁止鸦片和缠足的法律应该更好地被执行……如果他手下的长官们真的支持这些改革的话……乡村地区缠足仍然很盛行……（但是）在太原市或周边极少看见缠足的小姑娘"（Franck 1923，259—261）。1930年代中叶，艾伟德（Gladys Aylward），一位由传教士身份转来的巡视员，走访了长治南边100公里的村庄，发现没有缠足的现象，但艾伟德并没有对放脚女孩的后续追踪报告，因而这些地方的女孩放脚之后是否继续缠足不得而知。（Aylward 1970；Burgess 1957）两份1930年代早期的山西人口普查报告显示了与缠足现象数量降低互为矛盾的证据；一份对1928—1934年的缠足现象数量降低持乐观态度，而另一份对1932—1933年的缠足情况表述为"约100万的30岁以下女性都缠足"（Ko 2005，62）。[1]

我们在长治获得的证据支持阎锡山早期废除缠足的政策并没有形成明

---

[1] 高氏提到统计报告中全省"1928年，女性人口中缠足的人数比例"为18%，而仅仅6年之后的1934年，这个数字就降低为9%，或534497位女性。最近，她另一份1932—1933年的统计认为，"约100万30岁及以下的女性裹过脚"（Ko 2005，62）。考虑到类似高氏相互矛盾的调查结果、根据实践情况出现不同的定义或欺骗的可能性，我们怀疑这些结果的可靠性，同时认为这些放足的人只不过是暂时为了躲避罚款而已。

显变化的观点。大概政府禁止缠足的影响力在碛口要强一些，一位1916年出生的老太太回忆大概40位女性巡视员曾骑着驴来，并撕掉女人们的裹脚布。碛口90%的女性说她们在女孩子的时候，听说过政府废除缠足的禁令（在长治只有75%）。两位碛口的女性甚至特别提到阎锡山，其他不少人说见过或者听说过废除缠足的巡视员。但是我们不能确定，这些巡视的行动到底来自阎锡山的命令还是之后共产党运动的结果。[1]

碛口早期的缠足率降低大概因为它地处黄河一个战略性的河港。作为长途贸易的入口，碛口很可能是一个中国东部棉布输入的早期通道。那个纪念牌匾上粗略地提到，1920年代之前，碛口很少种棉花，也不大接触棉花的事务。到20世纪初，北京—包头（内蒙古）之间北方陆路运输明显改善的结果是，逐渐从西北出口市场淘汰了当地手工布料，并将碛口开埠，从中国东部不断扩大的纺织厂和车间进口布料。北京—包头铁路（1905年开建，1923年完工）是许多降低中国东部沿海到内蒙古、陕西、甘肃等西北市场运输费用的重要交通变化之一。这些变化限制了碛口的女性居民从事纺织劳动，从而限制了他们给女儿缠足的动机。

到1938年，当日本的侵占封锁了与东部的贸易往来（包括纺织品），共产党根据地对山西地方棉布的需求日渐增长，当地的女性被召集起来弥补其中的不足。在那些受到共产党影响的地区，女性纺织小组成立，这改变了家庭手工产品的经济发展。口述历史中的一段重要部分，是山西的历史学家张成德和孙丽萍（2005）寻找到当年经历过日本侵占时期的老先生老太太们，由他们完成的。那些曾经是积极分子的受访人强调，他们做了很多工作，使得女性从家庭劳动脱身，投入时间参加公共劳动。在张和孙收集的3000个口述史当中，缠足很少被提及。在抗战期间，面对日本人的威胁，由于共产党需要依赖百姓提供衣食庇护，因而并未贸然推行可能引

---

[1] 多年来，共产党大规模的革命战争片以及其解放运动使命的重复宣传，很大程度上影响了女性们对于在童年听到的故事的回忆。这两地的区别甚微，但与对碛口的直接影响比长治更大的情况相一致。

起百姓敌意的放足运动。[1]

那些对战时妇女工作印象深刻的人往往表示自豪，但也提及满足她们许多要求的困难。那些纺织小组制作了1000万件军服，如果没有她们的辛劳，可能需要向当地输入两千万丈（每丈约3.3米）土布。山西的女性们还编了上百万双的草鞋。（张国祥2005，271—272）大部分纺织小组的生产都来自太行山区的共产党八路军山西根据地，太行山将山西中部谷地与河北东部平原分隔开来。在我们的长治和临县两个调查点周边，当年也有女性纺织小组。[2] 临县手工织的土布还会从碛口输出到陕西北部的共产党根据地——延安。[3] 两个调查点的受访女性都清晰地记得她们少女时八路军出现的场景，张成德和孙丽萍（2005）采访的老人们回忆抗战时期的描述也是如此。

由女性编组而成的纺织小组，总会收到不少纺轮与织布机。在碛口，共产党组织的影响会在建筑的墙上、家中的大海报或图画中显现出来。虽然我们极少看到废除缠足改革的现实证据，在公共空间中作为团队"集体"纺线织布的举动，公共规则与女性纺织小组的激励，都会取代那些母亲要求女儿的私人规定与考量标准。

当共产党促进纺织生产活动，他们向往重整手工业、推进生产技术，但是却缺乏工具。在木材有限的情况下，他们付出了许多努力来制造公用和家用的改良版纺轮织机。因为布料的短缺与军队的需求量大，战时人们学习纺织技术的热情高涨，因此大环境需要女性劳动力走出家庭，那些为

---

1 因为对女性手工劳动的极度依赖，革命家们并没有强调废除缠足的事情。关于陕甘宁边区，周锡瑞这样写道："西方学者对共产党在延安时期女性问题上谨小慎微的记录很失望。"（Esherick 1994，1061n41）同见安德思（Phyllis Andors 1983）；丛小平（Cong 2013，188）；达文（Delia Davin 1976）；约翰森（K. Johnson [1983] 2009，63—83）；赛尔登（Mark Selden 1971）；斯泰西（Judith Stacey 1983，168—169）；斯特安纳罕（Patricia Stranahan 1981，1983）。
2 比起长治样本中四散分布的村庄，中共在碛口的影响力相对表面化。
3 延安根据地以成立为共产党士兵提供衣物的女性纺织小组著称。（K. Johnson [1983] 2009，65；Keating 1994a；毛泽东2004；Schran 1976；Selden 1971）。

了女孩止步家门的缠足行为就遭受贬低。上级部门也确保了劳动纪律。这种特殊的境况大概就可以解释为什么早期碛口的缠足率降低状况在纺织劳动兴起后，仍然没有再反转。

陕西省

陕西从地形上看，分为3个截然不同的区域。北边是人口稀疏的陕北地区，气候干旱，属于典型的黄土高原，从中亚吹来的尘土在此积聚，层层叠加并经风雨侵蚀，成为遍布大小沟壑及河谷、高低起伏的山地。关中地区[1]则不然，这里处于陕西省中部，地势相对平坦，人口稠密，土地肥沃，水利灌溉系统发达。关中地区与华北平原相邻，渭河横贯陕西中部，关中地区与华北平原交界处即是渭河河谷。关中地区是中华早期帝国的核心区，此地有河水冲积留下的肥沃土壤，出产的粮食可满足人口增长所需，河道运输可为此地带来商贸财富，且有通往北京与四川便利的官道。至今保留着古代城墙建筑的省城西安（曾名长安），位于关中地区，是丝绸之路的东方起点。陕西南部地区横亘着气势磅礴的秦岭山脉，占据了陕南大部分区域，向西将陕西与四川相隔离。（在空气污染来临前的日子，从西安市可远眺秦岭。）我们的调查点位于陕西的关中和陕北两个区域。第一个调查点周至县，位于渭河南岸平原，西安以西85公里。第二个调查点洛川县，位于西安以北200公里，海拔975米，这里农作物生长季节很短，冬季气候严寒。坚硬厚实的黄土高原，挡住了洛川县通往东边125公里处的黄河的路。

在19世纪的陕西，主要运输工具及方式为：小船水运、人力搬运，以及行走在狭窄土路上的畜力搬运。陕西境内两条最主要的河是渭河与黄河。渭河向东流经周至与西安，在东边的潼关汇入黄河（潼关是陕西、山西、河南三省交界地）。在18至19世纪，陕西从渭河向山西输出了大量的大米和小麦。（Edgerton-Tarpley 2008，30）1931年，陇海铁路向西修到了陕西东部

---

[1] "关中"不是一个行政区域，而是指陕南陕北两片山区之间、从东到西的一片地理区域。

的潼关，1934—1938年沿渭河继续向西延伸，连通了西安与周至。1931年，陕西尚只有一条较为平整的土路，沿着古丝绸之路从潼关通往甘肃。但是在其后10年间，为方便货运及军需而铺设的柏油碎石路遍布各处。

在陕北，黄河沿着山陕两省交界处向南流经潼关，在此改道向东入海。在坚硬厚实的黄土高原上，黄河顺着沟壑蜿蜒前行，中间还要经过壮观的壶口瀑布及水流湍急的峡谷地带，因此难以适应大船或汽船航行（Edgerton-Tarpley 2008，30；Clapp 1922，10—12），但骆驼及小船却可以从蒙古或更远的东边运来货物。[1] 陕北地区的商人（包括洛川县），常年走的是"四面八方全是沟壑而难以通行"的路（Teichman 1918，344），其脚力主要靠骡子、马车和扁担。1936年，第一条从西安通往陕北的机动车道竣工。[2]

周至县：渭河边的棉产地

在20世纪早期，周至县部分能够得到灌溉的土地上，种植着各种各样的粮食及纤维作物等。主要粮食作物为小麦、玉米、豆类、水稻，既供本地消费，也向外省输出。（Bossen et al. 2011）周至所产棉花品质极佳，是首要经济作物，从渭河走黄河可方便运至邻省及沿海地区的纺织厂。从1925年至1932年，棉花的经济价值受到了鸦片的竞争，因为军阀政府命令农家种植鸦片，并以此缴纳赋税。这段时间里，严重的干旱饥馑不幸降临（1928—1934），陕西省数百万人受灾而死（《周至县志》1993）。尽管鸦片是一个敏感议题，但几乎五分之一的周至乡村女性说，她们娘家曾种植销售鸦片。收获鸦片的劳动，是将成熟的罂粟果荚割开取汁，这是个只用动手的轻活，在中国一些地方是由女孩来做的。（Gates 2015，139—140；Hershatter 2007）[3]

---

1 贸易主要是以棉花、麻、粮、植物油、皮、毛、肉及大牲口，交换陕西平原地区的深加工产品。从山东省及河北省（例如定县）纺织中心出产的棉花及棉布，会输出到陕西及以西地区（Chao 1977；Gamble 1954）。
2 关于洛川县交通的详细资料，参见宝森等（Bossen et al. 2011，369）。
3 在谢立山（Hosie 1890，16）的书中，也写到了女孩与妇女收割鸦片的事。

◆图 4.4 陕西周至一位妇女与其家中的废弃木质织布机。在不少家庭中,织布机被弃置已久。因为她裹了脚,所以不得不拄拐支撑自己

周至县女孩及妇女的劳动

周至县女性的劳动重心是棉花,她们要摘棉桃、纺线织布、做衣做鞋,并出售部分棉制产品。[1] 在我们选取的样本中,80% 的农户种棉花,超过 50% 的女孩会投入到与棉花相关的劳动中,其中 90% 参与纺线,纺出的线有 20% 用于销售或交换。在我们采访的女性中,75% 同时也织布,但只有 15% 的受访者说,她们织布是为了出售、获取工资报酬或交换其他物品。(图 4.4)在受访者中,超过一半人的娘家及婆家有织布机,这一事实与棉纺织业在关中的重要地位相吻合。(Bossen et al. 2011;Vermeer 1988,334—345;《重修周至县志》1925)如果一个农户家有棉田,家中有位会纺织的手巧女性,也能方便地将布匹运到有销路及布料需求强劲的市场上,

---

[1] 对于周至县及洛川县的详细描述,参见宝森等(Bossen et al. 2011)。

那么其参与棉纺织业的热情就会很高。

陕西的纺织工业虽然起步较晚,但1909年后,从黄河水道及陇海铁路输入的机器纱,已开始减少当地人为织布而纺出土纱的数量。1935年,大华纱厂在西安开办,这是陕西首家纱厂,有25000个纺锤,900名工人。(Lai 1967,123;张岂之和史念海1977,192;Vermeer 1988,345)1937年,陕西省地方政府开始推广改良式织布机以及纺织技术培训学校。市场环境的变化,使得当地手工纺织棉纱及布匹的需求量迅速下降,仅在日本人阻碍东部成品织物向内地运输时,需求量才有所回升。(Bossen et al. 2011; Vermeer 1988)

当周至的女性回忆小时候受雇纺线,或纺线出售的报酬时,说法五花八门,因此我们难以得出其市场价格的变化情况。一位出生于1931年的女性说,纺一斤线需要2—3天的劳动时间,能换回1升玉米粒。一位出生于1926年的女性说,她小时候纺1斤棉纱,可以换回1斤原棉。一位出生于1936年的女性说,她小时候纺1斤棉纱只能换半斤原棉。也有人说,纺1斤棉线能得报酬2—3元钱。棉线交易市场中含有太多不确定因素,比如机器纱的输入,各地计量单位的出入及各人劳动能力的差异,各地及各季节纱的价格变动,以物易物时所换回的粮食品种的差别,以及货币单位的区别。这一切因素合起来,想要推测出纺线的劳动报酬就变得极为困难。另外,周至女性在从事棉纺织业之余,还参与其他手工业。大约四分之一(27%)的女性参与缫丝,尽管其中只有11%的人说丝线是用于出售的。搓麻绳很少有人提及,但有些女性会编草帽出售。

历史学家贺萧曾在陕西关中棉产地做过调查,对老年女性开展深度访谈。贺萧对20世纪初期女孩劳动情况的描述,与我们的调查结果相近:

> 山秀珍到了8岁的时候(1920年代),母亲为她架好了纺车。和许多其他年轻的姑娘们一样,她被要求白天纺棉,她母亲日夜不停地工作对她既是榜样也是激励。"我娘对我十分严厉,我害怕她。她晚上做针线活,只有她不工作了你才可以不纺了。我为别人纺棉,不是为

我自己。你也不能逃走。"

年轻姑娘们的母亲给她们分配了纺织量……她们将纺棉的记忆视为母亲的生活和自己的童年"恓惶"的一个方面：夜里工作，太穷而点不起油灯，就着香头的亮光给棉纱缠线。[1]（Hershatter 2011，45—46）

洛川县：黄土高原上的窑洞

洛川县位于陕北南部，20 世纪初，交通十分不便。厚实松软的黄土地较为平整，但布满了河水冲击、马车压过、驴蹄踩过后留下的深深印记。这里气候干旱，植被稀少，陡峭的坡地和狭窄的土路，一旦见水便很容易滑倒行人。冬季严寒，农作物年均生长时间只有 4—5 个月。洛川县的主要粮食作物为小麦、玉米、高粱、荞麦、小米以及豆类。在这片人口稀少的地区，"户与户之间相隔甚远，与集市相隔亦甚远"（Keating 1997，31）。内陆通向沙漠的商路从此经过，向北去往长城以外的蒙古地区。商人从北方带来羊毛、毛皮、毛毡等货物，向南运往西安，从关中换回优质原棉、棉胎及棉布。（黄正林 2006，140；Keating 1994b，138）

大部分洛川县农民住在窑洞里，这是一种在厚厚的黄土层中挖出黄土、建造拱顶居住空间的建筑方法。窑洞虽然可能令人联想到史前文化或艰苦生活，但实际上冬暖夏凉，住起来是很舒服的。洛川的窑洞大都十分整洁，光光的粉皮墙，厨房、卧房、劳动室、仓库、门窗井井有条。窑洞以南窗采光，院子有围墙与外界相隔。由于农作物生长季节短，陕北的妇女和女孩便投入大量精力在手工产品上，采用各种原材料，每种原材料都有其独特技艺。（黄正林 2006，444）纺线织布依然是主要的手工劳动，但当地妇女和女孩也用麻和丝制造许多产品（包括麻线、麻绳、麻纸、丝线、丝

---

[1] 译文出自《记忆的性别：农村妇女和中国集体化历史》，[美] 贺萧著，张赟译，北京：人民出版社，2017，第62页。——译者注

绵），一般用于出售。(140, 443)

从 1936 年至 1949 年，陕北大部分地区属于共产党解放区的"陕甘宁边区"。以延安为中心、向北延伸至榆林的共产党边区政权，留下了大量庞杂且政治意味浓厚的地方调查资料，这些资料对我们研究未成年女性劳动几乎没有什么启发。另外，我们的洛川县调查点位于解放区以南，因此，关于陕甘宁边区的资料也许会带来误导。

洛川县女孩与妇女的劳动

洛川县冬季严寒，因此对保暖衣物的需求十分迫切。绝大多数女性用棉花做衣服、棉袄棉裤、垫褥、厚棉被以及布鞋。洛川本地及周边地区不产棉花，所以农民需要从外地购买。[1] 据当地商人说，在 1940 年前，可以从洛川东南 150 公里的澄城和合阳两县购进棉花。洛川当地也许有棉布销售，但农民并不购买。当地大部分女孩（72%）需要从事纺纱线的劳动。我们访谈的洛川女性无一例外地提到，家里不会买机器纺出的棉线给她们织布。三分之二（60%）受访者的娘家有织布机。在少女时代，将近 40% 的受访者干过织布的活儿，以协助母亲应付全家上下的衣物所需。女性平均结婚年龄非常小，1940 年前结婚的女性，平均结婚年龄只有 14 岁出头。[2] 极少数受访者（3%）提到了织布用于出售，在 1945 年前，能用上机器织布的女性更是少之又少。

超过三分之一的洛川受访者在少女时代从事过缫丝的劳动。有 12 人还养过蚕，但出售丝线的人极少。家庭自产的丝线可用于耐穿的棉布衣服，或经染色后用于刺绣。少数受访者提到，少女时代参与过织丝。尽管丝绸

1　洛川乡村女性并不知道棉花的来源及贸易途径。乡村男性则相信棉花来自关中而非陕北。这一点与我们所选的调查点当时处在国统区的情况更加一致。(Keating 1994b, 125, 138) 陕北东北部也种植棉花，在绥德市、延安北部以及延安东边的三个县（黄正林 2006, 432），但关中棉花的质量也许更好些。
2　女性所讲的结婚年龄是虚岁，一般比西方惯用的周岁大一岁。此处的平均年龄是虚岁 15.2 岁，实岁 14.2 岁。

常与高级服饰相关联，但实际上，丝也可以织成粗糙、结实、吸水性强的布料，或用来做冬季棉衣棉裤的里胎。[1] 有些女性也自己纺麻线搓麻绳，用来纳鞋底、缝鞋帮。[2] 大概 80% 的女性在小时候做过纳鞋底、缝鞋帮的劳动（当时还没有缝纫机）。几乎所有女性都要为家里人做鞋，有时候也做鞋出售。当地女性也用高粱秆编篮子、枕头和腰带。[3]

洛川女性的手艺绝活，是当地有名的剪纸。在过去，剪纸并不出售，而是作为礼物互赠。[4] 许多老年女性现在还掌握着高超的剪纸技术，能从彩纸上剪出非常复杂的样式图案，在南窗上贴窗花装点窑洞。在现今陕西城市里的旅游纪念品商店，这些剪纸的复制品会做成民间工艺品、贺卡及日历出售。但在这些花样繁多的手工艺之外，洛川女性还要承担例如推碾子磨面这样枯燥的家务劳动。

洛川妇女和女孩从事着多种多样的富有技术含量的手工劳动，但却很少有自给自足之外的剩余产品用以出售。与陕北东北部的黄河沿岸地区不同，（Keating 1994b）陕北南部缺乏发展手工产品的机会。此地人口稀疏，水运、铁道、陆路交通网都难以触及，因此就没有贸易的机会。而且说到底，从事这些手工劳动的女性自己本身也不太去集市，因为路途难走，土匪说不定也会盯上。（Keating 1994b，129；Teichman 1918）因为没有贸易的机会，洛川女性必须自给自足，在家做出她们所需要的大部分东西。

随着规模更大、机械化程度更高的纺织业开始向陕北市场输入成品布，例如绥德市，以及向南一直到关中地区，洛川女性将自织布匹拿去集

---

1 据葛希芝母亲葛薇拉（Vera Neill Gates）回忆，中国的粗丝制品在加拿大大萧条时期是蓝领工装的时髦材料。
2 在陕北，麻也可以用来造纸，但我们的抽样中，没有女性提到过用麻造纸，我们也没有专门问过麻纸的问题。
3 毛纺在中国是十分少见的，因此我们并没有设计关于毛加工的问题。实际上，毛在华北平原地区主要是做毡子用，而非纺线织布。
4 刺绣作为加强私人关系和家族关系的礼物，主要是因为蕴含着一种亲手制作的意义，（Gates 2015，143—148）但在经济困难时期，刺绣也用于销售。（Edgerton-Tarpley 2008，21，49）图案丰富的精美剪纸也许蕴含着相同的意义。

市上出售就更加没有赚头了，因为从家到集市要付出的交通成本，无法与机器织布的成本相抗衡。[1] 日本人对棉花供给的限制，以及战时的军队需求，暂时地激活了当地对乡村女性纺线织布的需求。已经有许多作品写到了延安边区（包括山陕两省）的纺织合作组织（参见山西临县一节），但这一社会举措如何影响了女孩的手工劳动，尚难以推测。对军队来说，棉花这一原材料和做衣服、被褥的手艺，都是稀有资源。在抗日战争期间，无论是国民党政府还是共产党政府，都在积极推行改良纺轮和织机，开办专业化的纺织工厂，这一举措给女孩与妇女的家庭手工劳动带来了剧烈变革。（Bossen et al. 2011；Keating 1994a，1034；《洛川县志》1994；Schran 1976）

周至与洛川的缠足现象

促使小女孩缠足的社会动力，在陕西乡村是何时终止的？从我们的访谈中可以看出，在洛川，缠足从1935年出生的年龄段开始终止，但是在周至，缠足的风气在1935—1939年出生的年龄段中并没有终止，甚至没有减少。[2]（图4.5）从家庭劳动决策来考虑，这一差异也许来自两县棉花资源的多寡。在棉产地周至，当地农民有足够的原棉用来生产军需的衣服和鞋，直到1945年抗日战争结束为止。而对洛川的农民来说，从外地购买棉花价格不菲，因此不会多买，只买刚好够自家用的。抗日战争结束后，纺织厂恢复了生产销售，压低了家庭纺织的棉纱价格。通过缠足而让女孩待在家里纺线、织布、做针线的策略，在1940—1944年出生的年龄组中遭到了巨大挑战。当抗日战争和解放战争结束后，布料的生产与从事纺织的年轻女

---

1 棉花种植业及女性的纺织工艺在陕北（绥德）的没落，是因为军阀政府时期鸦片种植盖过了棉花种植，"洋布冲击了土布"，以及解放战争时期"彻底摧毁了传统纺织业"的贸易下滑。（Keating 1944b，139）约翰森也提到了女性的纺织业"在最后几代人中的衰落是因为生产率更高的现代西方工业抢占了市场份额"（[1983] 2009，65）。
2 洛川女孩没有那么多棉花要纺，而且附近的解放区也有放足的压力。周至县的国民政府也推行放足，但妇女坚持给女儿缠足的努力，使这一进程推后了一段时间。（Bossen et al. 2011）艾约博（Eyferth 2012）的研究可以印证这一点，其中提到，周至的女性在毛泽东时代依旧坚持了很多年手工织布，因为布匹资源稀缺，而且自产棉花易于获得。

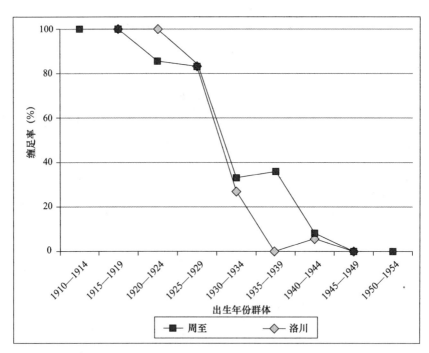

◆图 4.5 陕西周至县和洛川县两地各出生年份群体的缠足率
[注]：共 250 人。在陕西周至、洛川两县，女孩的缠足率在 20 世纪 20 年代后期出生年龄组中均有明显下降，但在周至，1930 年代出生年龄组中却有三分之一的女孩缠足（缠足时大概是 1940 年代），同时期洛川的缠足已经基本停止了。

性此时都要离开家中院落了。

西北的情况

在西北地区，黄河流经的临县碛口地区，缠足在 1920 年代出生的年龄组中已经结束了，对于偏远内陆地区来说是相当早的。这恐怕要归结于以下三个因素的合力：当地棉花产量匮乏；商业活动集中（包括从东部向西北部陕甘地区运送布匹）；也许还有早期的军阀政府政策及共产党政策。与此相反，长治市附近的村庄在 1930 年代才抛弃缠足。此地除棉纺织业外还有许多其他的手工业，因此，缠足维系了一段时间。在陕西周至和洛川两县，缠足均在 1930 年代迅速消失，只有在战时的短暂时期，周至县作为棉产地并未彻底废除缠足。交通运输及纺织业的发展带来的竞争，颠覆了传统对女孩手工劳动价值的估量。

在第三章及本章中，我们可以看到，女孩与妇女手工劳动的经济价值是被忽略的，而在整个华北平原及西北地区，女孩与妇女多种多样的手工劳动占据了经济活动中的重要部分。这一点在大工业发展重创传统手工业的过程中尤为明显，因为家庭纺织业曾经是中国纺织业的主体形式，也是出口创汇的支柱产业。尽管从未有人正式统计过从事家庭纺织业的女孩和妇女人数，但这一产业在中国的非农产业中占据着很大的比重。当手工纺织业渐渐落伍并贬值后，毫无疑问，全国各地会有许多许多人为此而哭泣抱怨。在一些首先接触并引进新型工业技术的地区（主要是沿海地区），不但生产力得以提高，消费能力也同时增强。在华北平原及西北地区的乡村，几乎毫无例外地得不到这种"向阳"的机会。

对于手工业在乡村女性生活中的重要地位，以及缠足在华北平原及更远地区的普遍程度而言，在 20 世纪早期，缠足这种根深蒂固的、将中国女孩致畸并束缚的习俗居然很快就被抛弃了。这其中的道理发人深思。然而这确是实情。我们不仅以时间线索追溯了各地缠足的消亡史，还考察了缠足女孩及妇女所从事的各种劳动。在绝大多数情况下，交通运输的发展和机器纺织产品的规模扩张，使女孩与妇女在家庭中从事纺织业获取收入的机会下降，由此伴随着缠足的消亡。虽然纺织业的机械化纱线和布料生产明显为沿海地区的年轻未婚女性创造了劳动岗位，但其隐形地侵蚀了更大多数从事家庭纺织业的女孩和妇女的创收机会。

在第五章中，我们将视野从华北平原转向西南地区，进一步考察缠足与女孩和妇女劳动之间的关联。

5

中国西南部

与古老的汉文化中心有关的密集型手工劳动模式及缠足现象，是如何到达遥远的西南部并最终消失的？异常崎岖的地貌地势，不仅制约了古代的长途贸易，也限制了汉族对当地少数族群无休止的驱散，长此以往，形成了云南和贵州特殊的社会秩序。19世纪，西南山区难以发展现代交通，又延缓了村民接触工业产品的时间。现代交通给女性生活带来的变化甚至出现得更晚，大约在20世纪初。对外贸易与工业技术在19世纪末已改变了中国东部沿海地区，但是对西南地区的影响却比较晚。

中国西南与华北平原和西北地区不同，在这里大部分地区的棉花都长得不好。我们认为本地棉花出产的匮乏对汉族女性传统纺织业的影响，继而又影响了给女孩缠足的动机。在第三章和第四章中，我们探讨了不同村庄背景下手工劳动与缠足的关联性，特别关注在不同的手工和农业劳动类型下，女性缠足的施行程度。在中国的边远地区，汉族女性中缠足行为有多常见？在女性从事不同手工和农业劳动类型的村庄，缠足行为是否有所不同？这一章，我们主要关注在云南和贵州的研究发现。为了加强我们在中国西南地区的考察，我们还将葛希芝（Gates 2015）对邻省四川劳动力和缠足现象单独细致的研究中的一些重要部分囊括在内。尽管四川地域大得可以作为独立的研究对象，但它经常和云南、贵州一起被划归于中国的西南部。在这里添加关于四川研究的摘要,也提供了一个独特的机会,从而在更大的范围内来探讨与比较劳动力类型与缠足的关系。

云南和贵州

云南省和贵州省,因相似的环境及生态历史,通常被统称为"云贵地区",是中国的西南边陲(Skinner 1977)。贵州省毗邻云南省东北部,并且两省的北部均与四川相邻。云南省西南部紧挨西藏,接壤东南亚地区(包括缅甸、泰国、老挝和越南),而贵州省则南接广西,东连湖南。云贵地区的地况大多崎岖不平,以喀斯特或山区地貌为主,丘陵谷地多为定居的农民开垦。众多流经云南的水域,如长江、澜沧江、红河、怒江,以及独龙江等,都没有达到通航的标准。[1] 云南省中部和东部有不少大型湖泊和丰饶的平原,而南部则为热带低地。水运极大地受限于湖泊的水量,那些湖泊大多地处深谷盆地。由于缺少肥沃的谷地和平原,贵州人口稀少,居民分散。同时,多山的地势也使得两个省在交通上的花费颇为巨大。19 世纪末期,从贵州省会贵阳步行到云南省会昆明,600 公里的距离,需要超过 40 天才能抵达。(Hosie 1890;Oakes 1998,88—89)直到 20 世纪,大多数的陆路贸易仍然通过马帮和挑夫完成。尽管有这些陆路交通的困难,中国西南仍然保持和其他地区,如印度、中亚、东南亚等地的往来。历史学家杨斌曾强调"西南丝绸之路",即西南陆路贸易路线的重要性。(Yang 2009,23)[2] 虽然中国西南地区在文化和政治上融入了中原地区,但长期以来一直属于文化的交叉地带。

---

1 简陋的本地船只本来在部分地区有用武之地,但峡谷、急流和河流流量的季节性特征限制了它们在长途运输中的使用。因此,旅行者很少评论船只在云南和贵州商品贸易中的使用。
2 虽然丝绸并非这条商道的主要贸易商品,杨斌仍将这一商贸路线定义为"西南丝绸之路"。他借用这个术语,类比北方陆路的"丝绸之路",类比中国与其他国家从陆路到海路的"海上丝绸之路"。针对中原中心主义将云南视作遥远的、未开化的边陲这样的观点,杨认为云南是一个连接东亚、南亚、东南亚以及中亚的交通十字路口。

帝国扩张与性别分工

  中华帝国为实现一体化在云南和贵州经历了很长的征服和开拓过程，留下了极少的女性生活记录。尽管汉族人口在两省均占六成以上，但非汉族、少数民族人口比例仍然较大。1253 年，蒙古族统治者将云南纳入帝国控制的范围[1]，之后的明清政府通过资助汉族驻军家属、农业移民、囚犯等移居当地的方式，以守住边疆、补给军队、征用马匹并开采矿产（如铜、铁、锡、银及盐矿）。（Giersch 2001；Lee 1928；B. Yang 2009, 213）[2] 云南茶叶在当时得到了中国其他地区的高度推崇。晚清时期，特别是 1821—1850 年间，即使在朝廷禁令之下，云贵地区的鸦片仍是当地主要的经济作物，还成为间接的财政税收来源。（Bello 2003, 1111, 1120）整个清朝时期，城镇化进程和商人角色的重要性都有所发展。（Lee 1982）

  在帝国统治下，汉族移民成立了一个政治性的组织和交际网络，将移民点与集镇连接，纳入集防御和管理于一体的统一体系。到 19 世纪早期，汉人已经利用军屯和要塞的社会网络控制了人口稠密的谷地、平原地带（"坝子"，盆地），这反映在当地不少地方以军事术语命名上。（B. Yang 2009, 39, 151；《禄丰县志》1997；《陆良县志》1991）19 世纪中叶，贫弱的大清国在鸦片战争中被西方列强击败，又与国内诸多暴乱势力交战，如南方的太平天国，以及所谓的回民与云贵苗民的暴乱，都持续了相当长的时间，破坏力很大。同治回民起义（1856—1873）严重地挑战了清廷对云南及中国西部地区的控制。[3] 血腥的冲突中断了贸易交流，也使得云南部分地区人口锐减，城镇村庄大都化为废墟，直到清廷重新获得控制权，情况

---

1 贵州 1413 年正式成为独立行省。（Oakes 1998, 90—91）
2 贝杜维（Bello 2003, 1121）引用李中清（Lee 1982, 284）的观点，认为铜矿开采和人口增长相辅相成，1700—1850 年间西南地区（云南、贵州、四川）人口数因此从 500 万增加到 2000 万。
3 这次回民起义不仅仅涉及穆斯林和汉人之间的宗教冲突，汉人既有代表叛乱者的一方，也有代表朝廷的一方。穆斯林擅长经商，像汉人一样，也更多地集中在城镇和商路沿线。

才得以缓解。[1] 相似的情况是，贵州的叛乱（1854—1873）也使得当地人口锐减，特别是苗族人数下降很多。（Jenks 1994）当1911年辛亥革命兴起时，当地首领与孙中山的广东派系之间不断变化的联盟使两地保持军事化状态。混乱的局面一直持续到1937—1938年才有所改观，因为蒋介石的军队为日军所迫进入中国西南，蒋氏直接将国都迁到重庆。

时至14世纪，移居当地的汉族军人一般会娶当地女子为妻，融入当地本土社会当中。在明朝（1368—1644），随军人而来的汉族女子，又保持了汉族人口的延续，也使得汉族军人没有完全"同化"进入本土文化当中。[2] 当地少数民族，则大多散居在省内各个地区，与汉族在数量和政治上的主导性相适应。[3] 汉族人在西南地区定居之后，根据不同的地方环境，他们对早已熟稔的粮食种植知识和纺织技术做出相应的改造，特别在核心农业生产和商业区域，还重新梳理当地家庭生产的性别差异。[4] 他们取代了当地土民，占据富饶的谷地，很多少数民族因此避入山林，耕种较为贫瘠的土地。少数民族大多是男女田里同劳作，而汉人则引入他们家庭生产的性别观念与传统，强调"男耕女织"，"男主外，女主内"。[5] 在这一观念系统下，他

---

1 据官方史料记载，1855年云南人口数约为750万，但到起义过后的1884年，人口跌至约300万。军事动乱、饥荒、迁移、瘟疫等因素都降低了人口总数。（Benedict 1996, 39; Lee 1982, 149）班凯乐推算1855年的云南人口总数比李推算1850年的数字还低。可能李的人口估算里，除了官方统计情况，还加入了非官方统计的人口数字。
2 杨斌（Yang 2008, 163）分析了土著化（indigenization）与汉化（sinicization）之间此消彼长的互动关系。他认为，"明代云南地区的军屯制度带来了男性军人及其家庭，并在云南留下了28万的军人。虽然如此，这个数字也仅仅占军队移民的三分之一，因为每个军人都会带妻子和子女到军屯来（一般来说，军人都是一个三口之家的家长）。粗略地估计，明代云南地区军队移居家庭第一代人数至少超过80万"（146）。
3 云南是中国已识别少数民族人口最多的省份，贵州紧随其后。李中清（Lee 1982）考察了几个世纪以来云南地区汉族移民的情况。
4 班凯乐这里（Benedict 1996, 12—13）使用的"核心区域"（core regions）概念，由施坚雅（Skinner 1977, 214—215）提出。
5 曼素恩指出，清雍正时期（1723—1735），一个掌管公共事业的官员在有关云南农业发展的回忆录中正反映出了这种牵涉女性礼法、生产方式以及"扩大官府财税基础"的帝国观念："这个回忆录将江南地区视作经济发展的典范，劝诫"女红只宜勤业"。这位官员描述了"制造和分配织布机给乡村家庭的方法，并认为边陲地区发展棉纺业比丝织业更有优势"。（Mann 1997, 148）《陆良县志》中亦有论及。（《陆良县志》1991, 307）

们也带入了缠足。

棉花与布料的运输与贸易

棉花在云贵地区生长状况欠佳，但东南亚和中国部分地区却生产过量的棉花，而无力加工。因此，云贵地区的商人们不仅进口棉纱和布料，也进口未加工的棉花。汉族女性再用棉花自己纺织、缝纫，制作被褥及填充衣料等。大批成包的棉花通过马帮从缅甸、暹罗（Siam）、老挝、东京[1]以及四川运入云贵地区，以满足当地政府和居民的需求。（Forbes 1987）"当地人都穿上棉质服装之后，这项日用品就成为全省最大最重要的贸易物品之一。"（Davies [1909] 1970, 318）[2]

1860年之后，中国被迫向西方列强开放更多的贸易口岸，重庆于1890年正式纳入其中。英国及法国的探险者，开始积极地致力于扩大中国西南的贸易规模，对云南、贵州地区展开了数次探察活动，为欧洲产品了解当地商路和潜在市场的情况。他们记录了当时云南、贵州叛乱的一些后续影响，两省内日用品的情况，大大小小的市场，以及交通的不便等。（Colquhoun 1883; Davies [1909] 1970; Hosie 1890）

历史学家博倍思特别强调了进口棉花在云南对外贸易中的重要性："棉花无疑是从东南亚进口唯一最重要的货品。"马帮将未加工的棉花运入云南南部的思茅，"随后流入云南各地"（Forbes 1987, 24）。通过寻迹棉花经由四川商道进入北部云南的路线，费维恺提出，在19世纪，商人们将江南出产的棉花顺长江运载而上，以满足云南、贵州两地纺织缝纫的需求。（1970, 340）棉花通过水运经湖北到四川，之后再通过人力与畜力陆运至

---

1 Tonkin, 旧为越南河内，后法人以此来指越南北部地区。——译者注
2 云南地区棉花和布料的税收情况，在16世纪的官方资料中亦有记载。（Chao 1977, 20; Zurndorfer 2011）丝绸对于平民来说太过昂贵，汉族定居者不选大麻，而选棉花种植。少数民族则使用大麻、苎麻以及其他本地纤维植物制作衣服和物品。（Litton 1903, 4）人类学家埃里克·缪格勒（Eric Mueggler 1998）提出，麻类织物和云南北部彝族地区的贫困有关。

云南。同时，棉花也通过湖南洞庭湖流域，沿着沅江运入贵州。[1]

即使按当下的标准，这项贸易在规模大小、跨越范围以及距离上，都不可小觑。晚至1895年，棉纺手工业产业结构开始发生翻天覆地的变化，每年超过20万包未加工的棉花以及30万包的货物从湖北进入四川，320万件布料从沙市（长江上游的港口，地处湖北）运达云南北部。（Feuerwerker 1970，340）

可见，到19世纪末，云南、贵州一直在进口未加工的棉花和棉纺手工制品。同时，东南亚和中国东部工厂出产的纱线和布料也开始影响云南当地的纺织业产品。（烈敦1903）云贵是边陲地区这种观点，只可能从中华帝国这一视角出发而来，而以英属印度的新生产技术来看，这一观点则很难成立。在云南的部分地区，与工业的新奇的世界产生联系，虽然比中国一些口岸城市要来得略晚，但比同时期中国北方地区要早得多，在某些方面联系也更紧密。

当外来的工业品降低了纺织品生产和运输的成本，中国西南部开始从进口未加工的棉花逐渐转为进口工业生产的棉纱和布料。中国东部的纺织厂也开始与云南、贵州本地的家庭纺织作坊竞争。1910年，从越南海防港到中国昆明的铁路通车，降低了棉花与布料的运载成本，也降低了新的道路建设成本。昆明的工业企业开始进行纺织品生产转型，引进新的电力纺织机器。

虽与印度、日本、欧洲工厂棉纱的竞争日益激烈，"从东南亚北部进口未加工棉花的贸易直到1930年代还利润显著"（Forbes 1987，24）。直到1935年，轻负重的马帮连同骡铃，不再沿云南"一路叮当作响"。而来自缅甸的马帮负重量更大，"他们背着大包的棉纱和未加工的棉花，供云

---

1 "布料从湖北经由四川运抵云南北部，首先是通过水运沿着长江流域及其支流而上，之后通过脚夫的劳力背负衣物的包裹多达117件，重220磅，最后经由畜力运输穿越云南的山路。抵达贵州的布料主要是经由湖南洞庭湖及沅江流域水路运输。"（Feuerwerker 1970，340）另参见班德瑞（Bounrne 1898，259）。

南乡下的人们纺织成布料衣物"（Metford 1935，146，转引自 Forbes 1987，25）。[1] 但在其他地区，未加工的棉花还是制作被褥、填充衣物的重要来源。

1937 年日本入侵并占领中国华北平原地区之后，民国很多工业及高校迁入内陆省份，如四川、云南等。随着政府、工业的重新选址，资本、熟练劳动力、工业技术都带到了西南地区，也加速了当地的变化。也正是因为这样的迁移，高校学者们也对当时西南地区的社会与经济变革展开了深入的研究，从而为我们选点的后续调查提供了许多珍贵的信息。

研究选点

云南省中部和贵州省肥沃的山谷，是汉族定居者可以从事密集农业生产的地方，我们在位于各地中的县，以及位于各地附近的县，分别选择了调查点：四个在云南，一个在贵州。这些村庄在各个方面都有所差异，如外部环境，与山地、贸易路线的距离，以及人口稠密程度、周边少数民族情况等。从多元的微观环境层面、贸易交通等带来的变化来看，各自也保持不同的特性。通过对比不同村庄的经济活动，有的强调女性的手工劳动，有的则更需要田野耕作，来阐明女性劳动与缠足之间的相关性。

我们研究的村庄选址分属于这一地区的五个县境内。云南省省会昆明位于云南中北部地区。如果以昆明为中心，通海县城正好大约在其南部 100 公里处，江川县则位于其东南方向 80 公里处，陆良县在其东边 100 公里处，而禄丰县地处 100 公里的西边。贵州省的安顺市，大约在昆明以东 420 公里，贵阳以西 90 公里的位置，在二者路线之间。（见表格 2.1）

到这些调查点的贸易路线在 20 世纪初期历经变化。通海县城地处杞麓湖旁的山谷中，受益于马帮 19 世纪从河内到昆明的重要南北路线，从而与更广泛的商业贸易网络联系起来。1910 年，法国人修建的从越南北部到昆明的铁路开始通车，也正好经过通海县城中心的东部。江川县，在通海县

---

[1] 云南的主要棉花市场在西部的大理、南部的思茅和中部的昆明。

北边 [1]，有两大湖泊供渔业发展和船舶航行。马帮的南北贸易路线距离江川很近，类似州府玉溪市与东西贸易路线的距离。一份 1936 年中国公路地图（《中华民国公路路线图》）显示，一条从通海到河西的行车道路正在修建，河西到玉溪再北至昆明的行车道路已经建成。江川位于这条改良后的道路以东大约 20 公里处。[2] 河内—昆明的铁路则向西大约经过同样的距离，地处滇池另一边。历史上，马帮行走在贵州与云南之间、跨越东西，会经过我们在陆良县的第三个调查点，但是在 20 世纪初期，陆良县距离云南新建的铁路与公路较为偏远。第四个靠近禄丰县城的调查点，恰好是马帮穿越云南西部的一个主要停靠点，1930 年代就铺设了行车路。第五个调查点安顺——州级市，属于贵州的行政地区，跨越东西主要商道，到 1930 年代，一直拥有很长一段云南与贵州省会之间的柏油道路。相比云南的四个县，安顺类似湖广两地拥有更为发达的交通条件；从 1870 年代开始，汽轮已经降低了从港口到内陆水运的费用。这些新的交通方式因输入与地方产品相抗衡的新产品，已对地方贸易产生影响。各个县都包含多种经济活动：不少村庄以特定的产品而闻名，这些特产反映了当地的环境、资源、需求，以及在一个更大的、动态的交通、技术和贸易体系中的特殊机会。

　　如何划分这些村庄里的女性劳动？在 20 世纪早期，当我们的研究对象都还是女孩子的时候，她们的村庄已经被卷入市场系统当中，所有的村子都在一定程度上依附于商品贸易。在一些村子，女性从事更多的田野劳动，而其他一些村子的女性则依靠家庭手工制品的特长来从事交换活动。有技术含量的手工劳动产品能够辅助农业生产，如棉纺产品 [3]、编织的帽子、席子和鞋子、编织的竹篮和锅盖、纤维拧成的绳索、织出的鞍垫和渔网、染色的布料、酿造的酒和腌制的食物等。由于男性的技术和知识通常会通过父系亲属来获得，村庄就总因特定产品而出名。但村庄和地区也会因女性

1　通海和江川都在玉溪地区。
2　在乔治·菲利普与其子（George Phillip and Son）的地图中亦可以看到云南的道路状况。
3　罗钰和钟秋（2000）考察了云南少数民族仍然在使用的多种纺织技术和工具，展示了手工纺织品的重要性以及女性高超的纺织技能，并忧心这样的文化遗产正在逐步消失。

制作的产品而出名，如从附近村庄嫁过来的女性原本就掌握生产技术，随后培养自己女儿相关的技能。一些地区只有很少的渠道获取原始材料，又缺乏运输和市场，使得男性不得不外出从事运输、采矿或建筑等方面的劳动，而给家中女性留下了更多的农活。

表格2.2中总结出我们在村庄里访谈对象的各种特征。每个接受访谈的女性都是汉族，1912年至1950年出生。超过八成的人从未上过学，文盲率分别在67%到100%之间。[1]除此以外，大多数女性都嫁在距离娘家不超过10公里的地方；还有一些女性嫁在了同村，只有极少的一部分女性嫁在距离娘家非常远的地方。

通海县：湖边的布料市场

我（宝森）2006年走过织布村的时候，街道空无一人，所以当我窥探到一个宗祠的庭院，发现有十几位女性（其中年长的女性裹着脚）在那里闲聊，她们还招呼我进去一起谈天。我进去坐在一个凳子上，最后问起她们是否还织布。所有人马上提起兴趣，聊起在织布机前几十年的劳作，身体摇晃着，胳膊挥舞着，脚步挪动着，并咏唱着带节奏的曲调，不由自主地表演这项劳作。她们甚至互相修正着比较着恰当的织布动作，有些人很明显记得使用不同类型织布机时略有差异的动作。惊异于这些关于织布的哑剧与多年劳作带给她们身体语言的印记，我很轻易地就发现织布的动作仿佛弹钢琴、打字、骑自行车或者锯木头。她们可能会生疏，但是这些基本的动作却恰好构成运动员所谓的肌肉记忆的一部分。对于这些女性来说，这项技能需要全身都投入进去，虽然是坐在那里劳动，但仍然需要手和胳膊在织布机上专注劳动的灵活性。当她们还是女孩子或少妇的时候，出色的手工能力让她们获得各种赞赏与敬意。她们裹的脚也属于这个曾经劳作

---

[1] 学校教育的缺失与文盲率不一定能够相互对应。那些只上过一年多学的人可能仍然是文盲，而少数从未上过学的人也许会从非正规扫盲班或家庭成员那里获得成人的基本识字能力。

的世界。在 2000 年前后，老式织布机的时代已经过去，机器都被拆掉、丢弃，但是最后一代织布的老年女性还可以马上回忆起并演示当年的身体动作。[1] 这里曾是从事纺织业最为出色的一个村庄。

在 19 世纪末期到 20 世纪初期，通海和河西县（今为通海县河西镇——编注）女性制作的布料非常出名，并时常出口到云南省外的地区。（烈敦 1903，3—4；Buck 1937，2：35；Fei, Chang 1948）[2] 地处杞麓湖沿岸，通海连通着从东京（后来的河内）到云南中部昆明的运货商道。通海和其他云南中部的邻县生产供销售的布料和其他货物。20 世纪中叶在昆明有首非常简单将各镇名字和特产连起来的打油诗，流传得很广[3]："通海酱油，禄丰醋，新兴姑娘，河西布。"我们访谈过的老年人回忆，当时人们之所以愿意娶新兴姑娘做老婆是因为她们勤劳肯干，织布技术好。（烈敦 1903，4；《通海县志》1992，139）新兴和河西在玉溪州，距离通海很近。通海的镇中心主要以酱油闻名，但是如新兴和河西，通海附近的不少村庄，都以用带有脚踏板和手动梭子的木制织布机织出的约 10 英寸宽的手工织布而闻名[4]。（《秀山镇志》1994，66）通海的村民们都从当地的棉花市场购买原棉，而这些棉花则由云南南部一些村镇（盘溪、曲溪、建水、思茅）和更远的地方（东京［河内旧称］和缅甸）的商人供应。[5]

---

1 当一位女性说家里的木质纺车 1958 年被烧毁了，有关"大跃进"的回忆（当时共产党领导人让普通家庭在后院炼钢炼铁）由此呈现出来。虽然只有一位女性谈及此事，但还是对很多木质老纺车的去向做出了解释。

2 在明代，通海的汉人移民从东部江南地区带来了纺织以及染线的技术与工具。根据地方志记载，"通海以及河西镇附近的汉人村庄以'男耕女织'的劳动分类闻名。虽然女性纺织开始是为了帮衬，随后又通过从事纺织品生产谋生，逐渐地，纺织品成为整个省内不少县大规模生产的货品"（《通海县志》1992，139）。

3 不像华北平原，大多数村庄能够获取的资源都较为类似，也没有多少机会形成自己的特色。云南中部地区环境多样，有山地、平原、湖泊等，因此不少村庄都有自己的特色产品，并能够大量聚集于定期市场上，用以交换其他地方特产和长途商贸的货物等。

4 按中国标准宽度单位是 8 寸：1 寸等于 1.3 英寸，因此应该约为 10.4 英寸或者 26 厘米。

5 不少 19 世纪和 20 世纪早期的探险活动都评论过马帮经由陆路带着棉花从云南到缅甸和东京［河内］。（Colquhoun 1883，Davies [1909] 1970；烈敦 1903；Rocher 1879）云南南部的城镇购买棉花以供纺织之用。到 19 世纪末，外地生产的工厂棉纱逐渐（转下页）

由于通海在族群和经济上的多样性，并不是所有的汉族农民都从事织布劳动，但却是其中大多数人获得收入的主要来源。[1]一份地方报告观察到：

> 县里大约70%的女性以纺线织布为业。男子运贩按匹卖布。超过20%的男性从事长距离的贸易活动，将这些货品运输至全省甚至更远的地方。在村庄里，每个家庭平均至少有一台纺车和一台织布机。有的家庭还有多达四五台的织布机。织布机通常都放在家中正厅的某处。（《通海县志》1992，139）

但是到了1920年，乡村女性由手工纺织劳动而来的收入受到来自上海、缅甸、印度和其他地方洋纱的激烈竞争。只要女性开始使用机器生产的棉纱，数量有限的手工棉纱生产瓶颈就被打破，让纺织者能够更连续地劳动。[2]

（接上页）进入，当地织布者也开始将其用于手工织布。据烈敦叙述，大部分棉花"在'洋纱布'或用进口棉纱织出的当地布料之前，最近12年内已淡出了公众需求的视野。而这项工业的中心地带是新兴谷地，地处云南府［昆明］向南三天的路程"（1903，3）。相类似的是，戴维斯（Davies［1909］1970，161）也曾谈到，1895年云南东部曲靖地区的重点工业，便是使用从香港进口的印度棉纱织布。《通海县志》中记载，19世纪，上海特有的原棉甚至还通过四川运抵云南。（《通海县志》1992；《秀水镇志》1994）19世纪末，像北部远处地区如玉溪还种植一些棉花，但是在1940年代，据费孝通和张之毅（Fei, Chang 1948）描述，玉村的纺织者们并不种植棉花，因为他们早已依赖于购买市场上售卖的工厂生产的棉纱。卜凯描绘的这一地区地图显示，棉花主要种植在玉溪和通海以南的地区。（［1937］1964）

1 通海县的少数族裔（汉族之外）包括彝族、回族和蒙古族。纳家营的回族以五金和马帮闻名。其他村庄的人们，除了织布，还从事铜壶、石雕、建筑、马具、菜刀、木质家具、竹篮或豆腐制作的劳动。（《通海县志》1992，139）
2 赵刚（Chao 1977，186）认为，取代手工纺线改用机器棉纱的过程，使得手工织布仍然具有竞争力。他引述了1896—1897年的布莱克本（Blackburn）的劳动报告："大部分云南的手工织布劳动始于1888年之后。"（Blackburn Chamber of Commerce 1898, 262）亦见于中国海关税务司（Blackburn Chamber of Commerce 1892, 109）。赵刚认为，印度棉纱对云南的影响刺激了新兴的手工织布中心的增长，并一直持续至1930年代末。这一章的通海便是这样的一个中心。1888年之后其作为织布中心的增长现象，也包括对先进飞梭织布机的使用。

由于棉纱供应的增加,地方纺织技术也随之发展。因此,洋纱布[1],或者使用洋纱手工制作衣服的生产,相应也极大地增长,再也没有多少女孩花费整日时间从事纺织劳动(烈敦 1903)。

随之而来的是纺织业的现代化,包括纺织技术形式和劳动力组织等方面:

> 1920 年,一位熟练的手工业者在四川开办第一家商业纺织厂,并引进了一种带有牵引梭子的新型织布机(拉梭布机),这个机器将原有的效率提高了两到三倍。在此之后,使用新型织布机的纺织工坊接二连三地兴办起来了。大部分都规模较小,但也有一些大规模的纺织工坊,其中最大的莫过于玉溪技术革新委员会纺织厂,雇用了超过两百位女性,在 120 台织布机上劳动。这些工坊生产手工纺织土布、棉毛巾、门帘、毯子、线以及有各种图案的花布等。(《秀山镇志》1994,66—67)

用购买的工厂纱线取代手工纺纱,引进更高效的织布机,建立类似工厂的车间,转而使用进口染料,这些都不仅仅是技术改造。每个举措都改变了女性劳动的方式,使得地理位置优越的村庄可以提高他们手工土布的质量和数量,而周围其他村庄手工商业生产的利润则随之降低。通海地方志中更强调了城镇工业纺织品发展的积极作用。[2]

1940 年,人类学家费孝通和张之毅(Fei, Chang 1948)在玉村做了田野调查,玉村距离玉溪老城的古商道很近,他们在同一地区绘制了一幅有关工业发展的别样图景。玉村 71% 的家庭的女性仍然在家纺线。[3] 费氏和张氏对纺织经济的描述,反映了乡村纺织者收入不断降低的压力:

---

[1] 在当地,洋纱布仍然被称作土布。
[2] 赖特有关云南大萧条时期的研究表明,价格下跌有选择性的影响:"一些手工产品,比如玉溪的棉布,在 1934—1935 年失去了市场。"(Wright 2000,726)
[3] 1990 年代,宝森调研玉溪的村镇时,街上、市场里、村庄中可以看到许多老年女性还都将脚裹得很紧。该地区到 1949 年解放之前还一直保留着其家庭手工纺织业。(Bossen 2008)

> [她们的纺织品]主要顾主限于外县一般农民，城市中的销路，仍为洋布或国产细布所把持，无形中阻塞玉溪布的大宗销路……织布没出息，她们自己也清楚知道……更引起她们对往昔的怀念（1910年代前后）……洋纱、洋布还未进口，玉村以及玉村所在全县的织户购用的土花，纺成土纱，织成土布，市场上没有洋纱洋布和土布竞争，故土纱、土布的价格较高，织布的收益相当好。
>
> 但自洋纱、洋布进口后，织户处境日非。一方面是洋纱取代了土纱的地位……另一方面，洋布深入到内地市场。洋布品质好，价格低。土布遂被逼在洋布前低下头来，不得不伸出洋布价格的水面……于是织户只能安于经营报酬剥削殆尽，工资少至不够一饱的悲惨局面。[1]
> (Fei, Chang, 1948, 241—243)

这种对女性劳动力所面临的经济危机的即时描述，因其对织工困境的关注而引人注目；我们真期待这些有名的人类学家们也能评述一下从事织布劳动的女孩和妇女的缠足行为。但是，在这个纺织业发达的地区普遍存在并延续很久的缠足现象，只是被其他一些人记录下来，却反而忽视了缠足女性从事过的经济活动。(杨杨 2001，2004；Jackson 1997；Lim 2007)

通海织布村女孩和妇女的劳动

织布村到城镇和谷地里的很多市场都很方便。[2] 过去种田与织布是当地主要的职业。村民们种植水稻、小麦、豆子、烟草和玉米。另外大约5%的家庭有小型商店，大约25%的家庭里男性还会承担商人、运输队员、警察、士兵或者雇工的劳动，有时在南部有名的锡矿产地，个旧县城打工。我们访谈的所有女性中，除了两个人之外，其他人都出生在县里，她们的娘家距离自己都不超过10公里，有的走路只用10分钟就到了。和附近村

---

1 译文出自《云南三村》，天津：天津人民出版社，1990年，第428—430页。——译者注
2 村庄的名字经过化名处理。

子男性的婚姻对从事纺织的家庭非常方便,因为大多数当地新娘在进入婆家之前已经了解了如何纺线和织布。

纺线

织布村的女孩在家就学会了纺织劳作。在我们调查的对象中,75%的人在婚前已经纺过线。女孩子在5岁至15岁之间开始学习纺线,她们纺线的平均年龄在8岁。她们纺的棉线大多数或为自家织布所用,或供售卖。到20世纪初,输入进来的机器棉线已经取代了大多数织布者使用的家庭手工棉线。1930年代工厂棉纱更是到处容易得到,因此家庭手工棉纱在当地市场自然很难卖出好价。正如一位1917年出生的女性谈到的,"如果我们实在没什么可吃的,我们才会卖它们"[1]。

成长于纺纱行业的女性在结婚后仍然会纺一些棉纱,即使她们纺织用的经线是来自机器的制品。在婚后劳动方式的变化中,纺线劳动比例下降的时机显而易见。1930年前(35位)出生的女性,65%依然在婚后的1940年代从事纺线劳动。而这一比例在1930—1934年出生的女性中降至38%,在1935—1939年出生的女性中则继续降至23%。在1940年代及以后出生的群体中,比例跌至5%(22位)。虽然大多数手工纺织的棉纱都是为家庭纺织者所用,27%的女性说她们仍像女孩为娘家做的一样卖掉自己纺出的棉纱。

然而,具体考量出工业化之前她们收入的重要程度并非易事。但可以肯定的是,正如一些经济史学家所指出的,在与机器纺织竞争之前,女孩子双手纺线所得回报自然更高。机器纺出的棉线一旦进入当地市场,就有转化为织布的动力,因为织布的技术含量更高,也需要更多的资本(一台织布机相对纺锤或纺车来说要花费更多也更加复杂)。这就意味着,年龄太小而不能纺线的女孩不太能够通过纺纱为可销售的产品做出贡献。手工纺纱收入的流失会对家庭经济有所影响,但同时也削弱了给女孩缠足并迫使她们一直坐着纺纱的动机。

---

[1] 91岁的织布村女性,作者、调研团队访谈,2008年10月10日。

织布

家庭中纺线的女性通常也会织布。在我们访谈的样本中，女孩的家庭中拥有织布机是非常常见的；87%的女孩娘家里至少有一台织布机；74%的女性在婚前曾经织过布。[1]一些家庭还有两台甚至三台织布机。一位女性说："我们家有两台织布机；我奶奶用一台，我母亲用另外一台。"[2]另一位女性说："我们家有三台织布机，我母亲用一台，[我的]大嫂用一台，我用第三台。"[3]那些娘家没有织机或不生产纺织品的妇女解释说，因为她们在山区长大，主要做农活，出售柴火，或者只是（因为娘家）太穷。[4]在一个专门经营腌制食物的家庭里，她们根本没有时间做纺织活儿。[5]女孩们需要长到一定高度才能从事坐着的织布劳动，同时需要坐着的时候能够把梭子推动到布料的边缘，或者在更复杂的织布机前可以踩到脚踏板。女孩开始织布的平均年龄在11岁，但是实际年龄并不确定。一些女性提供她们能够织布的年龄，而并非开始学习织布的年龄。当女性给出这两个相应的年龄数字时，学习的过程至少需要一到数年。根据资料提供，织布织得"很好"的平均年龄在12岁。

其他手工制品

做刺绣或者十字绣，轧光布料、捆松针束（做燃料）等都是织布村里女性提到的一些其他手艺。大部分的女性还给家里人做衣服和布鞋。一些女孩子用麻绳将粘贴布料的鞋底缝制起来。给家里人做布鞋是女性基本的家务活，所以如果不是特别问及她们时常会忘记提起。很少的一些人提起织席、做草帽和腰带这些偶尔能够增加收入的手工劳动内容。

纺织品和收入

纺线曾经是织布村女性唯一重要的收入来源。增加家庭收入的女孩们

1　一位年幼出嫁的女性直到婚后才学习纺线，因为她当年十分年幼，不能胜任纺织劳动。
2　1939年出生的织布村女性，作者、调研团队访谈，2009年8月18日。
3　1935年出生的织布村女性，作者、调研团队访谈，2009年8月18日。
4　1932年出生的织布村女性，作者、调研团队访谈，2009年8月19日；1924年出生的织布村女性，作者、调研团队访谈，2009年8月22日；1928年出生的织布村女性，作者、调研团队访谈，2009年8月20日。
5　1932年出生的织布村女性，作者、调研团队访谈，2009年8月21日。

不负责市场交易的事儿，这些通常都是长辈们来做。我们想要计算产量和收入，却受限于手工纺织品不同的产品种类、大小、数量等，以及无法得知女性在产品上所花费的具体时间。一些女性说她们的母亲每天都在织布，从黎明到黄昏。其他一些女性描述她们的母亲在干了一天活之后还要织布到半夜。测量纺织从业者使用棉纱的单位各种各样，涉及线轴、纺锤、梭芯的不同类型。一位女性回忆到 1 斤棉线可换 3 斤原棉。当然，市场的价格也在波动。（Fei, Chang, 1948）布料通常交换成棉纱，价值则取决于布料是手工纺织还是机器制作，以及布料质量的优劣。被认定的正式交换单位——铜币、银币或纸币的价值在 20 世纪 30 年代和 40 年代，均受到迅速的价格波动的影响，随着中国从白银基准转向纸币，最终导致恶性的通货膨胀和多种货币混淆于市。因此，纸币不是衡量当时商品价值与购买力的可靠途径。我们鼓励女性在可能时描述交换的等价物。[1]

另一个不确定因素是女性倾向提到"换"而不是"卖"她们的产品。在许多情况下，这是她们参与外包制的结果，中间商提供原棉用来直接交换细纱。当女性纺出的棉纱收获原棉多于她想下一次纺的原棉时，她们可能会收到部分用以充当报酬的谷物。

通海的缠足现象

通海附近村庄里末日余晖般的缠足现象已经得到了广泛宣传，尤其是一个专门由老年乡村妇女组成的舞蹈团十分显眼，她们优雅地穿着传统风格的服装，从 2000 年代开始在公开场合演出（杨杨 2001；Jackson 1997；Ko 2005；Lim 2007）。相对于隐藏她们的状况（缠足常常被视为耻辱的提醒，即这是中国过去对女性的压迫），她们更戏剧性地将缠足转变为老年活力与生活趣味的象征，随着中国进入工业时代而对过去的习俗怀有一丝怀

---

[1] 由此产生收入的解释变化很多。面对不同的产品、不同的年份，我们无法准确计算出收入。赖特提到"云南的货币形势更为混乱，尤其是国家货币大幅波动的 1930 年代中期"。（2000，718）

旧之情。

在织布村里许多小脚的女性（还是明显缠足）活到 2000 年以后。（图 5.1）[1] 图 5.2 显示不同出生年份群体缠足女性比例的降低。这些样本包括那些终身缠足和那些放足前曾有过短暂缠足期的女性。对于那些曾经缠足的女性，超过一半（57%）的人说她们的脚已经定型。[2] 出生年份增加 7 年（缠足的平均年龄），可以估算出决定缠足的年份。1930 年代缠足的数量开始下降，即 1920—1924 年出生的女性到缠足年龄的时候。这种下降开始是渐进性的，但 1935—1939 年出生，即 1940 年代至 1949 年共产党执政之前到达缠足年龄的女性中，缠足现象急速减少。织布村 1940 年出生的女性（100 位）中，73% 的人裹脚。[3] 而那些 1950 年代到年龄的女孩子却不再裹脚了。

在 1937 年日本侵袭中国时期，民国战时工业向西搬到四川和云南时期，缠足降低的速度更快。抵制缠足的民族主义运动也抵达了乡镇和如织布村的附近村庄。在 1940 年代之前出生的女性中，81% 的人在小时候就听说过政府反对缠足的规定（她们经常搞不清哪个政府）。其中最年长的女性之一，1917 年出生，她谈到政府对缠足的罚款是两桶油或者四身军装。另

---

[1] 互联网上有云南缠足女性的照片，双脚裸露在外，往往配着有关缠足起源和废除的重复性理论。
[2] 我们问及女性她们的脚是否通常有几年的过程长到足以形成固定的形状。69 位女性回答了这个问题，其中 39 位认为她们缠的脚有确定的外形。而那些放足的女性，大约有一半的人（49%，共 68 人）在婚前缠足一段时间。
[3] 当问及放足，93%"曾经缠过"的女性也认为她们"放过"足。大多数去掉裹脚布的行为都发生在 1940 年代和 1950 年代早期，平均在 1947 年左右，即共产党执政的 1949 年之前。22 位放足女性在 1949 年之前去掉了裹脚布。这个看上去很高的放足率吊诡之处在于，其中一些一定是暂时的，因为在这个村庄里随处可见受访的老年缠足女性，我们也有照片为证。很显然，一些女性在罚款的威胁下暂时放足，而随后又暗自继续缠足，因为较紧的缠足如果不继续缠下去，双脚就无法支撑走路。高彦颐（Ko 2005, 38—39）对这种无法挽回的缠足有较为详细的描述，缠足一旦形成，如再不缠下去就会经受严酷的折磨。高彦颐引用薛绍徽（1855—1991）的话："现在他们建议所有缠足的人马上让双脚恢复原样。但是没有哪个魔术药片可以让新骨再生；脚的前端也难以重新连好。"（40）如缠足一样，松开缠足的痛苦也是十分"剧烈"的。（Jackson 1997, 154；见杨杨 2001）

◆ 图5.1 云南通海穿着绣花鞋的裹脚女性

一个女性也反映如果家里有人裹脚，就用几桶油、几套军服或者钱接受罚款。政府反对缠足的规定在很多地区都没有效果；女孩子的缠足通常会在政府某项运动期间为避免罚款而放开，之后再因地方需求而重新缠上。在1950年代，共产党政府通过给女性提供农业劳动而不是织布的机会，关闭售卖布料的市场，以及直接禁止缠足，从而彻底地改变了政治经济。由此产生了新的社会压力，一些织布村的女性虽然脚已定型，但从此以后不再裹脚。

当繁重的家务对女性手工劳力有需要时，就会促使母亲给她们的女儿裹脚，织布村正是这种关联性的体现。玉溪州周围通海县的汉族村庄，都曾经有乡村纺线人与织布人会集生产手工布料的中心，图5.3表明了，在我们的研究对象中，织布村女性婚前在家纺纱或织布的比例。1940年前出生的99位女性中的87%婚前都曾经从事纺线或织布劳动。1940年代以后出生的女性禁止纺织手工劳动，当共产党政府完全改变了劳动力的性别区

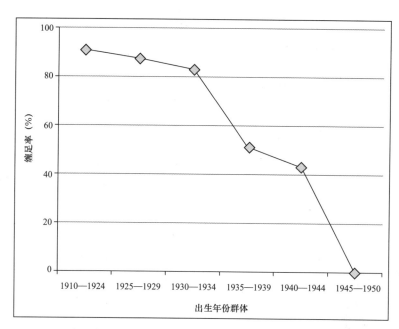

◆图 5.2 云南通海各出生年份群体的缠足率
[注]：共 121 人。

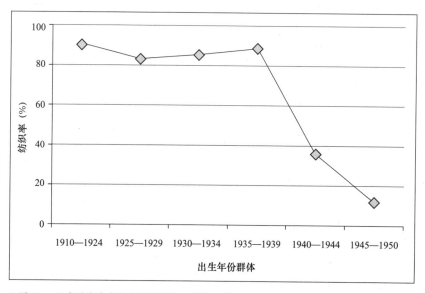

◆图 5.3 云南通海各出生年份群体中女孩从事纺织率
[注]：共 121 人。

分，取而代之的是国家供应工厂布料，家庭工坊也禁止开办。在第六章，我们将更详细地考察缠足现象和女性手工劳动力降低的程度。

江川县：变化中的手工业市场

江川的居民人口多为汉族；少数民族，大多为土生彝族，只占全县人口的不到6%。(《江川县志》1994，105)我们调查点的女性认为她们是汉族。在通海，当地历史学家将手艺在他们县的流通与华北平原地区汉族移民联系起来：

> 从明代开始，就有从中原地区来(通海)的大规模移民；之后手工业就在当地兴起。在清代，纺织、铸铁、木制品、陶器等，每种手工产品都遍布每个村庄和乡镇。(《江川县志》1994，219)

虽然这样的解释可能是由于大汉族主义，但汉族肯定长久地推动过和改善过该地区的棉布技术。云南土民和整个东南亚土著也有着他们古代传统的纺织技术，材料包括大麻、苎麻、荨麻、葛根、野生蚕丝、棉花等。(罗钰和钟秋，2000)民国时期，县里从事织布的家庭数量达到顶峰，超过4000个，估计共有1万到1.2万个家庭。(《江川县志》1994，219，240)[1] 主要产品是3种蓝布，年产量约3.6万匹，"远销周边30个邻镇与州府。"(240)

江川县的人口从1931年顶峰时的6.5万人下降至1941年的5.2万人。抗日战争征兵是人口下降的一个原因。另外，不少居民为了讨生活从江川搬到因战需工业和商业都迅猛发展的昆明。(《江川县志》1994，107)因为

---

1 "根据不完全统计，在解放前，江川总共有4911个织布家庭工厂，大约6430名织工；他们每年的产品约为3.6万匹布。主要产品是'棉蓝''混合蓝''三重蓝'土布，销至超过30个地区和县市。"(《江川县志》1994，240)虽然县志没有举出这个数据的具体年份，但仍然说明民国时高峰期有超过4000个家庭工厂(219)。日期不够明确或完整，因此无法比较民国时期不同阶段的纺织者的数量和产出数量。

那里纺织工厂的竞争与日俱增，乡村纺织者收入的降低也是迁移的一个原因。1944年的调查显示有较高的失业率（21%）；我们估算由于家庭纺织工业的收缩，失业人口中有差不多75%是女性。(《江川县志》1994, 113）[1]通海县像织布村这样的村庄都已经全部购买工厂棉纱，也为市场加大了纺织劳动。江川的村庄，却距离棉花市场和从南边运输原棉的铁路太远，而距离来自工厂制作布料（来自昆明）的新的竞争更近。当女性不再从纺织劳动来赚取收入时，她们开始改行从事其他手艺谋生。成立于1950年的江川县共产党政府，1953年以后，国有纺织工业和定量配给制度取代了国内手工纺织与染布产业，进一步推动了这一转变。(392, 240）虽然一些家庭一有棉花或者棉纱就会为自用生产布料，政府对市场的抑制还是限制了商业，到1950年代末，集体化的过程更意味着在农田劳动或者大规模水利项目劳动比家庭式纺织生产更为先进。

江川女孩和妇女的劳动

在江川县组织的访谈覆盖了好几个有不同特有产品的村庄。最多的访谈（140个）是在捕捞村进行的，这个村地处湖泊沿岸，制作渔网是当地手工劳动之一。做过42个访谈的染布村，以纺织者染布的染坊出名。而在江川所有（211个）样本中，68%的家庭有纺车，43%的家庭有织布机。这些机器主要由家庭中不同的女性成员使用，一般包括受访女性、她的母

---

[1] 劳动年龄人口数大约为4万：接近15000人为农民（包括一小部分矿工），1300人从事商贸运输活动，2000人做公共服务，另外500人从事自谋职业性的劳动或其他劳动，假设这18800人为男性。3个其余领域为女性所从事：手工业，1600人；服务业（包含家务），11200人；以及无业，8350人。如果我们认定手工业主要为纺织品和服务业（包含家务），并将所有女性的劳动包罗其中，所有人数为12800，远低于男性的人数。少部分女性应是从事商业、职业性的或者公共服务（虽然当时公共领域的女性很少）的劳动，少数男性则从事手工劳动。唯一可以合计出合理的人口性别比例的方法（典型的男性过剩，例如，每100名女性有110名男性——除却战争，这可能会失去一些劳动男性），便是假设女性占失业者的四分之三，或6262人。（这样女性总数就是19062人，与20888名男性相比，性别比例大约就是100名女性，110名男性。）考虑到纺织生产者的压力，特别是纺线者的失业情况等，这看起来是可信的。见《江川县志》1994, 219。

亲和姐妹,有时还有祖母。在娘家,超过三成(37%)的女性纺棉,约三分之一的女性织布(32%;211人)。[1]事实是,家庭拥有更多纺车和织布机而不使用,这一状况表明,当它们无利可图时,女性便不再从事这一职业。因为星云湖和抚仙湖就在附近,各种类型和大小的渔网很有市场。(《江川县志》1994,211)家在附近村嫁到捕捞村的女性从事棉纺织,揉麻做绳和制作渔网。我们对捕捞村的访谈中,所有39位做渔网售卖的女性也纺棉或编麻绳增加收入。根据市场情况的变化,掌握一项手工技能的女性很有可能会接受另外的劳动。涵盖所有手工产品,包括制作渔网、染布、捆各种纤维如秸秆和松针成束做燃料,江川样本中一半的女性(240人中的119人)在婚前为增加收入制作过手工产品。

江川的缠足现象

我们访谈得出的数据显示,缠足现象对于1910—1924年出生的女性来说几乎是普及性的,而到1925—1929年出生的女性缠足比例已经下跌,而在之后20年则有渐进且稳定的下降趋势。(图5.4)[2]这和由于机器制造的线和布的竞争加剧,所导致纺织劳动下降的情况,是一致的。棉纺产品通过新修的铁路抵达昆明,辐射到附近的市场,也就是之前江川纺织生产者供应的地区。到1935—1939年间,当出生于1920年代末或1930年代早期的女孩们到了该缠足的年龄,缠足的比例已经在这个群体里降至刚过一半,而且其中大部分女孩的缠足还是暂时性的。1940—1944年代出生的女性中,有约三分之一的人还有尝试缠足的经历,但当共产党政府开始执政,并重新组织劳动力量,便很少有人能在短时间继续缠足。因为江川县的村子还有各种形式的与纤维制作相关的手工劳动,女孩向农业或者很少坐着的室

---

1 纺棉在捕捞村(音译)更为突出,56%的女性从事这项劳动。
2 虽然县志通常并不关注缠足现象,《江川县志》仍然印证了我们对于在各村到处都有缠足的发现。主要是这样表达的:"从幼年开始,女性认为缠足是一种美丽的象征。鞋尖都绣着花。"(《江川县志》1994,655)作者从时尚美学与民国改革的角度对禁止缠足进行了阐释。

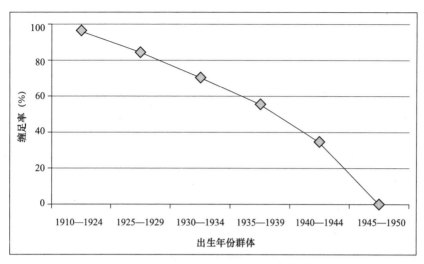

◆图 5.4 云南江川各出生年份群体的缠足率
[注]：共 208 人。

外劳动的转变并不是突然的。

陆良县：从事草编的一个保守村庄

云南的同事们形容云南东部大部分汉族地区非常保守。19 世纪早期汉族的统治主要体现在军事屯田和经济转型上：

> 陆良县，云南最大的坝子……周围聚居着大批军事移民……当村庄急速发展时，少数族群也发生变化。道光年间（1821—1850）编纂的地方志列出了陆良县超过 220 个村庄，其中大约一半都是根据上述的军事名词而命名的。（B. Yang 2009, 151，引自《陆良县志》1844，1 卷，15a—18b）

不少水坝、渠道和人工蓄水池都修建起来了，很多河流、湖泊、池塘和农田的状况都有所改观。水利系统的完善使得云南又出现了许

多小型汉族农耕地区……当军屯建立起来，灌溉系统也就逐步完成，陆良成为了粮仓。（B. Yang 2009，153）[1]

这些巨大的变化使得汉族人口比例骤增到98%。有我们调查点的三岔河镇，10万人中几乎100%都是汉族，只有很少的几百人是回族和彝族。（《陆良县志》1991，128；云南省2000年人口普查2002，183—263）

18世纪早期的资料显示，陆良的纺织生产采用了来自中原的专业技术，手工布料也随之带来了繁荣。[2]100年后的1845年，当地资料表述，陆良有"不耕田的男性，但没有不织布的女性。不少普通家庭甚至没有一亩地，而有很多擅长纺织换吃穿家用的家庭"（《陆良县志》1991，307）。尽管19世纪中期女性的纺织产品有经济的重要性，20世纪早期，纺织作为职业的比例却在下降。（307）1921年的一份当地报告描述了手工纺织品的衰落：

> 这个县有大约1万的工人，其中农业工人大约占到四成（到种植和收获季节，这个数字翻倍）；纺织从业者大约占到三成；每个人平均每天工资为1角钱。纺织从业者没有合力组织成立一个机构，他们仍然以传统方式织着土布。每天的状况都在逐渐变糟；他们已不能卖出个好价钱。（《陆良县志》1991，307）

1928年，马街（附近的一个镇）成立了鸿源染纺厂[3]——有70多个工人，超过70台织布机，其中14台是铁制的，其余是由平机手推梭改制成的高机，是陆良手工织布机的重大技术改造。改制的高机，能自动推梭，工效大为提高，产品有穿布、加宽布、小布、经济布以

1　杨斌引用了《云南志·卷一》（Fang 1998），该书有13卷，涵盖"几乎所有官方记载……以及自西汉至清末有关云南的学术著作"（B. Yang 2009，12，21，31）。

2　"有关土布产品的历史已年代久远……在清康熙五十三年（1714年）……纺织技术自中原而来。"（《陆良县志》1991，307）

3　我们访谈的女性称这座工厂和商店为鸿源染织工厂，将之作为她们出产布料的最初源头。

及青、蓝、白土布,不仅在当地售卖,还远销师宗、罗平、丘北等县。

1940年代,陆良县开办了3家私营织布厂,有四五十台织布机。县城所在地马街以及附近的村子,都有不少独立从事纺织和染印的家庭。纺织者生产,染印者售卖;当时对于这些家庭,确实是一段繁盛的时期。(《陆良县志》1991,307)

陆良女孩和妇女的劳动

陆良县的东村并不擅长纺织劳动。村庄的地理位置在南北商道和云南中部新修铁路廊道的东边。据我们访谈的女性说,当地市场体系中的一个城镇以纺织劳动见长。在东村,只有15%的女性(共114人)娘家有织布机。[1] 在娘家,只有13%的人纺棉,10%的人织布。意味深长的是,《陆良县志》中提到有些女性生产裹脚布售卖。1940年代出生的女性从事纺织劳动的比例就降低了。但是东村女性还生产很多种类的商业手工制品,其中60%的人(共102人)婚前从事不同种类的手工劳动并取得相应收入。一位女性描述了她年轻时候的劳动:

> 当我五六岁的时候,开始做帽子。每顶卖三毛五(0.35元)。我母亲买了5斤多棉花之后,我们就一起纺纱,大概可以做30顶帽子。一天从早到晚,除了吃饭时间,我可以做两顶半帽子。那时候,和我的哥哥姐姐们,我们四个人一起做,晚上10点以后才睡觉。每天傍晚我们都要为到市场售卖制作帽子。当市集开始的时候,我们就把所有的帽子全卖掉了。[2]

大多数东村的女性擅长使用草而不是棉花制作产品:编草席、草帽、草鞋

---

[1] 有关纺车所有者的一个问题只在2010年的12个补充访谈中问到;这些家庭一台都没有。
[2] 1941年出生的东村(陆良)女性,作者、调研团队访谈,2010年4月28日。

以及稻草制作的绳子和其他纤维制品。因为她们手工产品的市场并未直面来自工厂纺织品的竞争力,她们坚持更长时间继续在家从事手工劳动,售卖或交换自己的产品。其他手工产品的重要性在地方志中得到了确证,其中用不少篇幅来专门写生产竹草类产品的手工劳动。(《陆良县志》1991,280,309,313)[1]

陆良的缠足现象

陆良东村的缠足现象相当普遍且持续很久。(图5.5和图5.6)1940—1944年之前出生的女性群体都裹脚,或至少维持过一段时间。(图5.7)给女孩缠足的行为直到共产党重新组织生产才真正消失了。一项关于陆良县多个村庄女性劳动和缠足的研究表明,女性草编手工制品和缠足现象持续较晚有非常相似的关联。(Bossen 2002,2008)这些研究也有其他论据支持,如《陆良县志》中有关缠足的简明表述(《陆良县志》1991,859)。草编产品的收入意味着,即使女儿失去了作为棉纺织者的价值,家庭也还是会继续从久坐不动的缠足女儿身上获得价值。

禄丰县:重访固守土地的中国禄村

禄丰县位于云南省西部,昆明以西,昆明和大理两地之间的古道边。禄村成为《乡土中国》(Fei, Chang 1948)和其他学术作品(钱成润、史岳灵和杜晋宏1995;张宏明2005;Bossen 2002,2005,2008)田野调查和重访田野的目的地。从县城步行半个小时,就到了地处灌溉谷地的禄村。禄村是明朝的汉族军屯所在地(钱成润、史岳灵和杜晋宏1995;张宏明2005;Bossen 2002,2005,2008)。(相对而言,苗族和彝族群体则只能散居在到县城道路不便的高处山地)禄村的村民特别强调自己的汉族身

---

[1] 谢立山(Hosie 1890,44)观察到贵阳和云南之间的马帮货物中装着帽子,显然手工帽子在其中有商业价值。另见谢立山(Hosie 1914,2:105)。

◆ 图 5.5 一位穿着小鞋坐着的裹脚妇女,云南陆良

◆ 图 5.6 一位缠着脚踝拄着拐杖坐着的裹脚妇女,云南陆良

中国西南部

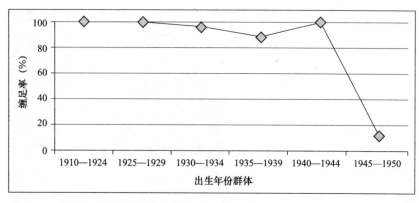

◆图5.7 云南陆良各出生年份群体的缠足率
[注]：共113人。

份，虽然当时多为汉族军人与当地女子通婚。回民起义之后当地人口数量有所降低，19世纪末又移居来一些人口。19世纪中期，云南和贵州之间的交通贸易加剧了国内对云南罂粟花的需求："鸦片贸易增加的唯一重要原因便是广东人在广西和广东地区种植鸦片的贸易网络发展到了云南地区。"（Benedict 1996, 51）[1] 禄村也因当地的鸦片种植和长途盐业贸易的马帮驿站，而融入了大贸易网络之中。鸦片，一度成为当地重要的经济作物，而后1930年代被政府所禁止。但是1910年代和1920年代出生的女性都能记起鸦片普遍种植的场面。20世纪初期，禄村村民在灌溉谷地种植水稻，在丘陵地带种植旱稻。男性和一部分女性在农业劳动之余，还从事运输、矿业和商业的季节性劳动。

禄村女孩和妇女的劳动

1930年代，禄村的女性从事很多农业劳动，与她们的男人在种植、插秧、播种、收割水稻、大豆、南瓜和蔬菜以及养猪劳作上投入的时间一样或更多。（Fei, Chang 1948; Bossen 2002）还是女孩的时候，不少女性一般

---

1 班凯乐（Benedict 1996, 51—54）具体讨论了19世纪云南鸦片贸易路线。

在插秧和收割水稻的农忙季节，还为其他家庭做过不少农活，有时候成为雇佣或者交换劳动力。大一点的女孩还卖菜、拾柴、牧养家畜等。一些女性承认（不在意话题的敏感性）做女孩的时候还曾经收割罂粟制作鸦片；她们回忆自己以1斤两三毛钱或者1天5毛钱的市价（把鸦片）换成现金。罂粟需要有技术的手工劳动，要对生长中的罂粟荚进行分级，并割下上面已经凝固的汁液，之后还要精心地熬煮这些汁液，再晾干后上市售卖。

如果不考虑不同的出生群体，受访的禄村女性没有一个在出嫁前或出嫁后受过纺织类的劳动教育。这一地区的女性也没有看到家里有人使用过纺车或者织布机。[1]但是，在田里劳作并不意味着禄村女性摆脱了中国传统的家务劳动。超过三分之二的女性会刺绣，80%的女性为家庭成员做衣服。[2]妇女和女孩都擅长编草鞋、缝制布鞋、缝制和刺绣棉布衣服以及做草席和垫子。

当妇女能够从事水稻种植劳动时，家务性的缝纫、刺绣以及草编工作是否有足够的劳动价值，表明缠足限制的正当性？这种家庭式缝纫和刺绣在经济上更具重要性的观点，最初看起来似乎值得商榷。像对待食物产品和纺织产品一样，经济史学家们已经不将缝纫和刺绣视作经济活动。时至今日，"刺绣"这个词更多地指向女性在空闲时间从事的消闲活动，而非增加收入的经济行为。然而，女性刺绣和制鞋纯粹是家务劳动的假设必须被摒弃。不管是一般的还是有刺绣的布料，总是被普遍认为有价值的产品，可做礼物交换或贸易流通。刺绣的服装是社会地位和阶级的象征。[3]当粮食歉收时，纺织品和针织品的销售就为家庭提供了另一种收入渠道，避免其陷入贫困的境地。19世纪和20世纪早期，大部分禄村的女孩们在娘家就都学会了刺绣、缝纫、凉鞋布鞋制作，在婚后家庭仍然继续从事这些单调

---

[1] 一位女性的商人父亲曾在昆明买了一台竹制织布机。她的母亲不知道如何使用，所以没有人用。1927年出生的禄村女性，作者、调研团队访谈，2010年。
[2] 这些数据来自宝森1996年对禄村57位老年女性的调查，关于她们娘家村的劳动情况。（见Bossen 2002）
[3] 有关中华帝国时期刺绣和等级关系的讨论，见斯黛尔与梅杰（Steele, Major 1999, 29—30）。

乏味的活计，有时供给商业贸易。20世纪早期，一位生活困难的寡妇就可以通过针线活来独立养活自己和孩子们。如果一位女性会在鞋和其他衣服配饰（袖子、围脖、马甲、帽子、鞋或婴儿背带等）上刺绣精美带有设计感的纹样，她的手工活在私人交往或市场上就会供不应求。[1]

富裕的家庭可能不需要自己做衣服和鞋子；他们会雇用其他人来做这些活。那些不是特别富裕的家庭的女性就需要从事相当多的手工劳动让家庭成员的鞋穿得体面些，因为布鞋很容易穿坏。[2] 一个大家庭就会让妇女和女孩做更多的手工劳动，为家庭成员的体面不停缝制、修补衣服和鞋子。（图5.8）布鞋比草鞋要耐穿一些。[3] 平常穿着，布鞋可以耐几个月，如果是比较费的穿法，如搬运工步履艰难地走在石子路或者山路上，布鞋很快就会穿烂。那些离家去建筑挖矿、运输等行业从事季节性工作的人，需照顾马帮牲畜的贸易以及人力搬运劳动的男人们，经常需要在路上更换草鞋。禄村的路边茶馆和小旅店便是村民时常售卖这些商品的地点。

禄村女性经历中完全不从事纺织劳动，也没有接触过纺车和织布机的现象，是令人吃惊的。在20世纪早期，禄村的村民主要依靠卖布为生。当地并不出产棉花，长距离运输大捆的原棉又很贵，但是种植鸦片换取现金的现象却存在已久。有了鸦片和当地出产矿物的收入，他们才从南部地段较好的纺织品市镇购买手工布料。[4] 有了这些一般布料后，村里的女性在上面刺绣，制成她们独特的传统的女性手工活计。有钱的女性买更好的布料，之后又从外省购买机器布料。

1　禄村的一些老年女性（57位中有10位）曾经在婚前从事商业刺绣活动。其他人谈到她们在婚后售卖鞋子和刺绣。可惜的是，我们的调研没能就她们刺绣物品的具体细节进行询问。
2　做鞋属于女性手工劳动的范畴，如针线活、缝棉花或者编草鞋等。用做鞋面的棉布，粘合与缝制在千层鞋底上。
3　达文发现，在中国"衣服都是在家制成的，所以有时候布料和当中的线也是如此。女性缝制的布鞋需要2—3天完成，但只能穿5—6个月"。
4　来源南方的土布可能已经取代了对来自其他云南市场大麻或棉布的使用。在19世纪，麻布在云南附近的少数族群中很常见。（Mueggler 1998）20世纪早期，禄丰县的棉布织造非常有限，棉布进口规模很大。（《禄丰县志》1997，322）

◆图 5.8 一位云南禄丰的妇女在做鞋底,将层层的棉布粘贴缝制起来

禄村的缠足现象

直到 1930 年代,禄村一半略多的女性还都裹脚,比例比其他 1920 年代早期缠足数量已开始下降的地区明显要低。(图 5.9)女性说她们只是裹了很短一段时间,"黄瓜脚"或者"半坡脚"式,所以她们脚的形状是不固定的。这种缠足的方式不会让女孩长大时完全脱离原生村庄的农业劳动。她们都告诉我们说裹脚的女人仍然可以在潮湿的稻田里劳作,也可以在干旱的农田里锄菜。一些人还拿来一双在水田里劳动时穿的特别的裹脚布和鞋,回家再脱去。不像那些天足的女性直接光脚进入水田,裹脚的女性在湿泥里走路的时候需要有物体支撑起她们的脚。对于那些不是很厉害的"半坡脚"女性来说,在稻田里劳作不太方便,但是如果有特殊的裹脚布就可以完成。

1930 年代,禄村女性对农业劳动的充分参与不太符合人们通常认为的缠足女性无劳动能力的假设。(P. Huang 1990)至少在禄村,缠足并没有限制女性在田地里的劳动。对她们劳动能力的影响并不明显。我们认为,19

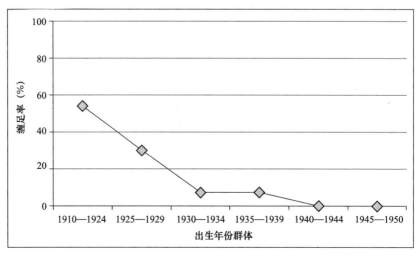

◆图 5.9 云南禄丰各出生年份群体的缠足率
[注]：共 105 人。

世纪鸦片作为水稻和蔬菜之外的经济作物种植的增长，使得女孩们脱离了家庭手工制品生产，缠足人数持续降低。即使缠足在老年女性中更为普遍，但这个群体人数较低，意味着我们不能肯定当地是否普遍存在对嫁入禄村的新娘有特别的缠足要求。

安顺府：东西商路上的城郊村

贵州省与其临省云南环境相似，是遍布山地的多民族地区。在蒙古人占领后的元朝时期，当地原住居民的土地被汉人占去，到了 1851 年，汉人已占当地人口的将近 60%。（Jenks 1994，29）从 1854 年到 1873 年，贵州省遭到了一系列造反运动的摧毁（"黔乱"），人口损失据估测高达 70%。（164）[1]

---

[1] 金克斯在讨论李中清的观点时写道："到了 1851 年，迅猛的移民潮带进来了 60% 的汉人。李认为这 40%—60% 的汉人比例至今仍然保持不变，这恐怕是一个错误，因为在云贵地区叛乱活动中曾杀死了大量的少数民族，而且接下来又有少数民族向东南亚移民的时期，因此，汉人的数量有可能进一步增长。"（Jenks 1994，29）

贵州省现在的人口，汉人占大概三分之二。作为一个长久以来的贫困省份，贵州在19世纪时耕地稀少、外贸商品产量极低，且与其他省份间交通极为不便。我们在贵州的访谈样本，采自安顺市的城边村，这里与别处不同，交通非常方便，位于从长江到昆明的主河道和多条陆路上，是一个欣欣向荣的城镇。安顺的繁荣源于鸦片及其他商品。在18世纪贵州省的大事中，鸦片贸易收入为当地进口盐、棉花及布匹创造了条件。[1] 贵州省鸦片年产量，经估算，1863年为400担，1887年则增长到9000担（1担≈133磅≈60.5公斤），一跃成为当地主要作物（23）。经谢立山估算，贵州鸦片产量在20世纪早期达到了4万—5万担（520万—670万磅，即240万—300万公斤），相当于在40年间增长了100倍。[2]

安顺村庄女孩和妇女的劳动

在安顺，女性劳动既有纺织业，也有田间劳动。关于安顺女性劳动的早期记载，可在一首年代不详的悲情诗中找到。这首诗题为《织布行》，作者刘纶勋，诗中赞美了一位老寡妇终其一生织丝养家的事迹：

> 机声何轧轧，指痕一寸深。指头血已枯，肠断节母心。上有白发姥，何以事瓮飧？黄口呱呱泣，待哺日已昏。晚炊持布易，含泪自吞声。束脩以布代，孤子竟成名。
>
> 胡为天不吊，孤儿不葬亲？雏孙偕媳抚[3]，重自理丝纶。回看旧机上，指痕带血腥。请留机上迹，芳名共汗青。（《安顺府志》2007，1229—1230）[4]

---

1. 金克斯报告称："贵州本土产棉量很低，不够本省人消费，大量棉布是从外省销入的，尤其是湖南和湖北两省。这种粗布便宜耐穿，于当地气候也很适宜。"（Jenks 1994，29）
2. 谢立山（Hosie 1914，2：278—279）估计贵州的鸦片生产一直持续到1906年，由于清政府颁布禁令而停止。
3. 此句英译似有误。"雏孙偕媳抚"中的媳，应指儿媳，与"室中更无人，唯有乳下孙，有孙母未去，出入无完裙"的情况相仿。诗前所言"又偕媳相继抚孙"，即是此意。——译者注
4. 原诗前有一段序："为伯祖母张氏苦节，织布机上指痕深寸许，又偕媳相继抚孙而作。"——译者注

这一类型的诗歌,充分反映了汉族精英阶层的生活处境(诗中是已经落魄的精英),同时也印证了女性手工劳动的商业价值,像购买食物、缴纳学费、偿还孙子娶亲时所欠债务[1]都离不了它。精英阶层穿得起丝绸,农民则一般穿棉麻布料。无论哪个阶层,都有很多女性从事纺织劳动以挣钱补贴家用。(《安顺府志》2007)因为交通成本高昂,所以女性的手工产品主要局限在当地市场出售。

到了19世纪晚期,纺织业中手工向工业的过渡,已经影响到了贵州从事手工纺线织布的人们:

> 到了19世纪晚期,大量进口棉纱及布料(主要是从印度进口)的涌入,在乡村家庭经济中开创了新的劳动分工形态。因为进口布料质地优良,大多数家庭已不再自己纺线织布自给自足了。在这之外,是当地织布工业的迅速发展。贵州兴义市因地处与云南广西三省交界处,地理位置优越,是贵州当地数一数二的棉花市场,在兴义所做的一项调查表明,拥有织机的家庭数量,从1861年的10%激增至1896年的80%(陈永孝等 1993:4)。在兴义所做的另一项调查表明,到了1890年,贵州的进口棉纱数量占比已达80%,但市场上布料的进口数量只占10%—20%(陈 1989:16)。[2]沿海地区的工业发展,同时也创造了对许多贵州产原材料的需求。(Oakes 1998,99—100)[3]

在贵州,我们看到了在云南省也曾产生的两项普遍性后果。其一,机棉纱的销入导致手工棉纱市场大幅萎缩。其二,能购买到机棉纱的家庭,会立即扩展手工织布业务以便在当地市场出售,这样此地便会成为一个

---

1 此句英译似有误。见前。——译者注
2 著者为"《贵州省农村经济区划》编写组",Chen 的全名未查到。——译者注
3 兴义市处于黔西南,大约处于安顺与陆良两地中点,在贵州以西与云南的交界处。(K. Chen 1989)

织布重镇。[1]

我们在安顺的样本，取自安顺市郊的几个村庄。这些访谈对象所在的社区，在革命前是农业社区，近几年则已被城市化所吞没。[2]在民国时期，这些城郊村庄比起较远的村庄，能够十分方便地进入城市商贸市场，因此可以购买到较远村庄所难以买到的，诸如机器纺织品这类进口货物。在我们的样本中，女性以手工纺织为收入来源的情况是不多见的。只有16%的女性娘家（共199人）有织布机，以织布挣钱的就更少（仅占8%，见附录一表格A.1）。在城市远郊，村民当年也许可以买到机棉纱。到了1926年，拥有100多条商船的安顺商帮，进口了大批的机棉纱。(《安顺市志》1995，646）然而，纺线所需投入的资本极低，且是女性童年时都训练过的一项技能，在我们的调查中，46%的女性在娘家时纺线（主要是棉线），34%的女性纺线用以出售。也许手工棉纱作为织布时的纬线，还保留了一些市场份额。此地女性所生产的其他用以销售的手工制品很少，尽管许多女性会编草鞋，还有很少女性会编草腰带、草网或染纱。[3]手工纺织品的市场需求，由此看来在当年是下降的。

女性的农业劳动，在历史记载中总是被忽略的。1851年，《安顺府志》中已经提到了鸦片种植的情况。（Jenks 1994，23）种鸦片是一项轻活（手工活），因此年轻女孩会在田地里劳动，从一个植株走向另一个植株。[4]年

---

1 程必定（1989）认为，纺线是女性的劳动，织布是男性的劳动，但并未提出证据支持这一普遍性结论。男性参与织布，或许是近代为了适应技术革新（如飞梭机或铁轮机）而采取的权宜之计（141）。而女性对纺线的投入，与我们所调查的女性在婚前较高的参与纺线比例相一致。

2 安顺地区还有一些村民居住在原来的村庄，但已有移民加入。安顺一地的汉人占比约为61%，我们访问的女性都是汉人或已汉化。

3 关于安顺手工草帽的资料，见葛希芝（Gates 2015，130），以及谢立山（Hosie 1914，2：105—106，photos 112，125）。在1910年，谢立山这样描述他在贵州的马帮"大家与老年女性和年轻女孩就草拖鞋讨价还价，这些鞋都是倒了好多手的"（Hosie 1914，2：104）。

4 谢立山这样描述鸦片加工过程："以妇女儿童为主的农民忙着割浆……他们在罂粟田中来回走动，人手一把短木把的……'黄铜或青铜刀刃'的小匕首，用以划开罂粟果实，让果浆流出来。"（Hosie 1890，16—17）

中国西南部

轻女孩也会在其他农田劳动（比如稻田），这与收鸦片的劳动合起来，按理说并不会让做母亲的产生给女儿缠足的意愿。[1] 在我们的访谈中，鸦片是一个敏感话题，大家一般不会承认曾染指过这种违禁作物，但还是有 13 位女性提到家中曾种过鸦片。[2]

在安顺的样本村庄中，绝大部分女性在婚前都曾在田地劳动。[3] 当地主要粮食作物是水稻，其次是玉米、小麦和豆类。84% 的农户种植水稻，女性一般都会参与各式各样的稻田劳动（插秧、除草、收割等）。[4] 由于此地与城市间交通方便，比起偏远封闭的地区，这里的女性拥有较为多样的劳动渠道。在我们的访谈样本中，大约有四分之一的女性婚前曾当过帮佣或雇工。一般情况下，此类劳动的报酬仅为每日饭食供给，没有以粮食或现金支付的报酬。另外还有一些女孩在城里的织造工厂劳动。[5]

在民国时期，此地女孩在家中通过手工劳动获取收入的比例并不高，这是否会降低缠足意愿呢？在这个处于城市郊区的地方，女孩劳动中的农田雇工及家庭帮佣的成分提示我们，她们通过掌握手工技能而从事纺织业

---

[1] 对于从事鸦片加工的女孩，缠足是否具有重要性，宝森和葛希芝对此持不同的意见。宝森认为，鸦片加工就其本身而言，因为需要在田里割罂粟果，所以不会造成给女孩缠足的强烈动机，理由有二：（1）女孩需要在罂粟田中来回走动；（2）这是一项季节性劳动，不太会成为一项主业。缠足的动机，只有在同时需要其他久坐劳动的情况下才会产生，而不会在需要其他诸如插秧、除草、收割等农业劳动时产生。要想解答这一问题，需要知道女孩每年在罂粟田中共劳动几周，以及每年需要久坐从事手工劳动的周数。葛希芝认为，只要女孩所干的是轻活，不管是不是久坐的，都会引发缠足的动机。葛希芝认为，缠足的首要功能是让女孩驯顺，而宝森则认为，缠足主要是为了让女孩能久坐不动地干活。对于年轻女孩来说，驯顺和长期不动这两项要求都是必须做到的。

[2] 在 1938 年后出生的女性中，没有人提到种鸦片的情况，但在早期，鸦片被认为是普遍的。

[3] 一些安顺女性会同时从事手工劳动和田间劳动。例如，一位上年纪的缠足的母亲不能够下田地劳动，那么她的女儿就会白天在田里做农活，晚上在家中帮母亲纺线。女儿还会去集市上给家中购买、搬运煤炭，卖掉自家纺出的棉纱，买回布料。

[4] 在 184 个娘家从事农业的样本中，154 位女性娘家种植水稻。从事水稻种植业的女性数量仅为 104 人。其中又有 99 人（占比 95%）在稻田中劳作。关于女性从事水稻种植业比例的最保守推测是 64%（154 人中有 99 人）。女性的水稻相关劳动主要包括：育苗、插秧、除草、施肥、灌溉、收获、搬运、脱粒、晾晒及扬场。

[5] 1921 年生的安顺女性，作者、调研团队访谈，2009 年 7 月 8 日。

的必要性并不大,而且日趋降低。自19世纪末期以来,从印度进口到安顺的棉纱和布料,以及随后在当地开办的纺织厂,已经侵占了手工棉纱的市场份额,并且一点点侵蚀土布的市场份额。(《安顺市志》1995,638)

安顺的缠足现象

从图5.10中可以看出,出生于1910—1924年的女性,缠足已经不是普遍现象了,仅占69%,且早在1925—1929年出生组就已经下降至43%。后者的缠足年份应为1932—1937(假设缠足年龄为7岁),完全处于机棉纱和机织布料大量进入当地市场之后。(《安顺市志》1995,638—639;程必定1989)此时,机织布料也很可能已经进入城市郊区及本土市场了。在民国时期,安顺女孩已开始从事田间劳动。当机器代替了家庭手工纺线时,缠足意愿便迅速下降了。

云贵地区的缠足现象

云贵地区的自然环境,既影响着汉人与少数民族的地域分布,也影响着此地的劳动分工及缠足的广泛程度。缠足分布在谷地和平原,这是我们

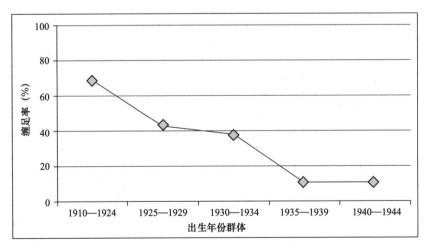

◆ 图5.10 贵州安顺各出生年份群体的缠足率
[注]:共196人。

选取调查点的主要范围。缠足在地势陡峭的地区消失得较早,因此当地女性需要花费更多时间搬运粮食、草料、木材和水。在崎岖的山地,道路条件不好,人力搬运成本极高。如果女性每天都要从事这类劳动,那么缠足是不现实的。云南调查点村庄的女性经常提到,山村女人是不缠足的。由此,缠足在地势相对平坦、土地相对肥沃的谷地更加普遍,因为农民在此可以使用牲口耕地运货。这样,女性便从农活及搬运物资的劳动中解放出来,可以专注于手工劳动。在云南的平原地区,需要进口棉花以供女性从事专业化的商业纺织品生产。在交通运输成本相对低廉的地方,比如靠近道路或新建铁路的地方,女性可以从事专职的,甚至是专业化的商业纺织劳动。如果一地女性没有机会从手工制品生产中获取收入,抑或种植暴利农产品的劳动回报率更高(如种植鸦片、烟草等),女性便会增加农业劳动的参与程度。[1]

19世纪晚期云贵地区的缠足率,在各个调查点中呈现出不同的形态。在我们访谈的女性长辈中,通海、江川和陆良三地,在1860年代到1920年代期间,基本是全部缠足的,缠足率高达98%(共1085人),在江川和通海两地,仅在1920年代末有微弱的下降趋势。而在禄丰和安顺两地,情况恰恰相反,受访的女性长辈在同一时期的缠足率较前三地明显偏低,平均为61%(共637人)。在此期间,安顺的缠足率从78%平稳过渡至53%,而禄丰的数据波动很大,在此期间平均为48%。[2]

在1920—1949年期间,缠足率在5个调查点中无一例外地明显下降

---

[1] 关于手工劳动和农业劳动,哪一个带来的回报更高,目前没有很好的办法可以估算。女性劳动的工价在一年之中变化很大,一般在水稻收获季节会非常高,而其他时间则非常低。劳动回报率取决于每一种劳动产品的市场供需情况,而这是常常变动的,其影响因素举例如下:庄稼的丰收歉收、布料市场行情的好坏、进口商品供给的稳定与否(进口商品在当时是较为罕见的)、通货膨胀、劳动力短缺、移民以及征兵和战争。

[2] 禄丰一地受访女性长辈亲属的缠足率(共241人),从1860年代出生组的100%,下降到1910年代出生组的22%(共51人),在1920年代又有所回升。这种数据波动,也许是每个年龄组样本量过小造成的,也可能是当地女性劳动职业多样化造成的:有些女性在罂粟田和稻田中从事搬运劳动,而有些女性会织草鞋或做刺绣出售。

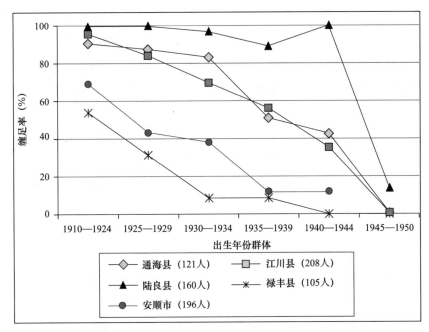

◆图 5.11 中国西南部缠足率对照图（按出生年份划分）
[注]：共790人。

了。图5.11表明了从1910年代及1920年代，直至1950年代各地不同出生年份群体的缠足率。其中禄村的数据是由之前一次调查（Bossen 2002）和本次调查共同组成的。[1] 安顺和禄丰两地，1920年代出生组的缠足率相对较低，到了1930年代出生组下降至不足50%。通海和江川这两个位于云南南部中心地区的样本，缠足率下降较晚，直到1940—1944年出生组才下降至不足50%，比前两地晚了10年。陆良这个位于云南东部中心的样本，仅在1945年之后出生组的女性中，缠足率才下降至不足50%。

一旦工业技术在纺织棉花方面实现了高效生产，且工业纺织品运往各个分销中心的渠道畅通，其附近乡村手工纺织者在市场销售方面便无法与

---

1 1996年调查中的人物和2010年并不是同一拨人。1996年的调查集中在禄村的中心，而2010年的抽样关注距村中心较远社区的女性。

之抗衡，乡村为城市消费者提供的布料产量便会下降。在云南南部的通海，手工织布曾部分地依赖于东南亚进口的原棉和机棉纱。1911年，从越南至昆明的铁路开通，打破了手工纺线速度无法提高的瓶颈，这进一步刺激了纺织业的转变。然而，通海的土布生产并不供给昆明市，因为昆明市可以进口质量更好的洋货，也正在兴建本地的现代化纺织厂。通海的手工织布群体采用新引进的机棉纱提高产量，向昆明东西两边缺乏现代交通渠道的乡村市场供货。像禄丰县禄村这样地处昆明以西100公里的汉人村庄，会从其他专门从事纺织业的乡镇购买土布。（Bossen 2002；Fei, Chang 1948；Osgood 1963）[1] 在贵州，到了1900年，安顺市附近的农民（此地现已为城市化所吞没）已经开始购买进口机棉纱和机织布料了。（《安顺市志》1995, 638；Feuerwerker 1970, 32, 36）

在云南江川和陆良两地，当地社会对女性织布劳动的依赖程度，较通海的织布村低。江川较好地融入了玉溪－昆明市场带，故其手工产品的产量下降与通海是高度同步的，只有当地特别需要的渔网还必须手工制作，这给手工制品保留了一部分市场份额。在陆良的调查点中，手工产品生产并不重在棉花纺织，相反地，草竹编织品的品种相当多，有帽子、席子、鞍鞯等，这些产品的工业化生产，（尚）达不到手工制作的品质，因而受到工业技术发展的冲击较小。在禄丰，当地并未形成女性专门在家中从事纺织业的深厚传统（或此传统在很早以前就消失了）。禄丰农民缺乏自产及进口的棉花供给，所以直接从市场上购买棉布。此地女性会从事刺绣与做鞋这样的手工活，但劳动范围非常有限。当地经济对女性劳动的需求，主要体现在农业劳动上，因为男性会外出从事交通、贸易、采矿等劳动，以挣钱补贴家中的农业收入。鸦片种植这项需要女性投入大量时间的劳动，在禄丰和安顺两地也曾至关重要，直到民国政府禁止种植鸦片为止（甚至在这之后还有人种植）。（Hosie 1890, 17；Gao 2011, 27；Derks 2012, 666）

---

[1] 到了19世纪中期，昆明西边的城镇也许已经开始从缅甸进口棉布了。（Giersch 2006, 177）

当我们将乡村家庭经济、市场环境及女性商业化手工劳动等几方面要素一点点拼凑起来的时候，我们注意到，直到19世纪末，在上述所有调查点中，汉族女性的缠足情况占比很大。在陆良，受访女性长辈的缠足几乎是无一例外的，在禄丰和安顺这两个缠足率较低且废除较早的地区，缠足率也超过了50%。对云贵两省乡村女性的调查，让我们看到了当女孩手工劳动压力降低之后，在与北方地区不同的另一些情况下，缠足是如何丧失其重要意义的。

四川省

四川省的数据采自1990年代，对我们研究女孩劳动与缠足问题有极为特殊的价值。原因有三。其一，四川处于中国北方与西南两大地理区域的连接处，有了四川的数据，我们的调查点范围便可以覆盖中国大部分地区。其二，四川省自然条件优越、生态环境多样，外来汉人移民众多，当地人所从事的种植业及手工业范围极其广泛，而这高度依赖于女孩的劳动。其三，此部分数据是葛希芝于1991—1992年收集的，比此次调查早了15年，这使我们能够更加深入地探索历史原貌。四川女性在当年调查中的讲述，为我们把握缠足的基于事实的历史脉络提供了有利条件，这一脉络延续至今，以后或许还会延续下去。

四川的地理位置易守难攻，除了最具侵略性的中亚征服者外，未遭到其他军事力量的入侵，这使得四川保有了较高的自治能力，极少受到遥远东部政治商业中心的影响。流经此地的4条河（四川的字面意思）汇入长江，向中国东部输送着价值不菲的货物。在四川的中心盆地，有两条主要的官道。一条从成都向东北方向通往北京，步行或畜力车需要几个月的行程。另一条从成都向东直达长江口岸重庆，行程约为两周。小商贩和马帮攀越重重高山，向南方和东方运送布料和茶叶，而大宗食品及普通货物的陆运成本奇高，因而难以外销。

1911年，辛亥革命推翻了满清政权，中央政府的行政控制力进一步削弱。四川当地的军阀和精英阶层，与新成立的国民政府保持着较为松散的关系。当日军占据中国沿海时，国民党看到了四川在战时的物产丰富与天然屏障这两大优点。1937年，重庆成为了中国的战时首都，先是国民党的军队、政府，然后是大学、银行和工厂，还有大批量的移民，相继进入四川。这些说话口音和饮食习惯各异的"外人"一拥而入，很快控制了当地社会政权，给当地人民增加了极为沉重的负担。大量当地人不得不被迫参与由于移民到来而产生的建筑劳动，或充作军役。为了解决外来人口的温饱问题，当地农民赋税高昂，且往往提前征收。日本投降之后，紧接着又是国共内战，直到1950年方告结束。

四川处于长江上游，早期西方帝国主义对此地经济甚少产生影响，直到中国沿海地区在西方的影响下开始转型为止。即便在1860年代，长江中游港口已在不平等贸易条约下开始通商，然而向长江上游的货运，仍然依靠速度缓慢且有风险的人力拉纤，这一方式在整整一代人的时间里都没有被其他方式所代替。长江三峡的湍急水情对轮船航行不利，因此轮船运输在四川也开始得很晚。1891年，重庆在贸易条约下开始通商（James J. Matthews 1999），1895年《马关条约》签订之后，日本又获取了向长江上游直达重庆的自由航行权。直到1905年，四川的轮船货运才相对完善。即便如此，冒险家和销售代表还是抱怨当地人没有兴趣购买洋货。

英国棉纺工业的兴衰不定，造成了迫切寻找海外市场的焦虑情绪，而印度棉织品工厂的发展，更加重了这一压力。[1] 早在1880年代，印度产棉纱从孟买用船运到英属殖民地缅甸，再通过有轨骡车或人力搬运一点点输送进中国西南省份，这远远早于大批棉纱从上海通过轮船运输销往内地的时间。四川在著名的长江货运航线之外，还有一个进口洋货的后门。中国西南地区的交通网，可以从东南亚法属殖民地和英属殖民地缅甸向云南、

---

[1] 根据斯温·贝克特（Sven Beckert）的研究，印度在1861年有12家纺线厂，1875年增加至27家。"1897年，仅孟买一地就有102家工厂。纺锤数量不断扩大，从1879年的150万个增加至1929年的将近900万个。"贝克特进一步写道："到了1890年代，从孟买出口的棉纱有80%销往中国。"（Beckert 2015, 410—411）

贵州输送机棉纱和成品布料，这一交通网向西北也延伸至四川。在漫长的抗日战争及国共内战中，四川当初级工厂的生产能力，远远不能满足军队与上流社会的需求，当地老百姓能获得的产品就更少了。

当机器棉纺织品输入之后，女孩劳动的价值便相形见绌，但其他一些手工产品还存在市场份额，这无疑会减缓女孩劳动贬值的速度。四川所产的许多名贵产品必须经由女孩的劳动才能生产完成，但其中一些产品缺乏史料记载。女孩要做养蚕、缫丝的劳动，还要从事一些经济作物的果实采摘，比如用以提炼桐油和一种驱蚊蜡的植物。（Gates 2015，125—126）现代工业产品在20世纪初开始替代这些手工产品，但有许多手工产品依然是百姓日用必不可少的。例如，一般人用不起煤油，所以煤油在家庭日常照明中不会代替菜籽油和植物酥油。另外，许多四川女性回忆道，她们夜间纺线时，会在缠小脚的鞋尖上插一支线香，靠着燃香的一点微光照亮。其他日用必不可少的手工品，还有铺床的苇席，用大麻黄麻等编织的运货用麻袋、脚夫穿的草鞋，腌制的水果和蔬菜。茶叶、鸦片和四川出产的名贵中草药，是需要雇用女孩劳动的产业。1880—1890年代开始输入的机棉纱，无疑是各类工业新产品中最有可能影响女孩劳动关系的因素。

四川调查：10个乡镇

在四川的调查比我们其余调查开始得都要早，且样本量大得多。调查中摸清了女孩与妇女在晚清及民国初期的基本情况。葛希芝团队在1991及1992年所调查的10个乡镇中的4977位女性，都是出生于抗日战争之前。其中最年长的是1878—1900年出生组，她们在1911年辛亥革命爆发时就已经开始劳动了，到了1937年已步入中年。而调查对象中年龄最小的，在1937年国民党迁都重庆时才8岁，到了结婚年龄时，共产党已夺取当地政权了。

葛希芝（Gates 2015）在其作品中，已做了关于女性生活的诸多细致讨论，因此本书中主要关注最后得到的结论，即女孩与妇女在纺织业中的手工劳动，以及缠足分布情况在不同时期的变化。这部分极为重要的数据（但就其样本量而言也是极为重要的），给了我们一个在中国人口最多的省份探讨女孩劳动与缠足之间关系的契机。我们这里所用的四川样本,是从10个乡镇中收集并整合而来的。在葛希芝对地域经济之独特性的考察之外,我们在这里更关心这一组数据在全局中(中国华北平原、西北及西南地区)的意义。

四川女孩与妇女的劳动

从总体上看,手工纺织业(棉花、大麻、苎麻、丝)在女孩婚前占有很重要的地位。在1887—1904年出生组中,有超过半数的人(53%)婚前曾从事此类劳动。(图5.12)在1905—1919年出生组中,这一比例下降至48%,在1920年出生组中,又继续降至41%。(上述三组数据的样本量依次为:118、2128、2731)在这40年中,女孩从事纺织劳动的比例下降了12%,这一数字说明,一场长期性的对女孩和妇女传统手工劳动方式的颠

◆图5.12 20世纪初四川乡村妇女纺线的照片(1917—1919年)。图中妇女紧紧地裹着双脚,其朴素的土布衣服说明了缠足并非局限于富裕阶层
西德尼·甘博拍摄,美国杜克大学大卫·鲁宾斯坦珍本与手稿图书馆藏。

覆已经开始。在岁月的流转中，这一颠覆并不显得突兀，因为女性可以想办法寻找其他产品以实现其手工技能的价值，但手工劳动在纺织业中的减弱，说明了训练女孩久坐的缠足意愿同样会减弱。

四川的缠足现象

四川按年龄组划分的缠足率的下降，与女孩在纺织业中手工劳动的下降是一致的。1915年以前出生组中，缠足率在80%以上。在此之后，尤其是1920年代出生组中，缠足率迅速下降至50%以下。尽管四川数据中没有包括其他省份数据中的1930年代及以后出生组，但四川缠足率在1920年代以后的进一步下降趋势，是毫无疑问的。（图5.13）

中国西南部的特点

我们在云南、贵州和四川三省的调查结果，补充了我们在中国地理区

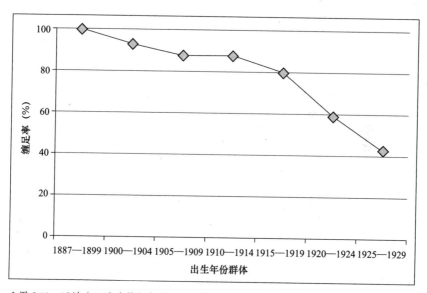

◆图5.13 四川（10个乡镇）各出生年份群体的缠足率，见葛希芝（Gates）2015
[注]：共4977人。

域及省份层面上关于女性劳动及缠足变化的个案探讨。当我们在中国内陆广大地区的各种迥然不同的环境下,在一个个互不相关的村庄中,研究女孩和妇女在纺织业及手工业中的各种劳动形态时,我们同时也记录下了缠足率随时间变化的情况。一地经济的变化,往往由更大范围的经济转型及政治动荡所引发,显示出现代工业及交通业的发展,对训练女孩接受缠足与从事手工劳动的社会经济价值及传统巨大的摧毁力量。通过对以地域和年龄组划分的缠足率的考察,我们得以指出缠足消失的范围、时间和进度,及其与影响了中国整个内陆村庄与家庭的贸易与技术革新的关系。现在,我们将这所有村庄的调查结论整合在一起,进而从宏观角度分析女性劳动、缠足及工业化三者在中国20世纪初的关系。

6
中国的缠足现象

在中国明末及清初的两轮前现代经济增长中,农民家庭对女性劳动力的高密度使用(此即为手工棉纺业中纺线劳动的真实意涵),为维持工业领域的人均产值做出了首要贡献。

——费维恺,《中国明清手工业》,1995b

缠足在中国的具体分布情况,及其与女性禁锢和女性劳动的关系,仍然鲜为人知。

——贺萧,《天津工人(1900—1949)》,1986

在之前的章节中,我们在20世纪早期以多种方式发生变化的地方经济的背景中,探讨了女性手工劳动和缠足现象的关联性。我们的研究和调查涉及各个地区、各个省份,只为求证在中国内陆省份中,女孩的劳动与缠足现象的普及程度究竟有多深。我们是否可以从这些地方实例中觅得一幅宏观的图景?从多大的程度上,我们可以描绘出这个普遍的关联性?缠足现象又是如何最终消失的?

在这里,我们从一项假设,即当女孩在家庭中的手工劳动失去经济价值时,缠足数量就急速下降,建构了一项大规模的测试。之后我们回顾中国手工纺织业的历史，以及 19 世纪和 20 世纪初期的工业化历程，这种工业化妨碍了手工纺织业与裹脚之间相关性的产生。

总体来看，我们从各个乡村调查点中所做的访谈和搜集的数据大都支持了假设的观点，对女孩手工劳动的强烈需求，使得母亲培养她们使用双手劳动，进而强化了缠足现象的出现。疼痛的双脚时刻提醒女孩们应该安静地坐着，并同时帮助家里做无休无止的纺织劳动。我们现在探求，是否在我们中国乡村社区中的样本总体上都支持这个关联性。为了解决这个更大的问题，我们将在中国北部、西北部、西南部的田野调查数据汇总起来，将其称作八省调查。我们也将葛希芝早期在四川做的调查放在一起进行比较。在中国工业化以及由此牵涉到的女性家务劳动的背景下，才能更好地理解我们量化分析后的结果。

当女孩从事有规律的繁重的手工劳动时，缠足的风俗持续时间是否更长？相对而言，女孩难得或偶尔从事手工劳动，缠足的风俗是否消失得较早？另外，为获取收入而从事手工劳动的女孩们，是否比不为收入而从事手工劳动的女孩们，缠足的时间持续得更长？

手工劳动变量

在测算手工劳动的强度时，我们遇到了很多困难，因为手工劳动本身就比缠足更加多样且复杂。小女孩及青春期的女孩，从 6 至 16 岁在娘家的 10 年间，会从事种类繁多的劳动。（Gates 2015）[1] 在女孩的成长历程中，她们的职责会发生变化，责任也会逐步增加，因而女性不习惯记忆各个年龄段、各个季节或年份中各种劳动所花费的时间。[2] 虽然有些受访者提供了非

---

[1] 冯华德（Fong 1933，20—28）概括出了 1930 年代妇女和女孩的一系列手工纺织品。
[2] 回想一下，对女孩劳动量的估算并不可靠。她们开始学习手工，变得精通，全职劳动的几十年生活中，包含许多无法确定的变量。每天、每季、每年，甚至特定年份或特定年龄和任务的劳动量，这些非正式的劳动是难以估算的。女孩在家的手工劳动是非正式的；它没有留下任何正式的记录；没有时间计算；没有确定时间表或劳动法；没有直接的税收要求，工资单或收据。因为这些劳动都在家庭内部，我们无法估计它们（转下页）

常详细的每日纺线的劳动量，但我们还是无法建立一个足以对比所有女孩从事工种之劳动强度及工作时间的定量模型。这些工种中大部分是棉花纺织劳动，但还有许多杂七杂八的手工劳动，比如织渔网、编草帽、打草鞋、织苇席。几乎所有女孩都学过几种手工活儿[1]，即便是从事重体力劳动的女孩也不例外，因此，我们需要辨别出，谁是固定从事手工劳动的，谁是偶尔为之。在工业替代品及进口产品不断涌入并替代家庭手工产品时，这就更加难以辨别了。我们采用的术语"取得收入的手工劳动"，带有一些商业化的意味，但这种商业行为的报酬往往是以实物方式支付的，比如原棉、粮食、油盐或仅仅是餐饭。女孩所取得的收入是非正式的，而且难以为外人所知。[2]

为了汇总各地收集的零散数据，我们根据调查结果，将手工劳动的数据和缠足的数据简化为二元分类变量。为了使手工劳动数据能够预测缠足情况，我们需要区分有限、间歇、偶尔的手工劳动，以及能够使女孩长期从事的高强度手工劳动。在八省调查中，我们使用"取得收入的手工劳动"作为劳动强度的指标，也就是说，如果某种手工劳动不仅是家庭内部自给自足的，而是出于交换、出售或取得劳动报酬等目的而开展的，则将其定义为"取得收入的手工劳动"。这一做法将复杂的劳动分工压缩为简单的二分法：一个女孩要么婚前在娘家从事取得收入的手工劳动，要么没有从事

（接上页）到底属于业余活动还是自愿性的。由于没有时钟标记时间或正规教育年限，女孩几乎没有什么将劳动时间或阶段与特定的年龄联系起来的基准与尺度。她们成长起来的几十年当中，经历了市场价格的波动、政府政体的变革、袭击、兼并、新技术、饥荒等。中国乡村的年轻女孩们，到1949年之前，她们并没有什么途径将自己在当地的经历与20世纪的纪年或国家大事联系起来，直到正式的初等教育制度开始施行。

1　缝衣服、做布鞋以及刺绣，几乎是所有女性的基本技能。
2　詹姆斯·斯科特（Scott 1999）使用"易读性"的概念，来指称国家影响力下，为了简化经济和政治的权威性与控制力，而建构的知识种类和标准。而在非正式领域和家庭内部，女性和孩童完成的劳动，却不可见、难量化，而且压根就不作数。在我们的用法中，女孩劳动的易读性缺乏，意味着很难被识别出来，也不会被学者或国家所辨识；其中的价值就会被忽略或者划归于其他群体等。

取得收入的手工劳动。¹

"取得收入的手工劳动"为我们提供了测算劳动强度的粗略指标。我们假设,如果一个女孩的手工劳动会带来一份收入,家长则有动机让女儿从事自给自足之外的手工劳动。如果一个女孩的手工劳动无法带来收入,这种动机则相对削弱。手工劳动不能取得收入,从另一方面也说明了其市场价值很低。但是也存在例外情况,比如在一个大家庭中,即便只是为了满足家庭内部需要,由于人数太多,在前工业时代又缺乏廉价替代品,家中的女儿仍旧需要久坐从事大量的手工劳动。² 另外,即便是在国产或进口机纱洋布开始挤占本土手工布匹市场的年代,如果家里种植棉花,女性依然会自己纺线织布以供家用。自己在家生产布匹可以节省赶集的花费,但同时也造成了女性的隐蔽性失业。³ 总之,如果女孩或妇女能够从自己的手工劳动中获取收入,她就会愿意在长时间劳动中投入更多。⁴ 贫穷家庭往往必须依靠妇女织布及女儿纺线来缴纳租税,补偿耕地不足及歉收,或者换回粮食、油盐、棉花等日用必需品。

在这种对变量的二分编码中,有两种情况会导致对女孩劳动强度的误判,及对手工劳动与缠足关联性的低估。列举如下:

---

1 有关赚取收入劳动的调查问题,可能低估了实物交换和礼物交换行为,因为在乡村习语中,并不以此为商业行为。例如,1990年代,当宝森在田野调查中,尝试对所留宿的乡村家庭提供的房间和膳食付费时,那些女性,虽然很穷,却羞于提出价钱,而且经常几次三番地退回金钱,显然其更期待一种亲戚关系或友情,而不主张商业交换行为。而对于礼物,她们通常都会愉快地接受。也许,那些女性不清楚合理的市场价格,对于建立一种服务的货币价值并不以为然,但她们却懂得礼物。邻里之间的帮忙通常都会以相同的劳动协助或者物品的形式回报。
2 虽然二分法不会涵盖女孩将大部分时间用于手工的所有情况,但它仍然是区分密集劳动者和间歇劳动者的合理标准。与此类似,这种二分法也会偶尔将那些只从事少量手工劳动,偶尔卖些手工产品的人划入错误的分类。
3 "隐蔽性失业"指的是那些仍然可以获取微薄劳动收入,但却难以获取更多的收入来源的人。这里并不是指那些人懒惰或者劳动产出毫无价值。
4 赵刚描述了1920年代和1930年代外包制工厂的运作:"他们很清楚,如果不得不支付生活工资给织工的话,在国内市场上就与工厂布料难以匹敌。"(Chao 1977,214)

1. 在一个男性成员较多，但只有一个女儿的大家庭中，为了满足家庭需要，女儿便总会有做不完的手工活儿，因她未从外界获取收入，而将其误判为"不缠足"；

2. 对于极少从事手工劳动，但是偶尔会出售或交换手工活计的女孩，易归至从事高强度手工劳动的一类，并且误判为"缠足"。

上述两种情况，都会削弱高强度手工劳动与缠足之间的关联性。[1]

我们采取简单的二分变量的原因是，女孩所从事的手工劳动无论从品种范围还是劳动强度上看，都无法转换为连续变量或定距变量。在八省调查中，二分法用于判断是否从事取得收入的手工劳动。（即便在手工业衰落过程中，自给自足的有限的手工劳动依然在持续。）由此，我们可以区分出作为家庭成员分内职责之一的小部分的女孩手工劳动，以及从属于更加严格范畴的女孩手工劳动。这种二分法在估算女孩手工劳动预期数量方面可以发挥应有的作用。

缠足变量

在上述章节中，我们对缠足现象采用了二元变量。我们的问题是，受访者在小时候是否有过缠足经历。只要有过缠足经历，即便持续的时间不长，我们也称其为"缠足"。这就极大地简化了工作难度，因为要得到关于缠足年限及程度、缠足对足弓及脚趾所造成的伤害等一系列准确信息，是非常麻烦的。如果女孩有过缠足经历，那么我们便可以得知，女孩的家人（或其本人）认为缠足是非常重要且不得不做的，因为这是姑娘家的本分以及应受的身体训练。[2] 作为变量的另一端，我们称之为"未缠足"的女

---

[1] 当女孩缠足，从事手工劳动却很少为了赚取收入，或者女孩从事高强度的手工劳动却不缠足，那么我们的假设可能就会出现偏差。

[2] 对于20世纪早期出生的女性来说，多数女性在成年后仍然会缠足，她们的脚永久地变形了。有些女孩当年只是暂时被裹成"黄瓜脚"或"半坡脚"，主要的骨头没有被缠坏。那些晚些出生的女性，大部分人只是缠很短一段时间，几年或者几个月，因为（转下页）

性则属于从未经历过缠足的。这样一来，就可以明确地区分出从未缠足的女性以及以各种形式经历过缠足的女性。

手脚之间的中国式关联

鉴于所调查村庄的多样性，在女孩被教化做手工劳动的家庭经济持续不断衰退的背景下，我们面临的挑战是如何找到一种方法来比较不同村庄和不同个人的手工经济重要性。即使新技术使几代人学习和实践的技能无利可图或过时，它们仍不会消失或完全停止。即使已经没有经济用途，培养女孩从事几类形式的手工劳动和针线活的传统还是会延续下去。[1] 首先，家庭怀疑新科技是否持久，是否会随着下一次经济转型或贸易瓦解而销声匿迹。因此，种植棉花的家庭还会继续在家从事纺织劳动，即使附近的市场已经在销售成堆的低价进口布料。毕竟，那些有纺车和织布机的家庭虽然不再在地方市场销售自己的产品，家庭成员也会继续劳作，以省去买货的花销。[2] 即使在机器布料很便宜的时候，由于女性缺少现金，同时失去了卖货所得的收入，这些情况也会让她们在家继续生产纺织品，或者寻找替代性的雇佣劳动。工厂雇佣的劳动职位很少对村里有孩子的已婚妇女和未婚的女孩开放申请，因为这些职位需要离开家在商店或工厂劳动，使得她们另需要一笔新的吃住花费。在工厂工作的女孩也会拿自己名声和婚事冒险，因为她们被认作"破鞋"——超越家庭管束和保护范围的放荡女子。

（接上页）严格的缠足行为看上去并不需要，并且家庭劳动力的分工已经在 1950 年代合作化过程中被重组了。放足的现象发生在各种情形当中：在 1920 年代或 1930 年代只持续几个月；而其他人的缠足则一直保持到 1949 年共产党胜利和"大跃进"时期人民公社成立。那些足弓永久弯折的女性需要缠足来支撑身体走路，一些女性谈到自己缠足、放足或者复缠足，则是政府政策、父母需要和地方风俗三者间暗中较劲的结果。

1 我们只需要注意女孩们的现代玩具通常包含手工艺的那些方式：隔热垫套件、微型织布机、针织机、珠饰套件等。
2 安东篱评述道："到最后 30 年，当时，大城市之外居住在远离沿海小镇的许多人，大约都开始购买机器布料来做衣服。大部分布都从上海生产，或者从国外经由上海进口。"（Finnane 2008, 108）

166　　年轻的手与被缚的足

（K. Johnson［1983］2009，78；Rofel 1999，74）更重要的是，研究表明，当时，工厂为女孩提供的劳动职位的数量与机械化过程中失去劳动机会的女孩数量相比，也十分有限。

取得收入的手工劳动与缠足的关系

对于缠足这个二分因变量而言（未缠足／缠足），我们考察两个自变量对其造成的影响，分别是妇女出生年份及从事取得收入的手工劳动。出生年份是数值变量，而从事取得收入的手工劳动则是二元分类变量（与"缠足"这个自变量的处理方法相同）。于是，我们分别测算出生年份对缠足的影响，以及婚前从事取得收入的手工劳动对缠足的影响。我们采用逻辑回归法作为分析工具。[1]（Pampel 2000）给定自变量的值，我们便可得出因变量（缠足）的比数。

在表格6.1中，我们展示了运用八省调查数据所做的逻辑回归的结果。结果表明，从事取得收入手工劳动的女孩，其缠足比数是不从事此类手工劳动的2.144倍。另外，随着年份的递延，缠足比数为上一年的0.875倍。比数小于1.0说明了女孩缠足占比在逐年减少，也就是说，每一年的女孩缠足数量都会比上一年下降14.3%。在0.0001的显著性水平上，出生年份和从事商业手工劳动这两个自变量在统计学上都是显著的。用"取得收入的手工劳动"的值（0.762）除以出生年份的值（−0.154），可以算出如果女孩从事手工劳动，则缠足废除的年份将会推迟多少年（公式见附录二）[2]，如果女孩从纺织劳动中能够获取收入，则缠足废除的年份将会推迟5年。我们从而可以根据逻辑回归结果分别得出每个自变量的作用。这种作用是就

---

[1] "逻辑回归法是一种分析数据组的方法，其中有一个或几个自变量决定了结果，结果则用二分法来衡量。"（MedCalc 2016）见潘佩尔2000查阅说明手册。这个说明由众多学者编辑，迈克尔·刘易斯－贝克开篇写道："当待估算的方程具有二元因变量时，逻辑回归法几乎取代了普通最小二乘回归法（OLS），作为供选的数据分析工具。"（Pampel 2000，V）通过逻辑回归法拟合的等式，其形式意味着预测概率渐近地接近0或1，而从未达到任一极限。

[2] 这里的"值"是逻辑回归的相关系数。（详见Pampel 2000）

方向和程度而言的,并非精确测算,这是回归分析所共有的特点。

这些分析结果是非常有说服力的。尽管个别调查点的样本量达不到统计分析的要求,但从样本总体的分析可以得出,在中国20世纪早期的绝大部分地区,自变量和因变量之间的相关性都是显著且较强的。出生年份对缠足的影响是不难理解的,因为缠足比例在代际之间经历了大幅度缩减,在祖辈组中缠足几乎无一例外,而到了儿孙组则近乎消失。从本质上看,"出生年份"这个自变量其实代表了中国20世纪早期的所有外部因素。而女孩从事取得收入的手工劳动这一自变量的成立,则有力地证明了我们的假设是正确的。缠足绝不仅仅是一项审美活动。年轻女儿如果需要学会手工劳动以从事纺织品及其他产品生产,那么其缠足的可能性会相应提高。

表格6.1 八省调查:对缠足的逻辑回归分析

	值	卡方检验	比数比
截距	298.002	<0.0001*	
出生年份	−0.154	<0.0001*	0.857
用于赚取收入的手工劳动	0.762	<0.0001*	2.144

[注]:调查覆盖14个调查点,样本量为出生于1912—1950年的1735位女性。样本中不包括河北庞村(小样本)和安徽临泉(数据丢失)。庞村调查中只有58位女性,其中缠足的6位出生于1920年代。对于那些制作手工产品赚取收入的女孩,其缠足的比数是不从事用于赚取收入手工劳动的女孩的缠足比数的2.144倍(相关公式参附录二)。

*显著性水平设置为0.05。

表格6.2是关于"取得收入的手工劳动"这一自变量对缠足的影响的具体说明,展示了在1920—1940年每5年为一档的年龄区段中缠足的概率和比数。年龄组每往后递延一次,则前一组的缠足比数是后一组的2.16倍。这从另一个角度证明了,在其他条件不变的情况下,如果女孩从事取得收入的手工劳动,则缠足废除的年份将会推迟5年。(我们的回归结果为4.95岁,因为此表中存在2.16和2.14两个数的细微差别。)因此,1925年出生的年龄组中不从事取得收入手工劳动的缠足比数,与1930年出生的年龄组中从事取得收入手工劳动的缠足比数,是基本一致的(详见表格6.2

中斜体数字）。

表格 6.1 和 6.2 表明，在手工纺织业的商业空间遭到挤压后，缠足并未随即停止。很显然，正如我们在接下来一节中所要看到的，手工制品的商业空间的萎缩也不是突发或线性的。（在铁路通车和战时封锁中，当地对手工制品的需求量反复激增和锐减。）在手工制品商业空间逐步萎缩的同时，母亲们仍然会记得给女儿缠足，她们会想着传统也许总归是不能不讲究的。但是面对未来市场行情和专业手工劳动收入前景的不确定性，她们也会相应地做出种种调整。当母亲们感到犹豫不决时，就会采取一些折中策略，如将缠足的年龄推迟，将双脚缠得更松。当手工劳动收入极微时，母亲也就不再严格地强制施行痛苦的缠足磨难，面对女儿的抗议也开始通融。

表格 6.2　八省调查：以五年为周期的缠足比数及概率

出生年代	用于赚取收入的手工劳动		不赚取收入的手工劳动	
	比数	概率	比数	概率
1920	21.846	0.956	10.196	0.911
1925	10.115	0.910	*4.721*	0.825
1930	*4.683*	0.824	2.186	0.686
1935	2.168	0.684	1.012	0.503
1940	1.004	0.501	0.469	0.319

［注］：调查覆盖 14 个调查点，共 1735 位女性。这些数据有效地说明了用手工产品赚取收入，延续了缠足现象大约 5 年，而其余现象则较为平均。1925 年出生且不用手工劳动赚取收入的女性，其缠足比数与 1930 年出生且用手工劳动赚取收入的女性，数字几乎一致（见斜体数字）。

接下来我们对比八省调查和四川调查的结果。两组调查的统计分析方法是一样的，区别在于自变量内容、年龄组和编码。四川调查系统地收集了棉、麻、丝等纺织纤维的手工劳动数据，而八省调查的涵盖范围更广，包括了帽子、席子、网、包、鞋等手工制品。其次，四川调查的年代更早，年龄组涵盖了从 19 世纪晚期到 1929 年的数据。四川调查中，出生年份的中位数是 1908 年，而在八省调查中，出生年份的中位数则为 1931

年。[1] 这就意味着，在四川调查中，受访者童年时代的四川农村，手工制品的工业替代品相对罕见。由于没有工厂产品可以取代手工纺织品，基本上所有女性都要常年从事手工纺织劳动，且劳动量相当大。这就导致了第三个问题，在此我们的八省调查数据采用了所有从事手工劳动的数据，而并不区分此劳动是否取得收入。稍后我们会提到，无论是否取得收入，在交通运输变革以及工业品进入市场前，与手工纺织品相关的劳动是极为普遍的。因此，在四川调查中，与劳动相关的二元自变量所区分的是女性是否从事纤维纺织劳动，而缠足因变量则与八省调查的处理方法一致。

从四川调查中关于纺织劳动的数据也可以看出，缠足和手工纺织劳动之间具有强相关性。在四川调查中，出生于1887—1929年（包含起止年份）的女性，如果在婚前曾从事纺织手工劳动，其缠足比数则是不从事此类劳动的2.5倍还要多。（表格6.3）在四川调查中，两个自变量的显著性在0.0001的水平上依然是成立的。如果女孩从事纺织手工劳动，则缠足废除的年份将会推迟5.7年。同理，在为时更早、样本量更大的四川调查中可以看出，自变量和因变量之间的相关性，在19—20世纪之交时并不比在20世纪早期弱。

表格6.3 四川省：对缠足的逻辑回归分析

	值	卡方检验	比数比
截距	309.446	<0.0001*	
出生年份	−0.161	<0.0001*	0.851
纺织手工劳动	0.924	<0.0001*	2.519

[注]：调查覆盖10个县，样本量为生于1887—1929年的4977位女性。对于四川的女孩，从事纺织手工劳动的缠足比数，是不从事纺织手工劳动缠足比数的2.5倍，且从事纺织手工劳动的初始缠足年龄，较不从事手工劳动的初始缠足年龄延长5.7岁。

*显著性水平设置为0.05。

我们的调查结果和统计分析结果，表明我们的假设是有充分理由的。统计结果高度显著，且在中国各地分别采集的数据，共同说明了婚前手工

---

1 八省调查的平均出生年份是1934年，四川调查中的是1919年。

劳动对缠足的重要性。出生年份这一隐含了诸多影响地方经济之突发事件及历史变革的自变量，即便在1949年政府开始取缔妇女家庭商业生产之前，在统计意义上也是显著的。当然，出生年份本身并不能带来什么影响，这一自变量的意义在于它概括了能够影响20世纪初中国农村的一系列自变量。随着贸易和技术的变革，在农民家庭的核心传统中，由来已久的劳动形式和性别定位，也随之而变。

从手工业到工业化的棉纺织品

虽然女孩最终被解放，不再从事居家手工劳动，意味着在孩子渴望跑跳的年龄，她们的脚不再被束缚起来，但还是会导致其他的结果。棉纺织产品的工业化以及随之而来的手工业品萎缩，导致中国乡村大批受过此类训练的女性不再进行收入性生产活动。这类现象也导致对女孩和妇女普遍性尊重的丧失，以及女性自我价值的贬低。对于受影响的人和大多数描写同时代女性的人来说，这种导致价值贬低的更大规模的社会和经济进程，都是很难察觉到的。历史学家和人类学家写出了给乡村家庭带来的困苦，但是性别的角度总是会被忽略。他们写出女性对劳动的需求，却没有意识到，城市纺织品工业化掩盖了乡村女性的失业比例。

如今，专家总是短时间内就告诉公众什么时候失业率对特定群体有更大的影响，如对男性蓝领工人，或者城市女性仆人等。在20世纪早期，五四运动的革命者以及民族主义和共产主义运动的现代化推行者认为女性应该离开家庭，加入现代劳动力队伍当中，无论是从事工厂劳动还是农业劳动。即使从事了这些劳动，女性必须在许多层面的文化观念中挣扎，这些观念认为她们属于家庭。

当我们检验证据时，我们一直强调女孩手工劳动和缠足之间的关联性，看起来是合理而显而易见的。因此，我们提出问题：为什么这种关联性被忽视已久？为什么将妇女和女孩视作经济主体总会有一股阻力？为什么对缠足的阐释总是集中在将其视作对丈夫的吸引力这一观点上，而事实上通常是父母选择女儿的婚姻伴侣?

这种忽视的一个缘由是,可能人们总是关注他能够看到的证据。旅行家们很少看见或者描述在家里纺车和织布机上劳作的女孩们。社会风俗限制了陌生男性和女性的交往,从而使得外国男人观察到年轻女孩劳动的可能性降低了。而且在19世纪和20世纪,女性旅行作家们也没有提供多少乡村家庭劳动的报道,而更关注儿童养育和童工等。精英女性的风尚以及对在外劳作的女性的观察占据绝对优势。所有这些表明,受过教育的城市作者很少能够关注到乡村家庭的内部角落。大多数童工现象都因为是在公共区域内,才被记录下来。因此,对儿童,特别是女孩的观察,更多的是发生在20世纪初的纺织工坊里。[1]

人们没有将手和脚联系起来考虑问题,另一个原因是不愿意相信女性可能强行给自己的女儿缠足,并让她们劳动。实际上,母亲作为养育者——她们怎么会有意对自己的女儿造成痛苦呢?我们认为当母亲没有更多方式去贴补家庭吃穿的时候,将女孩限制在女性的特定家庭劳动领域内,可以增加母亲劳动产品的数量。在父权制家庭的背景下,很难将母亲视作独立的经济主体。[2] 她们为家庭所做的牺牲在同一类型的书写中十分显眼,强调她们为儿子所做的奉献;而她们要求他人做出的牺牲就被忽略了。然而她们的女儿直到出嫁之前,一直在这些母亲手下从事劳动。母亲管理女儿的劳动。在我们对女性的访谈中,几乎所有人都谈起自己是被母亲裹的脚,以及挨过母亲打的记录比比皆是(并非父亲)。缠足很有可能使得父亲不再需要她们在农田里的帮助。然而,大多数历史写作都只关注父权制下的缠足女性,并猜想缠足首先是为了取悦男性。

第三个原因,正如葛希芝(Gates 2015)在某处强调的,我们必须同时看到,在20世纪早期,中国人的平均寿命很短。在年少结婚之前并没有多

---

[1] 见如摩泽尔(Moser 1930)。
[2] 描述19世纪欧洲的观点,安东篱写道:"缠足现象的确被认作是野蛮的,但是这种观点对于中国女性主体来说却很难接受。她们(裹缠)的双脚来自本土文化结构的错讹。"(Finnane 2008,40)

长时间让女性学习技术，而随后又有怀孕、生子、照顾孩子等事务的影响。女性总是很年轻就去世了（比男性更早）。不少妻子在家务与照顾孩子上没有婆婆帮忙。母亲们需要帮助，而最终发现缠足是一种控制女儿的便捷方式，可以让她们从事简单而重要的手工劳动，从而让母亲抽身出来做技术性更强也更为复杂的活计。

关于中国纺织工业的再讨论

对于家庭纺织业的衰亡及工业化转型，经济史学家们已做过详细的研究。然而，关于纺织业的变化对女性手工劳动造成的影响，由于其所处家庭空间的隐蔽性，相关研究十分有限，长辈女性的主体身份也受到了忽视，她们在家中从事着商业化的纺织与手工劳动，并且以此训练、监督、规训其女儿与媳妇。日夜操劳的母亲，如何能够有效看管并训练家中精力旺盛的小女儿，让她们坐下来纺线织布、编席结网呢？缠足显然就是答案之一。未来的婆婆，如何能知道未过门的媳妇规矩本分、做得一手好活计呢？那用自织布条缠起的、套在绣花小鞋中的一双小脚，就是女孩惯于久坐、女红娴熟的明证。

女孩与妇女的手工劳动，对前工业时期中国经济发展的贡献是巨大的，但人们对此缺乏最起码的了解，即便在针对中国经济发展的宏观讨论中略有提及。用人口学的说法，女孩的劳动估算了确切的女性手工劳动率。在一个平均寿命并不很长的社会，女孩从可以干轻活算起直至出嫁，这段时间相当于她一生中劳动时间的三分之一。而且这段时间是相当优质的劳动时间，不必遭受怀孕、哺乳以及（一般情况下）照顾小孩等事的搅扰。[1] 我们并未专门测算各年龄组及掌握各项劳动技能的女孩的总工时或劳动天数，但研究表明，女孩开始劳动的年龄非常早，在婚前是乡村劳动力大军中极

---

[1] 蒙特利尔一位手工纺织专家考莱特·西蒙（Colette Simon）告诉宝森，如果身边有孩子不停地打搅，女人实际上是无法纺线的。她同时强调，"spinsters"（老姑娘）一词专指不结婚的、不受小孩打扰而可以高效率劳动的女性。

为重要的一部分。赵刚也注意到了年幼的小女孩能够纺线这一情况:"单轮纺车非常便于操作,连七八岁的小女孩都会用。"(Chao 1977,182)工业化改变了中国长久以来牢不可破的劳动分工格局,在短时间内极为突然地剥夺了女孩家庭手工劳动的意义,进而改变了对女孩的价值认同、人生期待及生活训练。在持续了数个世纪后,缠足伴随着纺织业与交通业的技术革新而迅速消失。我们尤为关注手工纺织业向纺织工业的转型过程,前者是遍布广大乡村、以家庭为单位、以女性为中心的棉线棉布生产,后者则是集中于城市、规模庞大、非个体化、资本密集的机器生产。纺织业并非唯一受到工业化冲击的手工业,但关于纺织业有大量的历史数据,且这在乡村人口中,是农业之外最为重要的产业。

在 18 世纪及 19 世纪初,中国拥有庞大的手工纺织产业,并向日本、欧洲各国及美洲出售手工棉布[1]。(Chao 1977,49—51,82;Zurndorfer 2009,61)在 17 世纪,中国产的"南京布"就已经向日本出口了,1730 年向欧洲及南美、北美出口,到了 1805 年,棉布年出口量达到了 160 万匹的高峰(约合 600 万磅)。(Chao 1977,51)[2] 尽管我们无法推测纺线劳动中的儿童劳动占比量,但毫无疑问,这一负担主要落在了年轻女孩身上,而这也是在以纺织业为支柱产业的广大中国乡村,缠足得以风行的一项重要原因。

在 19 世纪,中国发生了从手工织布出口向机器织布进口的逆转,从工业化国家进口的机棉纱及机织布开始一步步占据中国市场。到了 1833 年,"南京布"的出口量跌到了 3.1 万匹,不足 30 年前高峰期的 2%,这时,英国的兰开夏和美洲的棉纺厂正在扩张并寻求海外市场。(Chao 1977,51,82)

1870 年后,在通商条约下各贸易口岸相继开放,中国从事棉纱和棉

---

1 当时称作"南京布"。即略泛黄的本色棉布。——译者注
2 赵刚认为马士的统计"显然并不十分精确"(1977,50)。1 担相当于 36 匹,故 160 万匹相当于 44444 担,以 1 担 =133.33 磅换算,160 万匹约为 5925777 磅(Chao 1977,45—51)。赵刚在下文中又引用了冯华德(1934,322)的数据,这部分数据所用计量单位不同,但大致可与之参照。赵刚的表 1 中显示,棉布出口量在 1801—1805 年间达到了大约 39000 担的峰值(约为 520 万磅),但到了 1830 年代,已下降至 3888 担(785047 磅)。(Chao 1977,50,82)

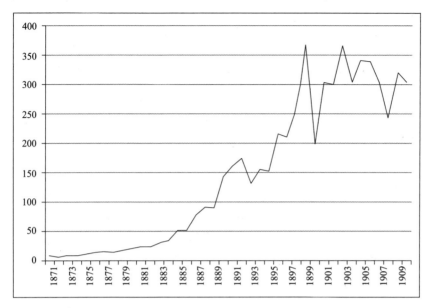

◆图6.1 1870—1910年中国的棉纱进口量（单位：百万磅），数据采自费维恺（Feuerwerker 1995a, 34）

布生产的人们，开始在家门口直面进口工业品的挑战。1870—1910年间，进口机棉纱数量增长了33倍，从900万磅增长到每年超过3亿磅，如图6.1所示。（Feuerwerker 1995a, 34）[1] 由此，经济史学家推测，手工棉纱在中国国内纺织市场中的份额，由1870年的100%跌至1900—1910年间的76%。[2] 在这三四十年间，靠手工纺线挣取收入的家庭无疑受到了冲击，尽

---

[1] 费维恺文中所用的计量单位是担，此处换算为磅。中国进口机器棉纱的来源是印度、日本、欧洲和北美。（Feuerwerker 1995a, 36; Gates 2015）从1870至1910年，进口棉纱和棉线的市场价值增长了15倍，从原来的400万两增长到6000万两。在这期间，进口布匹的数量增长相对缓慢，不到4倍，从1870年的大约1900万两增长到1901—1910年的刚过7000万两。（Chao 1977, 89, table 4）

[2] 参见赵刚（Chao 1977, 232, table 26），以及费维恺（Feuerwerker 1995a, 34）。托马斯·罗斯基（Thomas Rawski 1989, 93, table 2.10）引用费维恺（（Feuerwerker 1970, 350, 355, 372）及高乐（Richard A. Kraus 1980, 65, 143, table 3—5, 6—1）的数据推测，1901—1910年间，手工棉纱占国内棉纱（其中包括净进口量）市场供应量的大约41%，占国产棉纱（包括手工与机织两类）总量的71%。

中国的缠足现象

管在我们的调查点，这种冲击没有沿海地区那么早、那么强烈。

铁路轮船的发展，加速了纺织业新产品和新机器的流通。1895年，中国铁路全长仅为288公里。到了1912年，东部沿海地区已有了两条南北向铁路，连接着东部沿海城市上海、南京、宁波、青岛与北部的北京、天津、太原。（Feuerwerker 1995a, 70—72, map 3）[1] 这两条铁路贯通了华北平原与长江流域。还有香港九龙至广东、越南海防至云南昆明的铁路。[2] 在1930年代，一条从北京直达华南港口广州的主干线铁路开通。东西向的陇海线，连接了东部沿海城市上海与陕西省最西边的宝鸡。到了1936年，中国已建成10730公里长的铁路线（不包括当时的伪满洲国及热河）。中国东部及东北部的铁路支线较为密集，而西部和西南绝大部分地区则不通火车。[3] 铁路网的发展，连同长江及其他航线的轮船业发展，极大地促进了商贸交通，机棉纱由此得以从中国沿海渗入内陆，将中国相当一部分人口（尤其是妇女和儿童）引以为荣、历代传承的经济来源生生夺去。

纺线

纺线和织布两项产业，所受工业化冲击的程度是不同的。为什么要关注处于产业链上游的纺线业呢？前文已经提到，在前工业时代，女性高强度的纺织劳动，需要以年幼缠足女孩的纺线劳动作为基础。这项儿童劳动从来都不曾引人注目，因为是在家中关起门来完成的。然而，乡村从事手工纺线织布的女孩，与其母亲一道，先是与当地收货代理商及集市产生联系，继而与更大的商业网络联系在一起，其劳动意义超越了其身所处的狭小封闭空间。当地商贩将家庭所产的纺织品运往乡村集市，由镇子上的布匹商店收购，再进入资本雄厚的跨省商行化零为整，由其将棉花、棉纱和

---

1 这两条铁路线分别是卢汉铁路（又称京汉铁路，北京至汉口）和津浦铁路（天津至南京郊区浦口）。东清铁路建于1890年代。（Feuerwerker 1995a, 72）
2 到了1917年，中国累计已建成铁路线9244公里，其中超过三分之一在东北。（Feuerwerker 1995a, 70）
3 参见《中华民国公路路线图》（1936）。

布料大批远销国内外市场。[1]

在我们访谈对象的年轻时代，家庭纺线所用的几乎无一例外是非常简易的木制土产纺轮。然而，既然中国很早之前就已发明了多锤纺轮，为什么到了19世纪和20世纪还是没有普及呢？这是历史学家们想不通的一个问题。[2] 赵刚认为："当机棉纱广泛进入家庭纺织业时，当地的3或4锤纺轮是首先被淘汰的，只剩下最原始的单锤纺轮还在使用。"（Chao 1977，182）多锤纺轮需要年龄稍大的女孩操作，但这个年龄的女孩已经可以干织布这种挣钱更多的活了。（182—183）[3]

赵刚的分析如下：

> 年龄稍大的女孩，可以很容易从其他手工制品中挣到比纺线更多的钱。总而言之，……效率最低的纺轮是最受欢迎的，因为这可以充分利用剩余劳动力，而不产生机会成本。3或4锤纺轮尽管高产，却并不划算，因为所需投入劳动的机会成本远高于收益。（Chao 1977，182—183）

小女孩因为绝无其他收入渠道，故成为了"不产生机会成本的剩余劳动力"之来源。稍年长的女孩和妇女通过织布可以挣更多的钱，这样一来，沉重的手工纺线劳动自然而然就落到了小女孩头上，她们在单锤纺轮上劳动，以免

---

[1] 汉密尔顿和张维安这样描述中国的纺织品商业组织："布匹商人一般去产地的大集市办货，从代理商或小商贩手中收购布料，而代理商和小商贩是在小型集市上直接从生产者手中收购布料的。布匹商人继而将布料转到染坊等场所，以便染色和压制成布匹"（Hamilton，Chang 2003，196—197）。根据克雷格·迪特瑞希的资料："因为无数的纺织者之间并无组织结构以便联系，所以由基层和区域的中间商发挥整个产业的组织运作功能。"（Dietrich 1972，131，转引自Hamilton，Chang 2003，197）汉密尔顿和张维安认为，区域性有组织的商业网络在清末"牢牢控制着棉纺业商品链上的每一个环节"（Hamilton，Chang 198）。

[2] 以下学者注意到了中国早期纺织技术中的发明创造并未普及到农民中：白馥兰、赵刚、伊懋可、费维恺。

[3] 赵刚并未写明得出这一结论的证据、时间、地点及资料来源。

闲着。[1] 许多小女孩就是通过缠足被吸纳进了这份久坐不动的手工劳动中。机器纺线解除了手工纺线的重压。中国的机棉纱供应量，从1871年到1936年持续增长。[2] 手工棉纱的生产数量因此在1870年代后飞速下降。(图6.2)

19世纪末期，机棉纱进口数量的激增，预示了20世纪机器纺纱业将更大规模地代替手工纺纱。从1905年到1909年，中国的机棉纱年均产量从41.5万捆增长至1928—1931年的将近230万捆。根据赵刚的研究，1905—1909年手工棉纱的市场份额为76%，而到了1928—1931年已降至26%。(Chao 1977，232，table 26) 托马斯·罗斯基对于这60年间手工纺线的估算（图6.2），显示了相似的结论。(Rawski 1989，93)

在1890年代，中国开始创办机械化纺织厂。尽管遇到过挫折，但棉纺厂的数量在1915年后一路攀升，在1936年达到了140家。(Lai 1967)[3] 在1895—1935年这40年间，机器动力纺锤数从不到20万个（1895年）增长至100万个（1915年），又进而增长至550万个（1935年）。(Chao 1977，301，table 40)（图6.3）

这些拥有众多纺锤的工厂都建在哪儿呢？超过半数的纺织厂及纺锤都集中在上海。(图6.4) 如果包括上海，那么三分之二的纺织厂和纺锤在江苏，纺锤商从这里通往长江商业网非常便利。(Lai 1967，125；Chao 1977，127，302；Tang Chi Yu 1924，442)[4] 还有大约20%在其他东部城市，青岛、武汉、天津等。华北平原（河北、河南、安徽）上的纺织厂中，纺锤数量约占全国的9%，西北地区（山西、陕西、新疆）则仅占2%。西南部的云南和贵州没有纺织厂。(Lai 1967，125) 即使是人口众多的四川省，也直到

---

1 战前还有需3人操作的30或40锤纺轮面世，但"根本没有人会买"(Chao 1977，332n28)。
2 棉纱净进口量从1870年至1910年处于上升状态，紧接着便下降至几乎为零，而机器棉纱供应量从1871年至1936年持续增长（Rawski 1989）。
3 许多学者对此都做过估算。赵刚（Chao 1977，114）提到1912年有31家，唐其玉（Tang Chi Yu 1924，442）提到1922年有73家，黎全恩（Lai 1967，87，125）提到1925年有118家，1936年有140家。
4 赵刚（Chao 1977，114）、唐其玉（Tang Chi Yu 1924，442）和黎全恩（Lai 1967，87，125）在处理1912至1936年棉纺厂的总体增长水平上是一致的。

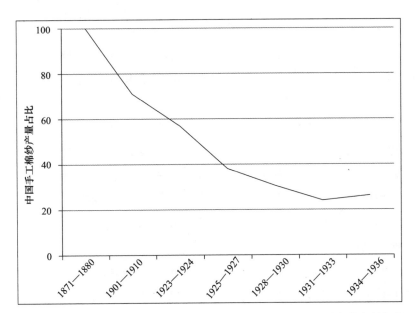

◆ 图 6.2　1871—1936 年中国手工棉纱产量占比数（以重量计），数据采自罗斯基（Rawski 1989，93，table 2.10）

[注]：数据中排除了净进口量。

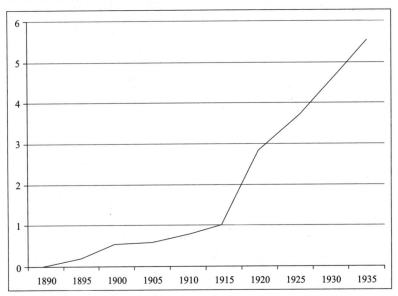

◆ 图 6.3　1890—1935 年工业棉纺厂的总纺锤数（百万），数据采自赵刚（Chao 1977，301，table 40）

1930年代才有纺织厂。[1] 重庆作为当时的四川省会及战时陪都,在1937年日本全面侵华之前也只有1家纺织厂。(Howard 2013,1896)[2] 纺织厂在全国的分布显示,在内陆省份,工业化给手工纺织者带来的后果是不平衡的,这取决于当地是大量涌入了便宜棉纱,还是与此绝缘。

正如早期进口的工业产品,中国新建纺织厂的机棉纱很快便挤进了中国家庭手工纺线市场。中国手工纺线业的根本性衰落,在1920年代似乎出现了暂停,这是因为,混合使用机棉纱和手工棉纱的手工织布业产量提高了,从而拉平了对手工棉纱的市场需求。[3] 然而关于纺线业的数据十分有限,所以无法具体得知在什么地方以及如何提高了手工纺线产量。劳动生产率大为提高的纺线厂,将手工棉纱的市场价格压低,以至几乎与原料价格等同。一旦机棉纱市场供应充足且价格便宜,城乡的棉纱购买者就不再青睐手工棉纱了,而这时,分散的农户还会继续从事自给自足的手工纺织生产。而且,令人费解的是,机棉纱供应量越大,价格越便宜,农户就越会加紧织布,即便手工棉纱的市场价值已接近为零了。手工织布的农户接触到了机棉纱,但会将其与手工棉纱混合使用,因为机器纺出的线较为强韧,而手工纺出的线较为厚实。这在一段时期内缓解了手工棉纱产量上不去带来的手工纺织业瓶颈。进口纺织品带来的另一种情况,是有些农户会从手工纺线者转型为使用机棉纱的手工织布者。但这并不是人人都能做到的,因为织布机的造价比纺轮贵得多,而且需要年龄稍长、个头稍大的女孩操作。

---

1 参见葛希芝(Gates 2015, chap.7)。关于抗日期间棉纺厂向四川和云南迁移的问题,见田汝康1944和何稼书2013。

2 唯一的一家纺织厂,是卢作孚在1930年开办的三溪织染厂。在1938年到1941年间,有4家大型工厂从上海、郑州、海口、沙市(湖南)迁至重庆,以应付日军封锁后当地军队和人数不断增长的难民的衣物需要。

3 罗斯基是一名强调民国时期现代化市场经济规律的学者,据他计算,1920年代手工棉纱的总产量处于上升状态,这说明手工业的衰落并不是那么狼狈,仿佛毫无能力应对市场规律一样。(Rawski 1989, 95)这一计算也许是根据棉花供应量、机器棉纱产量及机织布产量三者推测出来的手工棉纱和手工织布产量。赵刚(Chao 1977, 234)根据织布中所需棉纱总数减去织布工厂棉纱使用数,得出手工织布所用棉纱数。就目前所掌握的资料来看,关于手工纺线产量以及中国各地区各类手工纺车分布情况,尚无准确数据。

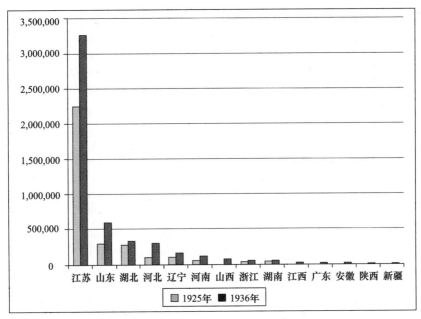

◆图 6.4 1925 年及 1936 年各省棉纺厂纺锤数（个），数据采自黎全恩（Lai 1967，87，125，table 18，34）

铁路与轮船的发展，除了给中国东部的纺织厂和手工织布者供应了便宜的机棉纱之外，还使得商人可以将便宜的机纱线销往内陆省份。来自新纺织厂的廉价且品质均一的机纱线的增长，对于手工纺纱者来说难以招架，但对手工织布者反而是一项福利。1930 年，机器纺线与手工纺线的劳动生产率之比至少为 40∶1。（P. Huang 1990，98；2002，519）[1] 手工纺线业受到严重挤压，最终彻底被机器打垮，仅在手工织布混合采用强韧的机纺棉线和柔软但厚实的手工棉线时，才得到了片刻的喘息。[2] 由于价格便宜的机棉纱

---

[1] 赵刚（Chao 1977，180）给出的比率是 44∶1。
[2] 手工纺线的存续，主要在于自产棉花的乡村地区，而且手工棉纱的用途也极为有限，比如作为手工织布中机器棉纱的纬线，以使布料厚实一些。（Chao 1977，180）如遇战争、贸易封锁或工厂被炸等情况，手工纺线会出于实际需要而暂时性复苏，一旦战争结束，工业化纺线就又恢复了主要地位，因此，在绝大多数地区，手工纺线的消失是在 1950 年代。艾约博（Eyferth 2012）描述了计划经济时期的前 30 年中，手工织布如何作为一项非正式的违规活动而复苏的。

中国的缠足现象

给手工纺纱带来的竞争，乡村女孩的手工纺线收入不复存在了，这便是缠足在沿海城市，继而在内陆省份得以废除的先兆，即本书第3—5章中所描述的情况。

图6.5显示，1924年中国的棉纱生产量已翻了一倍还多，其中机棉纱所占比例持续上升。[1] 在1920年代至1936年间，机棉纱在增加而手工棉纱在减少，二者间的分野越来越突出。手工纺线在全国范围内并未突然停止（或完全停止），但是女孩和妇女在家中纺出的线，出售或交换的机会则十分有限，尤其是在现代交通商贸发达地区。在东部城市及港口城市，机棉纱的供货渠道最为畅通，如上海、香港、广州和天津，以及一些长江中下游港口。在这些地区，手工纺线和缠足最先消失。

织 布

手工织布的技术同样发生了变革。如果某地物流网络便利，可以买到生产效率更高的改良织机，那么家庭织布者会在短期内提高产量，以供应本地市场。随着对新式铁轮织机的更大投资，拥有铁轮织机的家庭和工厂会雇佣定期劳动的全职纺织工以扩大利润。这样一来，不受照顾婴幼儿及做饭等家务打扰的男性，在这一更加资本化的产业中，开始补充甚至替代女性。（Grove 2006，81—83）无法负担投资改良织机以及缺乏地理位置或运输优势的织布者，则面临收入下降的问题。然而到了1930年代，就连使用铁轮手工机的织布者也破产了，因为工厂生产的便宜机织布已经一步步占据了城乡市场。在工业化纺织业的扩张中，纺轮和手工织机往往被人抛弃。

---

[1] 罗斯基关于1871—1910年的数据采自费维恺，关于1923—1936年棉花供给和进出口的数据采自高乐。他提到"这些数据中存在着相当的误差"，"只是对1923—1924年手工产品的粗略估算"，但也提到"经过了费维恺和高乐对原始数据的精挑细选，对前提假设的反复论证"（Rawski 1989，95）。罗斯基（1989，96）的估算（表6.5所示）与赵刚（Chao 1977，232，表26）的不同之处在于，罗斯基所采用的棉花供应总量，是1922—1923年间手工棉纱总量上升时期的数据。

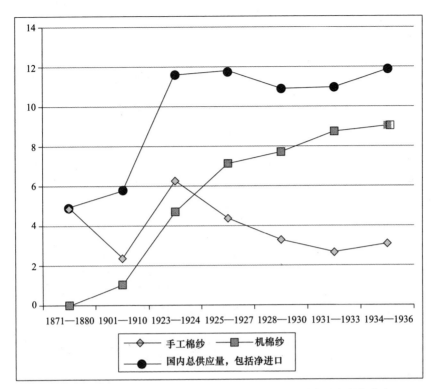

◆ 图6.5 1871—1936年中国棉纱的生产供应量（百万担），数据采自罗斯基（Rawski 1989, 93, table 2.10）

[注]：1担≈133.33磅。手工棉纱的生产量在1870年至1900年间呈下降趋势，1910年至1923年产量回升（因为手工织布家庭混合使用机棉纱和手工棉纱），在1920年中国棉纺厂扩张时期再一次下降。机棉纱产量在1871年为零，但从1901年至1927年飞速增长，1930年世界经济萧条时期增速略缓。相关数据见附录一表格A.7。

一些历史学家曾强调说，手工织布业对于设备改良所产生的积极回应，显示了中国在民国时期的市场经济活力。然而，我们的视角与此不同，我们要厘清的，是这一进程中从未有人认真研究、记录的女孩的劳动所受到的影响。20世纪早期手工织布业的复兴有赖于以下三项变革：技术、场所和劳动分工。接下来，我们将逐条分析。

中国的手工织布业，长久以来受到手工纺线业速度过慢、纱线供应跟

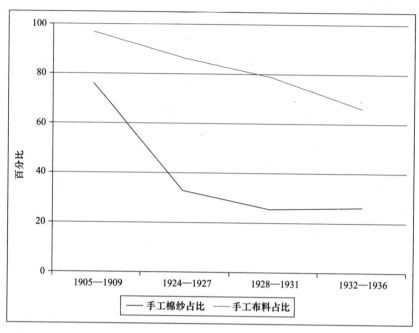

◆ 图 6.6 1905—1936 年手工生产棉纱及布料在全部棉布产量中占比,数据来自赵刚（Chao 1977, 232, table 26）

不上的局限。一人一天织布所需的纱线量,通常需要一人 3—4 天的纺线劳动才能完成。(Chao 1977, 179; Gates 2015) 由机器动力纺线工厂带来的机纱线供应量快速上升,这保证了手工织布的原料供应,使得织布者不必担心纱线不够,进而可以不间断地从事织布劳动。在一开始,机器织布比起手工织布来并不具备太大的优势。(Chao 1977) 历史学家认为,织布业的手工和机器生产率差距较小,而纺线业的手工和机器生产率差距巨大,这说明了为何在 20 世纪初,手工织布业可以成功抵御机器织布的冲击。(图 6.6) 手工纺织者在数十年内都可以与机器相抗衡,直到大规模的联合纺织厂出现为止。其中一部分原因在于,乡村地区更喜欢用手工土布,因为它比机织布更厚、更暖和,也更耐用。还有一个原因,是手工织布业以低成本吸纳了家庭成员参与劳动。(图 6.7) 手工织布业的技术简单、家庭

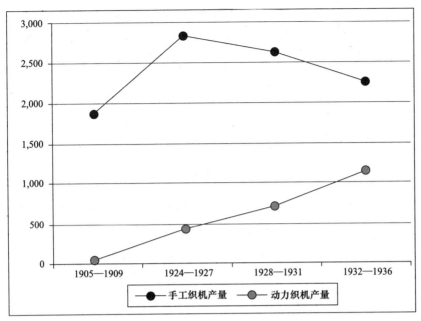

◆图6.7 1905—1936年中国手工织机织布与动力织机织布产量（百万平方码），数据来自赵刚（Chao 1977, 32）

劳动力调配灵活，因而固定成本也低。但是，手工织布的技术并非一成不变。由于有了量大价廉的机纱线，并且处于有利位置，中国的织布者仿制并设计了新式织机，重组了手工织布方式。

采用老式纺线织布技术的家庭，对设备的资金投入相对较少。纺轮和老式"笨"织机造价低廉，且由本地木匠便可打制，但只能生产幅度较窄的布料，速度也很慢。（Chao 1977, 70—71）这些织机的生产情况如下：

> 老式的窄幅布料，大约为11—15英寸宽。宽度局限于织布者两手之间的距离。在老式中国织机上，梭子要在两手间来回抛动。织布者整天坐在织机前，两臂向上张开，这手扔梭子那手接，显然无法保持

速度，且布匹宽度也不会超过两手之间的距离。(Kraus 1980，122)[1]

然而，老式织布机上织出的布匹幅度虽窄，却也有好处，1英尺宽的布用来裁剪农民日常样式的大襟对襟上衣及直筒裤，宽窄刚刚好，几乎不会有下脚料。窄幅织机生产的布匹宽度，适用于简单质朴的衣物，且最大限度节省裁剪工序。

早在1880年代就已在局部地区出现，到了20世纪之交得到广泛使用的手工飞梭改良木织机，可以提高生产率（但未必家家都买得起）。[2]飞梭织机的生产率是老式木织机的2倍。(Kraus 1980，132—133；Gamble 1954；Chao 1977)1907年后中国生产的铁轮织机[3]，比改良木织机更贵，但生产率可以提高至老式木织机的4倍，正如本书第三章定县案例所提到的。(P. Huang 1990；Chao 1977，184）铁轮织机和脚踏式织机的应用，使得手工纺织者生产的土布可以继续外销，阻止了由大城市和东部沿海大量兴建的纺织厂中生产的质量更好的机织布进入市场。当时，机器织布和铁轮机手工织布的生产率之比为4∶1(Chao 1977，185)，可推算，机器织布效率是老式纺车的16倍还多。[4]

针对手工织布和机器织布的比较研究，并没有给出关于3种手工织机在中国内地城镇的分布情况变化（3种织机即：老式木制织机、改良式飞

---

[1] 在手工织机上，虽然织布速度是双手控制的，但经线的上下移动靠的是脚踏板。(Kraus 1980，132)以铁轮织机为例，脚踏板"控制飞梭及经线升降，启动卷轴将已织好的部分卷起……这是手工技术的巅峰。手工铁轮织机和机器动力织机的唯一区别，就在于手动而非自动。实际上，铁轮织机常常经改装后便成为机器动力纺织工厂的设备。在织同等布料的时候，机器动力织机的生产率，比手动（脚踏）铁轮织机仅高出50%"(133)。

[2] 根据何稼书的研究，"脚踏式织机的使用，以飞梭代替了木制手动梭，加上铁轮织机的应用，这促使劳动力向大型'工厂'集中"(2013，1896)。沃克论证道，在1884年许多织布工厂在与外国的竞争中纷纷倒闭之前，南通及长三角地区，已开始采用改良织机了（也许正是飞梭式的）。(1999，89)

[3] 天津的五金工艺品商店从日本技师那里学到了技术(Hershatter 1983；1986，87；Chao 1977，184)，并开始为中国市场生产。

[4] 此比率是1930年代的情况，而非指全自动化纺车。(Chao 1977，185)

梭织机、铁轮织机)。铁轮织机造价更高,体积更大,需要用脚踏板,而这显然不适合缠足。"脚踏板控制着机器的运转,包括经线的转动和布料的卷起"(Chao 1977,184)。1907年,铁轮织机开始在中国天津生产(Hershatter 1983,1986)。"到了1921年,铁轮织机的分布如此广泛,甚至传到了四面八方的边远地区,像广东北海[1]、浙江镇海和云南腾越"(Kraus 1980,134—135)。[2] 随着改良飞梭织机和铁轮织机向内陆传播,乡村使用老式木制织机的人的处境进一步恶化。在定县,老式织机数量在20年间从260个降到了48个,即下降了82%。表格6.4显示了定县一个纺织业村庄由老式织机向改良织机转型的速度。

表格6.4 一个定县村庄中各类手工织布机的占比

年份	简易木织机（百分比）	手推式织机（飞梭织机）（百分比）	铁轮织机（百分比）	总数（数量）	生产力指数
1912	93	7	0	280	100
1917	83	17	0	270	105
1922	66	28	6	255	124
1927	51	34	15	246	146
1932	20	51	29	239	190

数据采自高乐(Kraus 1980,133,table 5.7);甘博(Gamble 1954,315,table 96)
[注]: 三类织机的生产率之比为1:2:4(简易木织机:飞梭织机:铁轮织机)(Gamble 1954,302)。

便宜的机棉纱的涌入,在两个阶段分别给手工织布业造成了不同的影响。一开始,机棉纱打破了手工纺线效率太低的瓶颈(一天织布所需棉纱,人工需要纺3—4天),印度和日本进口的机棉纱推动了乡村家庭织布产量的提高(Gates 2015;Chao 1977,179)。距离进口货源地近的地方,产量

---

1 现属广西。——译者注
2 高乐的资料来源是中国海关税务司(China Maritime Customs 1924, 2: 109, 336, 395)。其中关于地名的原始拼音是Pakhoi(广东)、Chinhai(浙江)和Tengyue(云南)。

提高得更快，甚至以前不织布的地方现在也开始织布了。[1] 在19—20世纪之交，造价较高的改良织机传入中国，分散式的农户织布业进入了第二个阶段。从东部沿海的天津和山东的五金商店开始，织布技术所需要的，不仅是充足的棉纱供给（无论手工还是机器制造），还需要当地有能制造高级织机的场所。由于要求提高，织布业因而更加集中了。最后，工艺更为复杂的飞梭织机和铁轮织机的制造工艺传入内地，而成品织机则由商人企业家从海外进口至大城市和港口城市的手工纺织厂中。[2] 在1930年代，在陕西延安等与东部布料供应相隔绝的地方，人们想尽办法仿制改良式纺轮织机，并大力推广使用。（Schran 1976）

图6.6对比了中国的手工棉纱和手工织布的产量变化。从1905—1909年间至1924—1927年间，手工织布者通过机棉纱与手工棉纱的混合使用，提高了产量。（Chao 1977，232）在1924—1927年之后，手工织布的产量再一次下降，因为新建的联合纺织厂的产量依然在持续增长。

纺织业的变迁

直到19世纪末，纺线织布"并非集中在城市，而恰恰是在乡村……此项劳动的主力是妇女和女孩，她们在家庭中劳动，分散在棉产区当地或之外的各个地方"（Hamilton，Chang 2003，181—182）。对于手工棉花纺织业的经济活力的理论，其忽视了由小型木制手工织机向铁轮手动（脚动）织机的变迁，也忽略了分散的一家一户织布方式，向与现代交通和织机技术联系紧密的、专业化纺织中心的集中式新型手工织布方式的转变。在这些专业化的纺织中心地区，采用家庭包工制，织机由雇主借给纺织者使用。（Chao 1977；Walker 1999）

在各有主打产品的纺织中心，手工纺织劳动呈现出进一步的集中趋势。赵刚（Chao 1977，188）描述了在新式铁轮织机引入之后，手工纺织的发

---

1 关于织布业在云南和贵州的扩张，参见葛希芝（Gates 2015）和班德瑞（Bourne 1898）。
2 关于改良织机的地域分布情况，尚无定量数据。

展,以及一系列纺织业中心的相继出现,如河北的定县、宝坻、高阳,山东的潍县。[1]这些新兴的纺织业中心,大都离天津(河北)、青岛(山东)这样的当地铁轮织机生产部门较近。(Hershatter 1983, 1986;Chao 1977,195)另外,新兴纺织业中心也要靠近铁路和公路的主干道。分散的农户织布速度较慢,从家中到贸易集市的交通成本很高,也很难购置高价新式织机。而集中在县城及现代交通网附近村的纺织农户及纺织工厂,则能购买到机棉纱和改良织机,从而提高织布产量。

新出现的手工纺织中心,并不像过去的纺织中心那样处于棉产区,因而对地点本身要求不高。这些新的手工纺织中心,靠的全是工人的手艺和产品的质量,也就是对新技术和新产品的适应能力。(Chao 1977, 197)

赵刚这样总结手工纺织业的地理变迁:

手工纺织工厂总是出现在棉产区老纺织中心之外的地方。而且,这些纺织厂还喜欢建在既非城区也非乡村的城市郊区。不愿意建在乡村,就是为了避免与农户副业手工业的直接竞争。另外,在城市比在乡村容易招到全职工人。(1977,214)

专业分工明确的纺织业中心,以及相应的营销渠道,为中国的城乡市场供应着越来越多的手工纺织棉布。像高阳、宝坻、定县和潍县这样的知名棉纺中心,不但生产效率提高了[2],而且还创造了吸引城镇消费者的商标品牌。

---

1 正如本书第五章中所提到的,在19世纪末,云南的河西和曲靖,贵州的兴义,也是靠进口棉纱发展起来的。见班德瑞(Bourne 1898, 206—262),欧梃木(Oakes 1998, 99)。
2 潍县(山东)处于青岛附近的胶州—济南铁路沿线,其作为纺织业中心的兴起,离不开1920年当地建成的一家制造机器的工厂,这家工厂年产铁轮织机7000台,以信贷给纺织厂或纺织户的模式销售。潍县"及其周边地区的一些村庄,共拥有大约10万(转下页)

（Chao 1977；Feuerwerker 1995a，113；Hamilton，Chang 2003）从1912年至1929年，高阳的铁轮织机数量从1100台增加至27000台，每年生产棉布达到320万匹，销往"全国20多个省份，以及蒙古和东南亚"（Chao 1977，193—195；Grove 2006）。高阳所依靠的运输渠道是京汉铁路。

由于知名手工纺织中心的产品推广，分散的乡村一家一户式织布者，丧失了城市工薪阶层这一消费市场。（Kraus 1980）除了乡村有限的市场，以及远在内陆、需要暖和结实的土布的市场外，受困于旧式织机的织布者，除了像自己这样的农民，已经找不到多少买主了。

新式手工纺织工业的发展壮大，在某些地区维持甚至扩大了织布者的就业机会，但许多乡村妇女的收入机会也因此而变得十分有限。处于新式手工织布中心之外的乡村家庭织布者，同时受到工业化及新式手工织机的竞争挤压。在中国乡村的许多地区，纺织工厂和新式手工纺织中心，共同摧毁了乡村女性以家庭纺织劳动为收入来源的生计模式。买不起新式飞梭铁轮织机的农户，首当其冲地输给了新式纺织中心生产的布料。但是，即使是用了飞梭铁轮织机，"区域性的新式纺织中心相互间竞争激烈……一家起来了，另一家就必须倒下去"（Chao 1977，197）。

在许多地区，尤其是内陆，小型手工织布工厂还在继续运转。在1933年的重庆，"在1300家工厂中，有超过90%的是家庭工厂性质，共计2.4万架纺车生产出了超过100万匹的布料"（Howard 2013，1896；Gates 2015）。然而，到了1930年代，手工纺织的辉煌终成明日黄花。"几乎所有关于一地手工织布的实证研究都表明，其迅速衰落发生于1930年代"（Chao 1977，197）。图6.7表明，在1920年代中期的巅峰之后，手工织布业在1920年代末出现了衰落，而机器织布的产量则稳步上升了30年。

1937年，日本侵略并占据了中国东部地区，在这之后，受到战乱、轰

（接上页）台纺车，成为了华北平原地区最大的手工织布中心"（Chao 1977，195—196）。"在极盛时期，有15万人在此从事本地布料生产，年产量最高可达1000万匹。"这是"宽幅布料，有2—2.8英尺宽"（196）。潍县的产品"遍布国内市场"，其所产布匹"通过铁路物流及邮局，运往河南、安徽及陕西的各大城市"（194）。

炸、工厂西迁种种因素的影响，我们很难追溯当时全国层面的棉纱布料产量。当封锁阻断了物资供给，一些地方重拾老式手工技术，而另一些地方则加紧推广现代技术，以应付战时布料的极度短缺。[1] 由于战时机器纺织业原料供应的中断，急需军装布料的当权者便让女孩和妇女，有时还有男孩和成年男子，从事手工纺线织布劳动。这是手工纺织业缓慢衰落进程中一场重要而短暂的插曲。在优质棉产区，手工纺线，尤其是手工织布有时会延续至今。虽然手工织布在当今已极为罕见，我们在调查点还是见到了本世纪初织成的土布。在我们访谈对象的一生中，令人感叹的是，那些曾经精于纺线织布技术的绝大多数乡村妇女，为她们的手工技术和缠足而感到骄傲，但最后却发现，这种手工劳动，及作为其身体表征的缠足，已经永远地失去了价值。

工业化纺织工厂的兴起

在河北新兴的纺织中心，对铁轮织机的大量资金投入，以及较高的劳动回报率，吸引一些成年男子参与织布劳动，以保证纺车能24小时不停转。[2] 在高阳，"1933年，一个横跨五县上百个村庄的纺织中心，拥有3万台铁轮织机"（Grove 2006，89）。[3] 铁轮织机与笨织机的生产率之比至少为4∶1，因此，铁轮织机也许在当时代替了超过9万名在笨织机上劳动的人。尽管手工布料总产量在增长，中国广大地区的乡村妇女与女孩却仍在笨织机上劳作，

1　关于战时家庭生产棉纺织品的扩张，见葛希芝（Gates 2015，chap. 7）以及席兰（Schran 1976）。
2　顾琳观察到，1920年代及1930年代，日本和中国长三角的手工作坊中，是女人在操作铁轮织机，因此她推测，高阳是以家庭为单位生产，男人在自家织机上劳动，而在日本和中国江南，女性受雇于手工作坊，挣取工资（2006，83）。"铁轮织机的投资量大，因此只有不停转才能挣回成本……伴随织布专门化的是家庭劳动组织的变革……在新式的家庭工厂中，男人成为了织布者，妇女和儿童则承担了绕线及其他前期准备劳动。"（2006，20）顾琳还认为，"织布业从以女性为中心的生产，转变为由男性管理，男性掌握了后世所谓的操作织机的核心技术角色，这一转变与铁轮织机的引入及机器棉纱的使用密切相关"（82）。
3　织布的家户，一般以家庭为组织运转：男人负责织布，妇女和儿童则做绕线、缠线、挂经线的劳动。（Grove 2006，80）

她们要么得额外加大劳动量才能获取微薄的收入，要么就得另谋出路。[1] 关于男性成为织布主力与织机改良之间的关系，我们尚不十分确定[2]，单就改良织机的高产量而言，也必将改变身处优势纺织中心之外的大量乡村女性的经济前景。

在以母女为轴的家庭纺线业中，以缠足纺线作为人生起点的妇女，在面对铁轮脚踏板织机时，生理上极为不便。[3] 赵刚认为，铁轮织机一开始"推广得并不好，因为在那个年月不适合缠足的中国妇女操作。中国工匠于是对脚踏板做了某种改良，1920年代改良版的铁轮织机终于推广开了"（1977，84）。在当时，像上海、天津这样的东部沿海城市，越来越多的女孩因为机棉纱的进口和纺织厂的开办，长期闲置在手工纺线业之外，得以避免缠足。她们的母亲也许意识到了这种训练已变得无用，也就不再十分坚持。在现代纺织厂最先开办的城市，流传着大量的关于早期缠足消亡情况的见闻。卢丽华（音）出生于1900年上海郊区一个商店店主家庭，她的情况是这样的：

> 我母亲不识字，而且是缠足。我6岁时，她也开始给我缠足。但我夜里就把裹脚布剪开了。我平时很听父母的话，但缠足这个事不行。我怕疼，而且不喜欢小脚。一旦缠足，女孩就具有了明显的区别。但我想跟男孩一样，不想有区别。他们说："你这双大脚以后会害了你自

---

1 在当时从野外劳动到制作花边或工厂劳动，存在一个大范围的工作可能性，但失业人数庞大，都在找营生，所以对于妇女来说，另谋生路的途径很难找到。
2 顾琳（Grove 2006，82—83）认为，华北平原地区男性从事手工织布的情况相对普遍，而沃克（1993）则报告，在江南地区，女性在手工织布中的地位更加重要。"在华北平原地区……比起江南地区，妇女进入棉纺厂的时间较晚，人数较少。"（Hershatter 1986，55）现代纺织厂绝大部分都在上海及周边起步，而天津是最早以铁轮织机参与市场竞争的地方。在上海，大量的机器棉线供给，使得女孩纺线的劳动很早就结束了。上海的年轻女性走出家庭纺织进入工厂的时间，比天津要早10—20年，而在男性使用铁轮织机织布并获得成功的地方，女性也许继续从事纺线劳动，因而缠足消亡的时间比上海要晚。
3 赵刚注意到，对于七八岁的小女儿，"在她长大到可以学习其他手工产品制作技能"之前（指的是织布），在相当长一段时间内只能纺线。（Chao 1977，182）

己的。"我说:"害就害吧。我可不遭这份罪。"我的脚渗出血了,我让母亲看。"妈,你看,这谁能受得了?"母亲说:"可是没有办法,你得忍着。"她一边说一边继续给我缠足。我默然抵抗。她白天缠,我晚上就跑到桥那头的外婆家,把裹脚布剪掉。母亲说:"要是不给你裹脚,我还怎么当一个称职的妈?你将来不会怨我吗?"我说:"不会……就让我长一双大脚吧,这样起码我还能走路啊。"我把裹脚布剪了三次……最后,母亲让步了。(Wang Zheng 1999,146)

卢丽华的姐姐生于1898年,缠足。卢丽华是家中次女,因为不是男孩而令父亲失望。父亲决定"把她当男孩来养",并且在1906年让她去上了学。在上海,她可以上女校,并且继续按照自己的意愿求学。在卢丽华的故事中,丝毫没有提到手工制品,这与上海机器纺织业代替手工纺织业的情况是相符的。

关于东部沿海城市中工厂布料生产的兴起与缠足的消亡,我们找不到定量数据以证明其中有直接关联。1929年在天津所做的一项研究表明,在女性总人口的543366人中,缠足率仅为27%,所以早在1900年,天津女孩和年轻妇女的缠足率就已经相当低了。(Hershatter 1986, 258 n 42)[1] 这一研究可与定县调查中的东亭相比较,在同年度中,东亭女性总人口中的缠足占比依然高达52%(共1736人)(Gamble 1954, 48, 60)。在定县的东亭乡,缠足在1916年之后出生组女性中停止,而这正是铁轮织机取代简易手工织机的时候。

中国棉纺工业的兴起,给居住在工厂附近,以及一些外来租房住的妇女和女孩提供了劳动机会。来上海棉纺厂参观的外国人,不只会议论工厂中女性人数占比之多,还会说起在工厂附近"跑来跑去"的小女孩随处可见。使用童工的现象依然普遍,女孩从8岁起就开始在纺织厂当学徒工。缠足妇女以及背孩子的妇女,有的工厂也会雇用她们,但尽管劳动卖力,

---

[1] 贺萧(Hershatter 1986, 258 n 42)报告了吴瓯(1931)的一项研究。

却仍被认为是动作太慢、缺乏效率。（Moser 1930）尽管纺织厂里有数不清的女孩和年轻妇女，但在 1929 年的上海棉纺工业中，就业人数仅为 10 万多一点，而在乡村，则有数以百万计的妇女正在失去纺线织布的收入。（Honig 1986，23—25）[1] 毫无疑问，由于工厂的劳动性质，工厂喜欢招天足的小女孩，因为她们可以在有需要时在厂里飞快走动（191）。

当棉纺厂遍布各地，机器动力纺车数量从 1922 年的 1.2 万台（Tang Chi Yu 1924）上升到了 1936 年的将近 5.2 万台（Lai 1967）。工业布料产量从 1890 年的大约 600 万平方码，增加到了 1925 年的超过 4 亿平方码，在 1936 年又达到了 14 亿平方码。（Chao 1977，313）（图 6.8）在短短 30 年间，手工织布的市场份额，从 1905 年的 100%，下降至 1936 年中国棉布总产量的 66%，这一变化是惊人的，但比起手工棉纱的戏剧性消失，还没有那么夸张。（图 6.6）我们无法断定，在这部分手工布料中，有多少是分散在各地乡村的妇女和女孩在老式织机上生产的，有多少是已经转移到了铁轮织机生产的，又有多少是通铁路港口的城镇郊区集中式的手工织布工厂生产的。随着交通的完善，新建的纺织工厂和专业化的手工织布中心，将其产品运往全国各地乃至国外。长达 1 个世纪的女性棉花纺织家庭式劳动生产的萎缩，迫使中国许多地区的乡村妇女不得不带着竞争劣势而另谋生路，在庞大的劳动力大军中艰难求生，尤其是 1930 年代。（Walker 1999）在 1950 年代的集体化时期，女性除了参加社会劳动已别无选择。国家政策想尽办法让妇女走出家门，从事能创造更大产值的劳动。

高乐这样总结手工织布业衰落所造成的影响：

> 在中国乡村地区，织布是一项高度商业化的活动，而且分工非常细……手工织布生产的必然但又过快的衰落，其影响主要集中在了已经自我明确定位为专业纺织（或纺线或织布）的家庭。在 30 年代初，

---

[1] 韩起澜引用一则报告称，棉纺厂主不愿意雇用年老、缠足或怀孕的妇女，即"三不要"（Honig 1986，191）。

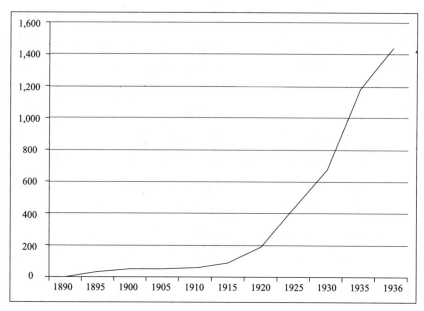

◆ 图 6.8 1890—1936 年现代化纺织厂的棉布产量（百万平方码），数据采自赵刚（Chao 1977，313，table 43）

其处境一定是尤为艰难的。遭遇了这种不幸，他们一定会拼尽全力地寻找新的收入来源。（Kraus 1980，42）

这一猜测的背后有许多材料支撑，但在 1937 年日军侵略后，由于战争带来的生灵涂炭，让这些失业家庭雪上加霜。作为中国工业纺织业中心的上海和南京被日军侵占，这造成了中国现代纺织产业的大量西迁，甚至在有些地区激发了战时恢复手工纺线织布的情形。

女性价值的贬损

在岁月的长河中，人们对何为中国女性的劳动的观念，发生着种种变化，白馥兰曾这样写道："某些价值不菲的商品生产仍然被视为主要或者完全由妇女负责,在这些情况下她们的工作价值似乎确实转化为对她们的敬意。"[1](Bray 2013,112)纺织业领域中的重大变革,削弱了自古以来对乡村女性手工劳动的尊重和依赖,由此也就不难理解,为何中国文化到后来会诽谤乡村女性,说她们是落后、"不事生产"的。既然乡村女性娴熟的手艺劳动再也无法生产出人们珍视并愿意花钱购买的产品,社会便开始瞧不起这些女性。在 20 世纪早期,经济环境的变化迫使女性走出家门寻找劳动,加入到"生产性"的劳动中。女性作为一种资产的价值,将女性限制在家中劳动,并表扬她们谦卑勤奋的手工劳动及小脚的做法,与女性的新式经济处境格格不入。女性在公共领域中的就业障碍尚未扫除,而家庭期待中对女性从事家务服务的强调,又与现代经济状况相左。20 世纪上半叶的节育技术,并不能帮助女性有效避孕,因而对未婚女性,外出就业会带来丧失名誉的危险,而对已婚女性,出门劳动又必须牺牲照顾孩子的时间(也许是好几个孩子)。

官方数据(1850—1950)表述出有关手工产品恢复和生存的历史,但缺少了以女性为主的,即妇女织布、女孩纺线的乡村家庭式作坊数量锐减,甚至被取代的部分内容。那些因为缠足待在家里的妇女和女孩们的就业机会由此大量流失的事实,反而隐藏在所谓的女孩不值钱或者她们仅仅是"赔钱货"的民间俗语背后,构成一种无形的剥夺。

梁启超作为著名的改革家、女性教育的倡导者,却也赞同妇女待在家中没有价值的论调。正如历史学家王政所写:

> 他认为,因为中国妇女没有受教育的机会,局限在女性的小圈子中,受制于习俗的要求,她们变得"像流浪汉一样懒,像野蛮人一样笨"。他又以雄辩的口气问道,我们的祖国有着两亿流浪汉和野蛮人,怎能不受欺负呢?(Wang Zheng 1999,172)

---

1 译文出自《技术、性别、历史——重新审视帝制中国的大转型》,[英]白馥兰著,吴秀杰、白岚玲译,南京:江苏人民出版社,2017。后同。——译者注

由于女性劳动价值的贬损，而产生的意识形态上的贬损，并非仅此一例。在英国的工业化过程中，同样出现了意识形态上的转变。(Valenze 1995)[1] 在 19 世纪末关于女性地位贬低的许多文学例证之后，更有革命者，将家庭视作不事生产（并且在政治上不可靠）之地。他们没能看到或估量到新技术和资本投入带给家庭劳动力的毁灭性冲击，由此便错误地判断了前工业化时代商业性手工劳动的实际强度，以及缠足女孩和妇女被撵出家门参加所谓"生产性"的田间劳动和工厂劳动的艰难。历史学家曾对阻碍妇女劳动转型的文化原因感到诧异，但却未想过经济情况变化中的缠足问题。在许多方面，中国人面对市场规律时十分灵敏，但当市场规律牵涉到女性外出务工时，便会出现一系列问题，诸如女性人身安全、道德名誉、生育小孩及赡养老人的职责等。如果女性缠足并在家劳动，这些关于家庭责任及繁杂事项等引发争议的问题，通过限制其选择范围便可得以解决。

　　当手工劳动挣取收入的能力越来越弱，那些双脚永久变形的妇女也不得不出门从事体力劳动，顾不得其中的艰难与疼痛。妇女留在家中劳动的人生期待，与日渐增长的出门劳动补贴家用的需求之间的冲突，就是为何会有关于小脚妇女在田间劳作的报告的起因。这些妇女也许可以正当地提出，这种体力劳动不是她们所应该做的，但当家中揭不开锅时，说什么也都没有用了。

　　意识形态的变化是复杂的，我们并不是说，手工劳动收入的丧失以及女性出门劳动的压力，是缠足消亡的唯一解释。有一种说法，新商品和时尚潮流的涌入，刺激了变革的欲望。(Dikotter 2006；Finnane 2008) 对于沿海城市及其周边村庄，这毫无疑问是有道理的。但对于乡村人口来说，连粗布衣服都不一定能穿上，又会有多少追求新时尚的机会与意愿呢？在我们受访者的记忆中，衣料总是短缺的，3 年才能轮到一次穿新衣服的机会。

1　冯华德也做了关于中国妇女、儿童的失业与英格兰"一个世纪前"类似情况的对比："绕线杆和纺纱杆都到哪里去了？……从前的农民家里，由于妇女和儿童可以在家中劳动，充满着温馨独立的气氛，而现在，妇女和儿童的就业机会都到哪里去了？——统统都让机械化吞吃掉了，做了廉价工业产品的牺牲"(Fong 1933, 13)。

乡村女孩是不会为了买时髦鞋子而放足的。

当社会中有一大批人都缺少劳动机会，这一群体便会丧失社会价值。1850年至1950年乡村妇女无形地大规模失业，所造成的一些间接后果，可能与反映了女孩价值遭受贬损的大量关于性别比例失调的证据相互关联。历史学家沃克在探讨（中国当时）"经济增长与乡村衰落的相互扭结"时，这样描述乡村经济的变迁：

> 到了1920年代，乡村家庭体系的特征直接指向女性，诸如溺女婴、童婚、暗娼活动与典妻，以及买卖妇女等，均处于明显增长之中……乡村的衰落……在乡村家庭出卖女儿们或让她们从事某些服务劳动，以便在特殊时期换取金钱收入的行为中，无疑是一项关键因素。（Walker 1999，192）

再　　造

在20世纪中期，妇女需要"再造"自身，去学习依靠双脚站立的种种劳动，就像在新式纺织厂，妇女飞快地来回走动照看机器，同时也用双手劳动。工厂主喜欢雇用年轻未婚的妇女和女孩，但缠足的免谈。[1] 在1949年，革命政府要求妇女必须走出家庭进入社会，脱离家中的劳动，在1950年代则成为一项强制措施。民国时期的革命性技术变革，以及20世纪中期的政治革命，在中国持续不断的建设现代经济的诉求中，将乡村妇女赶出家门、推向田间和工厂。

从历史的角度来看，19世纪末及20世纪初交通与纺织生产的新技术，显然是废除缠足的一项重要因素。在我们的调查数据中，将手工业的持续与缠足的持续二者相关联，便可很清楚地指出这一点。缠足作为一项永久

---

[1] 克里夫（Cliver 2010，118）、贺萧（Hershatter 1986）及韩起澜（Honig 1986）均提到，工厂主不想让缠足妇女在工厂劳动。皮尔斯报告称童工"只有8岁，甚至年龄更小，她们在机器中间跑来跑去"（Pearse 1932，644）。

性的身体损伤,是母亲出于确保女儿能顺从地加入规训性手工劳动的需求而实施的。在人们的期望中,这种手工劳动将会贯穿女孩一生。20世纪针对女孩及男孩的平民教育普及运动,也为女孩带来了新的前景与机会,通过将女孩送入教室而普遍性地推广了天足。当然,教育家所推广的观念是,女孩可以运用所受的教育出门找工作。但我们的数据显示,正规学校教育并不是1930年代乡村缠足消亡的决定性因素。在我们调查的村庄中,在1949年共产党政府成立之前,极少有妇女识字或上过哪怕一天的学。取消缠足的动机,主要是对妇女受限于家务劳动的低生产率的蔑视。广为流传的关于妇女懒惰的批评声,进入了改革家的话语。但我们相信,在这批评声的背后,是对家庭手工劳动再也无法赢利这一现状的认识。经济中的变革使改革家们意识到,人们必要要为家中的女儿找到外出谋生之路,而缠足的女儿则无法外出谋生。

缠足最早的施行及强化,是由手工劳动产品(诸如棉纱、布料及其他产品)的商业化生产造成的。促使广泛地让女儿足部致残的举动停止的深层经济和技术变革,同时也让女孩和妇女悲惨地失去了收入和社会尊严。许多不识字、无依无靠,且生理上极不适应体力劳动的乡村妇女,面对的是从家中外出劳作换取收入的极为艰难的转型。(Hershatter 1986; Honig 1986; Dikotter 2010) 对于乡村女孩,面对现代化经济时,她们从前与世隔绝、不轻易抛头露面,从而道德清白、受人尊敬的院墙屋内的生活,再也不可能继续下去。对于踏出家门、远走他乡或进工厂劳动的乡村女孩,她们所受到的道德质疑还将持续数十年。

关于中国工业转型的主流论述中,存在一个盲点,即没有认清一项长期存在的手工制品生产体系,是如何倾向于并且默认了应该向数亿女性身体上施加痛苦畸形的。如果不是海外分包工厂在一场大火中锁在车间的工人引起了公众关注,这些工厂的劳动状况还会被经济分析所漠视,同样,年轻女孩的艰苦劳动状况,只要她们分散在自己家中、处于公众视野之外,就也会遭到同样的漠视。缠足的畸形,这个让19世纪外国观察家感到诧异的、妇女在室外蹒跚扭捏而行的场景,不知为什么,从未有人将其与年轻女孩在家中所做的劳动相联系。历史记载反复唱着女孩缠足是为了美丽的调子，但却不想想，年轻女孩首先需要的是劳动挣钱的能力。当我们看到了被忽略和被遮蔽的年轻弱势的女孩劳动者的经济史，我们便可透视并理解更为复杂的社会与经济的等级制度，以及处于进程中的社会转型。

性别摧残实践的终结

近些年，有人试图通过汲取缠足终结的经验，来改革其他一些摧残妇女和女孩的习俗。（Appiah 2010a，2010b；Mackie 1996）一些改革推动者出于善意，将缠足按照习惯性的说法，解释为婚姻中吸引男性的手段。他们相信，缠足最终是由新观念打败的，教育者教导男人和女人缠足是有害的，推广小组式的放足运动。他们认为，当下的人权倡导者也应该采取类似的方法来解决其他一些习俗，诸如广泛施行于非洲和中东地区的女性割礼。

阿皮亚的研究着重强调了基督教传教士和中国士大夫阶层作为道德改革家为废除缠足所做的努力。毫无疑问，这群人在城市创建了革新团体，产生了一定的影响。但如果忽视了促使广大乡村人口废除缠足的普遍经济压力和经济动机，这一论述则是肤浅的。葛希芝（Gates 2015）在四川的调查，以及我们之后更大范围的、涉及中国各省数千计老年乡村妇女的调查，则呈现了一幅截然不同的图景。在许多情况下，真正起到作用的因素，是乡村生计模式的剧变。阿皮亚和麦齐给出的解释，彻头彻尾地忽视了促使中国缠足消亡的经济因素。在阿皮亚看来，要想废除女性割礼，要采取道德劝化、建立革新团体以及尊重共同体优良传统等方式。这些方式也许能够起到帮助作用，但如果错误地理解了中国缠足消亡的真实情况，这些跃跃欲试的改革者，忽视其所改革习俗背后特定的社会经济动因，也许会进入误区。

对纺棉线者年轻的双手与缠足之间的关联性的考察，其意义远远超过了对废除某项摧残人体之行为的解读。我们在研究中必须直面长久积累下来的性别偏见与阶级偏见，这些偏见阻碍了大家对19世纪末及20世纪初中国所遭遇的经济状况的透彻理解。由于人们怀有小脚女人就是懒惰的人的假设，所以才会注意不到妇女与女孩所从事的经济活动。而如果缺乏与乡村妇女的互动交往，不去观察她们的家庭劳动条件，学者则会仅仅关注到精英阶层的性别实践，且进一步忽视女性各项技能的经济内涵。拨开缠足的迷雾，将其作为广大乡村人口经济生活的一部分加以考察，我们便可以超越学术研究中对那些强调精英理想、性向及审美的文本材料的依赖。我们已在书中呈现了年轻女孩所要付出的手工劳动的高强度，而这进一步验证了一个理论，即中国乡村绝大部分地区处于内卷化增长之中，通过不断增加家庭劳动投入量来提高产量。

我们的研究材料充分证明，中国乡村家庭经济吸纳了女孩的劳动，并且坚守了缠足这一实践。拥有年轻双手的女孩学会了劳动，她们付出的劳动撑起了中国前工业时代纺织业的绝对优势地位。当工业发展代替了女孩家庭手工劳动时，缠足衰落了。由此，我们必须修正那些毫无依据、反复强化的关于缠足的流俗解释。这些解释彻底抹杀了妇女的经济角色，把基督教传教士推到了主角的地位，过分强调了改革者的意识形态，以及男性对小脚的迷恋。在妇女的回忆中，她们总是把年幼时的放足归功于自己的意志坚决、不怕挨打挨骂。然而，背后的真正原因，是她们的母亲遇到了一个中国工业扩张与资本主义发展的新局面，为了应对这个局面，父母不再坚持要求女儿缠足并加入手工劳动。总而言之，那些认为数亿妇女给女儿缠足的行为背后是对某种无用之美的神秘追求的讨论，现在是时候彻底落幕了。

附录一：表格

表格 A.1
调查点：1910—1940 年代女孩在娘家的棉手工劳动

省份	市县	娘家种植棉花（%）	从事纺棉线劳动（%）	从事用于赚取收入的纺棉线劳动（%）	拥有一架织布机（%）	织棉布（%）	从事用于赚取收入的织棉布劳动（%）
华北平原地区							
河北	定县清风店	68	86	68	28	51	28
	定县庞村	69	81	75	43	46	30
山东	青州	36	39	2	6	8	0
河南	开封	38	95	75	35	53	9
	淮阳	36	48	10	20	9	3
安徽	临泉*	85	70	53	48	30	23
	六安	75	92	25	22	11	7
西北地区							
山西	长治	4	58	12	18	19	4
	临县碛口	61	93	49	57	55	25
陕西	周至	82	90	18	57	73	15
	洛川	8	72	3	66	38	5

续表

省份	市县	娘家种植棉花（%）	从事纺棉线劳动（%）	从事用于赚取收入的纺棉线劳动（%）	拥有一架织布机（%）	织棉布（%）	从事用于赚取收入的织棉布劳动（%）
西南地区							
云南	通海	0	66	26	87	64	39
云南	江川	0	55	13	57	32	26
云南	陆良B	0	13	8	15	19	8
云南	禄丰	0	0	0	0	0	0
贵州	安顺	0	46	34	16	15	8

注：中国华北平原和西北地区大部分调查点的家庭都种植棉花。西北调查点中棉花种植极少的家庭，以及西南调查点中不种棉花的家庭，依靠购买棉花维持手工生产。除了两个调查点之外（都在云南），在所有调查点中纺棉纱都是很普遍的（在访谈者中约占39%—95%），但是织布的情况存在差异。每个调查点中能够提供反馈的样本量是不定的，因为除了临泉已基本达到全样本之外，其他地方的访谈并不是每位妇女都回答了所有调查问题。

*临泉关于赚取收入的数据，是根据后期补做的4个访谈估算出来的，因为先前的调查在措辞上忽视了外包制劳动中普遍存在的实物收入。由于四分之三的女性从纺纱和织布中获得了实物收入，所以对从事纺织劳动赚取收入女性数据的估计是仅仅纺纱或织布的女性数据的四分之三。临泉关于娘家拥有一台织布机以及婚前从事织布的女性百分比的整体调查数据显示，在当时出现了一次织布业的停产。

表格A.2
河北定县：东亭和清风店－庞村各调查点不同出生年份群体的缠足率

出生组（年份）	东亭		清风店－庞村*	
	缠足（%）	人数	缠足（%）	人数
≤1880	99	492	81	70
1890—1899	94	212	100	24
1900—1909	71	259	84	169
1910—1919	12	310	74	102

续表

出生组（年份）	东亭		清风店-庞村*	
	缠足（%）	人数	缠足（%）	人数
1920—1929	0	463	38	114
1930—1939			1	211
总计		1,736		690

资料来源：东亭数据采自 Gamble（1954，60），清风店-庞村数据来自作者调查。

注：在东亭这个实验区，1900—1910 年出生组的缠足率开始急剧下降。对照清风店-庞村的数据，可以得知，缠足在实验区之外的衰落时更晚也更加平缓。

*清风店-庞村的调查中，还包括了受访妇女长辈女性及平辈姐妹的信息（长辈女性包括母亲、婆婆、娘家祖母及婆家祖母）。长辈的出生年份估算法为每代人间隔25年，平辈的估算法为姐姐比妹妹年长5岁。庞村的样本量为小样本（样本量为63），没有遇到1915—1919年出生组的受访者，也没有收集到受访者长辈女性中1890—1894年出生组的信息。

表格 A.3
定县织布机改进率与缠足率

出生组（年份）	缠足年份*	妇女和女孩总数	不同年份的缠足率（%）	使用铁轮织布机率（%）
1900—1904	1907—1911	130	83	0
1905—1909	1912—1916	129	57	7
1910—1914	1917—1921	149	20	17
1915—1919	1922—1926	161	6	34
1920—1924	1927—1931	169	0	49
1925—1929	1932—1936	294	—	67
总数		1,032		

资料来源：Gamble 1954，60；Bossen 2002，47。

注：缠足率来自调研区域（第三区）515个家庭的样本。织布机率来自定县的一个村庄，地点未知。随着使用更高效织布机的比例日渐增长，东亭女孩的缠足率逐渐下降。（见图3.4）

*假设平均缠足年龄为7岁，我们在出生年份上增加7年。

表格 A.4
华北平原与西北地区各调查点不同出生年份群体的缠足率（括号外数字为百分比，括号内数字为样本量）

出生组（年份）	山东	河南开封	河南淮阳	安徽六安	安徽临泉	山西临县（碛口）	山西长治	陕西洛川	陕西同至
1910—1914	100 (2)		100 (1)					100 (1)	100 (4)
1915—1919	100 (2)	86 (7)	100 (7)	100 (5)	86 (7)	75 (4)	100 (3)	100 (3)	100 (3)
1920—1924	67 (6)	100 (6)	93 (14)	69 (13)	100 (5)	24 (4)	71 (7)	100 (16)	86 (14)
1925—1929	74 (26)	73 (23)	95 (20)	76 (21)	84 (25)	11 (18)	88 (17)	84 (19)	83 (24)
1930—1934	51 (43)	50 (20)	92 (13)	40 (25)	52 (31)	6 (34)	63 (32)	27 (22)	33 (15)
1935—1939	26 (58)	44 (18)	65 (17)	22 (9)	15 (13)	6 (33)	30 (23)	0 (15)	36 (11)
1940—1944		0 (8)	33 (6)	15 (13)	11 (9)	0 (3)	0 (7)	6 (16)	8 (12)
1945—1949		0 (9)	13 (16)	0 (9)	0 (8)		0 (4)	0 (9)	0 (15)
1950		0 (4)	0 (4)	0 (2)	0 (1)			0 (2)	0 (4)
样本量	135	95	98	97	99	96	94	103	102

注：表格不包括河北省。河北省的数据见表格 A.2。在山东、河南北部、安徽西北、中北部，山西中部的调查点村子，1930 年至 1934 年群体的缠足率急剧下滑。在山西碛口调查点，1920 年至 1924 年群体的缠足率已经开始降低，但在河南淮阳一个编草席的村子里，缠足率直到 1930 年代末 1940 年代初才开始下降。

表格 A.5

中国西南部（云南和贵州）各调查点不同出生年份群体的缠足率

（括号外数字为百分比，括号内数字为样本量）

出生组（年份）	云南通海	云南江川	云南陆良	云南禄丰	贵州安顺
1910—1924	91（11）	96（25）	100（17）	54（24）	69（16）
1925—1929	88（24）	84（32）	100（26）	31（13）	43（35）
1930—1934	83（29）	70（54）	97（35）	8（25）	38（52）
1935—1939	51（35）	56（70）	89（57）	0（25）	11（84）
1940—1944	43（14）	35（20）	100（17）	0（12）	11（9）
1945—1950	0（8）	0（7）	13（8）	0（6）	
样本量	121	208	160	105	196

表格 A.6

四川（10个县）各调查点不同出生年份群体的缠足率

出生组（年份）	缠足人数	总数	缠足率（%）
1887—1899	18	18	100
1900—1904	93	100	93
1905—1909	271	309	88
1910—1914	633	719	88
1915—1919	882	1,100	80
1920—1924	897	1,525	59
1925—1929	514	1,206	43
总数	3,308	4,977	

注：四川女性缠足率从1915—1919年出生组逐渐开始降低，之后10年，1920年代出生组中，缠足率从80%显著降至43%。

表格 A.7

1871—1910年间中国的棉纱进口

年份	进口（百万磅）	年份	进口（百万磅）
1871	9	1874	9
1872	7	1875	12
1873	9	1876	15

续表

年份	进口（百万磅）	年份	进口（百万磅）
1877	15	1894	155
1878	14	1895	151
1879	18	1896	216
1880	20	1897	209
1881	23	1898	261
1882	25	1899	366
1883	30	1900	198
1884	35	1901	303
1885	52	1902	300
1886	51	1903	365
1887	79	1904	304
1888	91	1905	341
1889	91	1906	339
1890	144	1907	303
1891	161	1908	243
1892	174	1909	321
1893	131	1910	304

资料来源：Feuerwerker 1995a, 34。

注：担转换为百万磅（见图6.1）。

表格 A.8

1871—1936年间中国的棉纱生产与供应（百万担）

时期（年份）	手工棉纱	工厂棉纱	净进口	国内供应总量，包含净进口量	手工棉纱占国内供应总量比例（%）
1871—1880	4.9	0.0	0.1	5.0	98
1901—1910	2.4	1.0	2.4	5.8	41
1923—1924	6.3	4.7	0.6	11.6	54
1925—1927	4.4	7.1	0.3	11.8	37
1928—1930	3.3	7.7	−0.1	10.9	30
1931—1933	2.7	8.7	−0.4	11.0	25
1934—1936	3.1	9.0	0.2*	11.9	26

资料来源：Rawski 1989, 93, table 2.10。

*1934—1936年，国内供应总量共11.9百万担，净进口量应该为−0.2百万担（见图6.5）。

附录二：关于逻辑回归计算的相关公式

关于缠足的比数计算，完整公式如下（P_{FB} 表示"缠足的概率"）：

$$P_{FB}/(1-P_{FB}) = 缠足的比数$$

如果给定比数，缠足的概率可计算如下（$Odds_i$ 表示"缠足的比数"）：

$$P_{FB} = Odds_i/(1+Odds_i)$$

在8省调查中计算公式如下：

$$P_{FB}/(1-P_{FB}) = (e^{298.002})(e^{(-0.154)(出生年份)})(e^{(0.762)(取得收入的手工劳动)})$$

$$e^{(-0.154)(出生年份)} = 0.857 = 缠足比数以每年14.3\%的幅度下降$$

$$e^{(0.762)(取得收入的手工劳动)} = 2.144 = 如果女孩从事取得收入的手工劳动，$$
$$则其缠足比数增加114.4\%$$

在8省调查中，取得收入的手工劳动的值（0.762）除以出生年份的值（0.154），商为4.948，这表明如果女孩从事取得收入的手工劳动，其初始缠足年龄将延长 4.948 年。

在四川调查中的计算公式如下：

$$P_{FB}/(1-P_{FB}) = (e^{309.446})(e^{(-0.161)(出生年份)})(e^{(0.924)(手工纺织劳动)})$$

$$e^{(-0.161)(出生年份)} = 0.851 = 缠足比数以每年 14.9\% 的幅度下降$$

$$e^{(0.924)(手工纺织劳动)} = 2.519 = 如果女孩从事手工纺织劳动，$$
$$则其缠足比数增加 151.9\%$$

在四川调查中，手工纺织劳动的值（0.924）除以出生年份的值（0.161），商为 5.739，这表明如果女孩从事手工纺织劳动，其初始缠足年龄将延长 5.739 年。

参考文献

中文文献

《安顺方志》，2007，安顺市地方志编纂委员会编。贵阳：贵州人民出版社。
《安顺市志》，1995，安顺市地方志编纂委员会编。贵阳：贵州人民出版社。
《重修盩厔县志》，1925，庞文中修，任肇新、路孝愉纂，西安：西安艺林印书社。
《安徽省地方丛书·阜阳县志》，1994，阜阳县志地方编纂委员会编。合肥：黄山书社。
《江川县志》，1994，云南省江川史志编纂委员会编。昆明：云南人民出版社。
《开封县志》，1992，开封县志编纂委员会编，郑州：中州古籍出版社。
《六安县志》，1993，六安县地方志编纂委员会编，合肥：黄山出版社。
《洛川县志》，1994，洛川县地方志编纂委员会编，西安：陕西人民出版社。
《禄丰县志》，1997，云南省禄丰县志编纂委员会编，上海：科学普及出版社。
《陆良县志》，1991，云南省陆良县志编纂委员会编，上海：科学普及出版社。
《陆良州志》，1844，道光本。
《临县志》，1994，临县志编委会编，北京：海潮出版社。
《民国临泉县志》(1936)，1998，刘焕东整理，南京：江苏古籍出版社；上海：上海书店；成都：巴蜀书社。
《青州市志》，1989，天津：南开大学出版社。
《通海县志》，1992，云南省通海县史志工作委员会，昆明：云南人民出版社。
《秀山镇志》，1994，中共秀山镇委员会编，昆明：云南人民出版社。
《云南省2000年人口普查》，2002，云南省人口普查办公室编，昆明：云南科技出版社。
《周至县志》，1993，王安泉，周至县志编委会，西安：三秦出版社。
［美］艾梅霞著，范蓓蕾等译，2006，《茶叶之路：中俄跨越大草原的相遇》，北京：五洲传播出版社。
［加拿大］宝森著，胡玉坤译，2005，《中国妇女与农村发展——云南禄村六十年的变

迁》，南京：江苏人民出版社。

《贵州省农村经济区划》编写组编，1989，《贵州省农村经济区划》，贵阳：贵州人民出版社。

陈永孝，邝福光，汪境仁编，1993，《贵州省经济地理》，北京：新华出版社。

程必定主编，1989，《安徽近代经济史》，合肥：黄山书社。

程民生，2004，《北方经济史》，北京：人民出版社。

方国瑜主编，1998，《云南史料丛刊》，昆明：云南大学出版社。

方显廷，1933，《中国乡村之工业》，天津：中国太平洋国际学会。

方显廷，1934，《中国之棉纺织业》，上海：商务印书馆。

高春平，2006，《祖槐寻根：山西洪洞大槐树移民寻踪》，太原：山西人民出版社。

高小贤，2006，《"银花赛"：20世纪50年代农村妇女的性别分工》，《社会学研究》，2005年第4期。

黄正林，2006，《陕甘宁边区社会经济史：1937—1945》，北京：人民出版社。

柯基生，2003，《千载金莲风华：缠足文化展》，台北：历史博物馆。

李景汉，1929，《北平郊外之乡村家庭》，北平：中华教育文化基金董事会社会调查部。

李景汉，1933，《定县社会概况调查》，北平：大学出版社。

烈敦，1903，《代理领事烈敦滇西北旅行报告（1902-1903）》，上海：文汇印书馆。

路遇，滕泽之，2006，《中国分省区历史人口》，济南：山东人民出版社。

罗钰，钟秋，2000，《云南民族文化·纺织卷》，昆明：云南教育出版社。

钱成润，史岳灵，杜晋宏，1995，《费孝通禄村农田五十年》，昆明：云南人民出版社。

唐致卿编，2004，《近代山东农村社会经济研究》，北京：人民出版社。

童书业，1981，《中国手工业发展史》，济南：齐鲁书社。

王鹤鸣，施立业，1991，《安徽近代经济轨迹》，合肥：安徽人民出版社。

吴瓯，1931，《天津市社会局统计汇刊》，天津：天津社会局。

杨杨，2001，《小脚舞蹈：滇南一个乡村的缠足故事》，合肥：安徽文艺出版社。

杨杨，2004，《摇晃的灵魂：探访中国最后的小脚部落》，上海：学林出版社。

严中平，1963，《中国棉纺织史稿》，北京：科学出版社。

张成德，孙丽萍编，2005，《山西抗日口述史》，三部，太原：山西人民出版社。

张国祥编，2005，《山西抗日战争图画史》，太原：山西人民出版社。

张宏明，2005，《土地象征：禄村再研究》，北京：社会科学文献出版社。

张岂之，史念海，1997，《陕西通史·民国卷》，西安：陕西师范大学出版社。

张世文，（1936）1991，《定县农村工业调查》，重印，成都：四川人民出版社。

张正明，2001，《晋商兴衰史：称雄商界500年》，太原：山西古籍出版社。

《中华民国公路路线图》，1936，南京：全国经济委员会公路处。

外文文献

Allen, Robert C., Jean-Pascal Bassino, Debin Ma, Christine Moll-Murata and Lan Luiten Van Zanden. 2011. "Wages, Prices, and Living Standards in China, 1738-1925: in Comparison with Europe, Japan, and India. *Economic History Review*, 64 (S1): 8-38.

Anderson, Aeneas. 1795. *A Narrative of the British Embassy to China in the Years 1792, 1793, and 1794*. London: J. Debrett.

Andors, Phyllis. 1983. *The Unfinished Liberation of Chinese Women, 1949-1980*. Bloomington: Indiana University Press.

Appiah, Kwama Anthony. 2010a. "The Art of Social Change." *New York Times Magazine*, October 22, P. MM22.

———. 2010b. *The Honor Code: How Moral Revolutions Happen*. New York: W. W. Norton.

Aylward, Gladys, with Christine Hunter. 1970. *The Little Woman*. Chicago: Moody.

Banister, Judith. 1987. *China's Changing Population*. Stanford, CA: Stanford University Press.

Barclay, George, Ansley J. Coale, Michael Stoto, and T. James Trussell. 1976. "A Reassessment of the Demography of Traditional China." *Population Index* 42: 606-635.

Beckert, Sven. 2015. *Empire of Cotton: A Global History*. New York: Alfred A. Knopf.

Bello, David. 2003. "The Venomous Course of Southwestern Opium: Qing Prohibition in Yunnan, Sichuan, and Guizhou in the Early Nineteenth Century." *Journal of Asian Studies* 62 (4): 1109-1142.

Benedict, Carol. 1996. *Bubonic Plague in Nineteenth-Century China*. Stanford, CA: Stanford University Press.

Beresford, Lord Charles. 1899. *The Break-up of China, with an Account of Its Present Commerce, Currency, Waterways, Armies, Railways, Politics, and Future Prospects*. New York: Harper.

Blackburn Chamber of Commerce. 1898. *Report of the Mission to China of the Blackburn Chamber of Commerce, 1896-7*. Blackburn, UK: North East Lancashire Press.

Blake, C. Fred. 1994. "Foot-Binding in Neo-Confucian China and the Appropriation of Female Labor." *Signs: Journal of Women in Culture and Society*. 19 (3): 676-712.

Blunden, Caroline, and Mark Elvin. 1983. *Cultural Atlas of China*. New York: Facts on File.

Bonavia, David. 1995. *China's Warlords*. Oxford: Oxford University Press.

Bossen, Laurel. 2002. *Chinese Women and Rural Development: Sixty Years of Change in Lu Village, Yunnan*. Lanham, MD: Rowman and Littlefield.

———. 2007. "Village to Distant Village: The Opportunities and Risks of Long Distance Marriage Migration in Rural China." *Journal of Contemporary China*. 16 (50): 97-116.

———. 2008. "Hand und Fuß gebunden: Frauenarbeit und das Binden der Füße im China des frühen 20. Jahrhunderts" [Bound hand and foot: Women's work and footbinding in early twentieth-century China]. Translated by Mareile Flitsch. *Technikgeschichte* 75: 117-140.

———. 2011. "Women's Labor and Footbinding in Early 20th Century Rural China." Paper presented at the annual conference of the Association for Asian Studies, Honolulu, Hawaii, April 1.

Bossen, Laurel, Wang Xurui, Melissa Brown, and Hill Gates. 2011. "Feet and Fabrication: Footbinding and Early 20th Century Rural Women's Labor in Shaanxi." *Modern China* 37 (4): 347-383.

Bourne, Frederick Samuel Augustus. 1898. *Report of the Mission to China of the Blackburn Chamber of Commerce, 1896-7: F.S.A. Bourne's Section.* Blackburn, UK: North-East Lancashire Press.

Bramall, Chris. 2009. *Chinese Economic Development.* New York: Routledge.

Bray, Francesca.1997. *Technology and Gender: Fabrics of Power in Late Imperial China.* Berkeley: University of California Press.

———. 2013. *Technology, Gender and History in Imperial China: Great Transformations Reconsidered.* New York: Routledge.

Brenner, Robert and Christopher Isett. 2002. "England's Divergence from China's Yangzi Delta: Property Relations, Microeconomics, and Patterns of Development." *Journal of Asian Studies* 61 (2): 609-662.

Broadwin, Julie. 1997. "Walking Contradictions: Chinese Women Unbound at the Turn of the Century." *Journal of Historical Sociology* 10 (4): 418-443.

Brown, Melissa J., ed. 1996. *Negotiating Ethnicities in China and Taiwan.* Berkeley: Institute of East Asian Studies, University of California.

———. 2004. *Is Taiwan Chinese? The Impact of Culture, Power, and Migration on Changing Identities.* Berkeley: University of California Press.

Brown, Melissa J., L. Bossen, H. Gates, and D. Sattherthwaite. 2012. "Marriage Mobility and Footbinding in Pre-1949 Rural China: A Reconsideration of Gender, Economics, and Meaning in Social Causation." *Journal of Asian Studies* 71 (4): 1035-1067.

Buck, John L. (1937) 1964. *Land Utilization in China: A Study of 16,786 Farms in 168 Localities, and 38,256 Farm Families in Twenty-Two Provinces in China, 1929—1933: Text.* Vol 1. New York: Paragon Books.

———. 1937. *Land Utilization in China: Atlas.* Vol. 2. Chicago: University of Chicago Press.

Burgess, Alan. 1957. *The Small Woman.* London: Evans Bros.

Chao, Kang (赵刚). 1977. *The Development of Cotton Textile Production in China.* Cambridge, MA: Harvard University Press.

Chau, Adam-Yuet. 2006. *Miraculous Response: Doing Popular Religion in Contemporary China.* Stanford, CA: Stanford University Press.

Chen Han-seng and Miriam S. Farley. 1937. "Railway Strategy in China, New Style." *Far Eastern Survey* 6 (15): 165-173.

Chen Minglu (陈明露). 2011. *Tiger Girls: Women and Enterprise in the People's Republic of China.* New York: Routledge.

Chen, Jack. 1973. *A Year in Upper Felicity: Life in a Chinese Village During the Cultural Revolution.* New York: Macmillan.

Chen, K., ed. 1989. *Guizhou sheng nongcun jingji quhua* [Agricultural economic plan for Guizhou Province]. Guiyang: Remin.chubanshe.

Chesneaux, Jean, Françoise Le Barbier, and Marie-Claire Bergère. 1977. *China from the 1911 Revolution to Liberation.* Translated by Paul Auster and Lydia Davis. New York: Pantheon Books.

Chi Hsi-Sheng (Qi Xisheng). 1969. *The Chinese Warlord System.* PhD diss. University of Chicago.

———. 1976. *Warlord Politics in China, 1916-1928.* Stanford, CA: Stanford University Press.

China Maritime Customs. 1887. *Report on the Trade of China and Abstracts of Statistics, Reports for the Year 1886.* Part I. Shanghai: The Statistical Department of the Inspector General of Customs.

———. 1888. *Returns of Trade and Trade Reports for the Year 1887.*Pt. I. Shanghai: Statistical Department of the Inspector General of Customs.

———. 1892. *Trade Reports.* Vol. 2. Shanghai: Statistical Department of the Inspector General of Customs.

———. 1924. *Decennial Reports on the Trade, Industries, etc., of the Ports Open to Foreign Commerce, and on the Condition and Development of the Treaty Port Provinces, 1912-21.* 2 Vols. Shanghai: Statistical Department of the Inspectorate General of Customs.

Clapp, Frederick. 1922. "The Huang Ho, Yellow River." *Geographical Review* 12 (1): 1-18.

Cliver, Robert. 2010. "China" in *The Ashgate Companion to the History of Textile Workers, 1650-2000* edited by Lex Heerma van Voss, Els Hiemstra-Kuperus and Elise Van Nederveen Meerkerk, 103-141. Amsterdam: Ashgate.

Cohen, Myron. 2005. *Kinship, Contract, Community and State: Anthropological Perspectives on China.* Stanford, CA: Stanford University Press.

Colquhoun, Archibald R. 1883. *Across Chryse, Being the Narrative of a Journey Through the South China Border Lands from Canton to Mandalay.* Vols. 1 and 2. London: Samson Low, Marston, Searle and Rivington.

Cong Xiaoping (丛小平). 2013. "From 'Freedom of Marriage' to 'Self-Determined Marriage': Recasting Marriage in the Shaan-Gan-Ning Border Region of the 1940s." *Twentieth-Century China* 38 (3): 184-209.

Croll, Elisabeth. 1995. *Changing Identities of Chinese Women: Rhetoric, Experience and Self-Perception in Twentieth-Century China.* Hong Kong: Hong Kong University Press.

Davies, Major H. R. (Henry Rodolph). (1909) 1970. *Yun-nan: The Link Between India and the Yangtze.* Cambridge: Cambridge University Press. Reprint, Taibei: Ch'eng Wen.

Davin, Delia. 1975. "Women in the Countryside of China." In *Women and Chinese Society*, edited by Margery Wolf and Roxanne Witke. 243-276. Stanford, CA: Stanford University Press.

———. 1976. *Woman-Work: Women and the Party in Revolutionary China*. Oxford: Clarendon Press.

Derks, Hans. 2012. *History of the Opium Problem: The Assault on the East, ca 1600-1950*. Leiden, Boston: Brill.

De Vries, Jan. 2011. "The Great Divergence After Ten Years: Justly Celebrated yet Hard to Believe." *Historically Speaking* 12 (4): 13-15.

Dietrich, Craig. 1972. "Cotton Culture and Manufacture in Early China." In *Economic Organization in Chinese Society*. Edited by W. E. Willmott, 109-136. Stanford, CA: Stanford University Press.

Dikotter, Frank. 2006. *Exotic Commodities: Modern Objects and Everyday Life in China*. New York: Columbia University Press.

———. 2010. *Mao's Great Famine: The History of China's Most Devastating Catastrophe, 1958—1962*. New York, NY: Walker and Company.

Drake, Samuel B. 1897. *Among the Dark-Haired Race in the Flowery Land*. London: Religious Tract Society.

Eastman, Lloyd E. 1988. *Family, Fields, and Ancestors: Constancy and Change in China's Social and Economic History, 1550—1949*. Oxford: Oxford University Press.

Ebrey, Patricia. 1993. *The Inner Quarters: Marriage and the Lives of Chinese Women in the Sung Period*. Berkeley: University of California Press.

Edgerton-Tarpley, Kathryn. 2008. *Tears from Iron: Cultural Responses to Famine in Nineteenth-Century China*. Berkeley: University of California Press.

Elliott, Mark C. 2001. *The Manchu Way: The Eight Banners and Ethnic Identity in Late Imperial China*. Stanford, CA: Stanford University Press.

Elvin, Mark. 1972. "The High-Level Equilibrium Trap: The Causes of the Decline of Invention in the Traditional Chinese Textile Industries." In *Economic Organization in Chinese Society*, edited by W. E. Willmott, 137-172. Taipei: SMC.

———. 1973. *The Pattern of the Chinese Past*. Stanford, CA: Stanford University Press.

Engelen, Theo, and Ying-Hui Hsieh. 2007. *Two Cities, One Life: Marriage and Fertility in Lugang and Nijmegen*. Amsterdam: Aksant.

Esherick, Joseph. 1988. *The Origins of the Boxer Uprising*. Berkeley: University of California Press.

———. 1994. "Deconstructing the Construction of the Party-State: Gulin County in the Shaan-Gan-Ning Border Region. *China Quarterly* 140: 1052-1079.

Esposito, Vincent. 1959. *The West Point Atlas of American Wars*. Edited by Fang Guoyu. New York: Frederick A. Praeger.

Eyferth, Jacob. 2009. *Eating Rice from Bamboo Roots: The Social History of a Community of Handicraft

Papermakers in Rural Sichuan, 1920—2000. Cambridge, MA: Harvard University Asia Center.

———. 2012. "Women's Work and the Politics of Homespun in Socialist China, 1949—1980." *International Review of Social History* 55 (4): 365-391.

Fei Hsiao-tung (Fei Xiaotong). 1983. *Chinese Village Close-up*. Beijing: New World Press.

Fei Hsiao-tung (Fei Xiaotong) and Chang Chih-I (Zhang Zhiyi). 1948. *Earthbound China: A Study of Rural Economy in Yunnan*. London: Routledge and Kegan Paul.

Feuerwerker, Albert. 1970. *Handicraft and Manufactured Cotton Textiles in China, 1871—1910*. Ann Arbor: University of Michigan Center for Chinese Studies.

———. 1995a. *The Chinese Economy, 1870—1949*. Ann Arbor: University of Michigan Center for Chinese Studies.

———. 1995b. "Handicraft Industry in Ming and Ch'ing China: 'Proto-Industrialization; ca. 1550—1850." In *Studies in Economic History of Late Imperial China: Handicraft, Modern Industry, and the State*, edited by Albert Feuerwerker, 88-122. Ann Arbor: University of Michigan Center for Chinese Studies.

Finnane, Antonia. 2008. *Changing Clothes in China: Fashion, History, Nation*. New York, NY: Columbia University Press.

Fong, Grace. 2004. "Female Hands: Embroidery as a Knowledge Field in Women's Everyday Life in Late Imperial and Early Republican China." *Late Imperial China* 25 (1): 1-58.

———. 2008. *Herself an Author: Gender, Agency and Writing in Late Imperial China*. Honolulu: University of Hawaii Press.

Forbes, Andrew D. W. 1987. "The 'Cin-Ho' (Yunnanese Chinese) Caravan Trade with North Thailand during the Late Nineteenth and Early Twentieth Centuries." *Journal of Asian History* 21 (1): 1-47.

"Foreign Parents and Their Adopted Chinese Babies." 2003. *China Through a Lens*, December 17. http://www.china.org.cn/english/2003/Dec/82748.htm.

Fortune, Robert. (1847) 1972. *Three Years' Wanderings in the Northern Provinces of China, Including a Visit to the Tea, Silk, and Cotton Countries*, 2d ed. London: John Murray. Reprint, Taibei: Cheng wen.

Franck, Harry Alverson. 1923. *Wandering in Northern China*. New York: Century.

Friedman, Edward, Paul Pickowicz, and Mark Selden, with Kay Ann Johnson. 1991. *Chinese Village, Socialist State*. New Haven, CT: Yale University Press.

Gamble, Sidney D. 1954. *Ting Hsien: A North China Rural Community*. New York: Institute of Pacific Relations.

Gao Huan. 2011. *Women and Heroin Addiction in China's Changing Society*. New York: Routledge.

Gates, Hill. 1989. "The Commoditization of Chinese Women." *Signs Journal of Women in Culture and Society* 14 (4): 799-832.

———. 1996. *China's Motor: A Thousand Years of Petty Capitalism.* Ithaca, NY: Cornell University Press.

———. 1997a. "Footbinding, Handspinning, and the Modernization of Little Girls." In *Constructing China: Economy and Culture in China*, edited by Kenneth G. Lieberthal, Shuen-fu Lin, and Ernest P. Young, 177-192. Ann Arbor, MI: University of Michigan, Center for Chinese Studies.

———. 1997b. "On a New Footing: Footbinding and the Coming of Modernity." *Jindai Zhongguo funu shi yanjiu* [Research on Women in Modern Chinese History] 5: 115-136.

———. 2001. "Footloose in Fujian: Economic Correlates of Footbinding." *Comparative Studies in Society and History* 43 (1): 130-148.

———. 2005. "Girls' Work in China and Northwestern Europe: Of Guniang and Meisjes." In *Marriage and the Family in Eurasia: Perspectives on the Hajnal Hypothesis*, edited by Theo Engelen and Arthur P. Wolf, 319-342. Amsterdam: Aksant.

———. 2008. "Bound Feet: How Sexy Were They?" *History of the Family* 13: 58-70.

———. 2015. *Footbinding and Girls' Labor in Sichuan.* Oxford: Routledge.

George Philip and Son, Ltd. 1948. *Philips' Commercial Map of China.* London: London Geographical Institute.

Giersch, C. Patterson. 2001. "'A Motley Throng': Social Change on Southwest China's Early Modern Frontier, 1700-1880." *Journal of Asian Studies* 60 (1): 67-94.

———. 2006. *Asian Borderlands: The Transformation of Qing China's Yunnan Frontier.* Cambridge, MA: Harvard University Press.

Gillin, Donald G. 1960. "Portrait of a Warlord: Yen His-shan in Shanxi Province, 1911-1930." *Journal of Asian Studies* 19 (3): 289-306.

Goodman, David S. G. 1994. "JinJiLuYu in the Sino-Japanese War: The Border Region and the Border Region Government. *China Quarterly* 140: 1007-1024.

Graham, Gael. 1994. "Exercising Control: Sports and Physical Education in American Protestant Mission Schools in China, 1880-1930." *Signs: Journal of Women in Culture and Society* 20 (1): 39.

Grove, Linda. 2006. *A Chinese Economic Revolution: Rural Entrepreneurship in the Twentieth Century.* London: Rowman and Littlefield.

Hamilton, Gary, and Wei-An Chang. 2003. "The Importance of Commerce in the Organization of China's Late Imperial Economy." In *The Resurgence of East Asia: 500, 150, and 50 Year Perspectives*, edited by Giovanni Arrighi, Takeshi Hamashita, and Mark Selden, 173-213. London: Routledge.

Han Min (韩敏). 2001. *Social Change and Continuity in a Village in Northern Anhui, Chiba: A Response to Revolution and Reform.* Osaka: National Museum of Ethnology.

Hanson, Haldore, 1939. *"Humane Endeavour": The Story of the China War.* New York: Farrar and Rinehart.

Harrison, Henrietta. 2005. *The Man Awakened from Dreams: One Man's Life in a North China Village,*

1857—1942. Stanford, CA: Stanford University Press.

Hayford, Charles W. 1990. *To the People: James Yen and Village China*. New York: Columbia University Press.

Hayhoe, Ruth. 2007. *Portraits of Influential Chinese Educators*. Hong Kong: University of Hong Kong Springer and Comparative Education Research Centre.

Hershatter, Gail. 1983. "Flying Hammers, Walking Chisels: The Workers of Santiaoshi." *Modern China* 9 (4): 387-419.

———. 1986. *The Workers of Tianjin, 1900-1949*. Stanford, CA: Stanford University Press.

———. 2007. *Women in China's Long Twentieth Century*. Berkeley: University of California Press.

———. 2011. *The Gender of Memory: Rural Women and China's Collective Past*. Berkeley: University of California Press.

Hinton, Carma, and Richard Gordon. 1984. *Small Happiness: Women of a Chinese Village*. Brookline, MA: Long Bow Group. Video / DVD, 58 min.

Hinton, William. 1966. *Fanshen: A Documentary of Revolution in a Chinese Village*. Berkeley: University of California Press.

Honig, Emily. 1986. *Sisters and Strangers: Women in the Shanghai Cotton Mills, 1919-1949*. Stanford, CA: Stanford University Press.

Hosie, Alexander. 1890. *Three Years in Western China: A Narrative of Three Journeys in Ssŭ-ch'uan, Kuei-chow, and Yun-nan*. London: George Philip and Son.

———. 1914. *On the Trail of the Opium Poppy*. 2 Vols. London: George Philip and Son.

Howard, Joshua. 2013. "The Politicization of Women Workers at War: Labour in Chongqing's Cotton Mills During the Anti-Japanese War." *Modern Asian Studies* 17 (6): 1888-1940.

Hsu, Francis. (1948) 1967. *Under the Ancestor's Shadow: Kinship, Personality and Social Mobility in Village China*. Garden City, NY: Doubleday Anchor and American Museum of Natural History.

Huang, Philip C. C. 1985. *The Peasant Economy and Social Change in North China*. Stanford, CA: Stanford University Press.

———. 1990. *The Peasant Family and Rural Development in the Yangzi Delta, 1350-1988*. Stanford, CA: Stanford University Press.

———. 2002. "Development or Involution in Eighteenth Century Britain and China? A Review of Kenneth Pomeranz's 'The Great Divergence: China, Europe and the Making of the Modern World Economy.'" *Journal of Asian Studies* 61 (2): 501-538.

———. 2003. "Further Thoughts on Eighteenth-Century Britain and China: Rejoinder to Pomeranz's Response to My Critique." *Journal of Asian Studies* 62 (1): 157-167.

———. 2011. "The Modern Chinese Family: In Light of Economic and Legal History." *Modern China* 37 (5): 459-497.

Huang Zenglin (黄正林). 2006. *Shaan-Gan-Ning bianqu shehui jingji shi (1937—1945)* [Shaan-Gan-Ning Border Region social and economic history (1937-1945)]. Beijing: Renmin chubanshe.

Jacka, Tamara. 1997. *Women's Work in Rural China: Change and Continuity in an Era of Reform.* Cambridge: Cambridge University Press.

Jackson, Beverley. 1997. *Splendid Slippers: A Thousand Years of an Erotic Tradition.* Berkeley: Ten Speed Press.

Jenks, Robert. 1994. *Insurgency and Social Disorder in Guizhou: The "Miao" Rebellion, 1854—1873.* Honolulu: University of Hawaii Press.

Jiang Quanbao (姜全宝), Li Shuzhuo (李树茁), Marcus Feldman, and Jesus J. Sanchez-Barricate. 2012. "Estimates of Missing Women in Twentieth-Century China." *Continuity and Change* 27 (3): 461-479.

Jing Su and Luo Luo. 1978. *Landlord and Labor in Late Imperial China: Case Studies from Shandong.* Cambridge, MA: Harvard University Council on East Asian Studies.

Johnson, Kay Ann. (1983) 2009. *Women, the Family and Peasant Revolution in China.* Chicago: University of Chicago Press.

———. 1993. "China's Orphanages: Saving China's Abandoned Girls." *Australian Journal of Chinese Affairs* 30: 61-87.

Johnson, Linda Cooke, ed. 1993a. *Cities of Jiangnan in Late Imperial China*: Albany: State University of New York Press.

———. 1993b. "Shanghai: An Emerging Jiangnan Port, 1683—1840." In *Cities of Jiangnan in Late Imperial China*, edited by Linda Cooke Johnson, 151-181. Albany: State University of New York Press8.

Johnston, Reginald F. (1910) 1986. *Lion and Dragon in North China.* Reprint, Hong Kong: Oxford University Press.

Karlbeck, Orvar. 1957. *Skattsokare I Kina* [Treasure seeker in China]. Translated by Naomi Walford. Stockholm: Cresset Press.

Keating, Pauline. 1994a. "The Ecological Origins of the Yan'an Way." *Australian Journal of Chinese Affairs* 32: 123-153.

———. 1994b. The Yan'an Way of Co-operativization. *China Quarterly* 140: 1025-1051.

———. 1997. *Two Revolutions: Village Reconstruction and the Cooperative Movement in Northern Shaanxi, 1934—1945.* Stanford, CA: Stanford University Press.

Ko, Dorothy. 1994. *Teachers of the Inner Chambers: Women and Culture in Seventeenth-Century China.* Stanford, CA: Stanford University Press.

———.1997. "The Body as Attire: The Shifting Meanings of Footbinding in Seventeenth-Century China." *Journal of Women's History* 8 (4): 8-27.

———. 1998. "The Emperor and His Women: Three Views of Footbinding, Ethnicity, and Empire." In *Proceedings of the Denver Museum of Natural History: Life in the Imperial Court of Qing Dynasty China*, edited by Chuimei Ho and Cheri A. Jones, 37-48. Denver, CO: Denver Museum of Natural History.

———. 2005. *Cinderella's Sisters: A Revisionist History of Footbinding*. Berkeley: University of California Press.

Kraus, Richard A. 1980. *Cotton and Cotton Goods in China, 1918—1936*. New York: Garland.

Kung, James Kai-Sing, Nansheng Bai and Yiu-Fai Lee (龚启圣, 白南生, 李耀辉). 2011. "Human Capital, Migration, and a 'Vent' for Surplus Rural Labour in 1930s China: The Case of the Lower Yangzi." *Economic History Review*, 64 (S1): 117-141.

Lai, David Chuen-yan. 1967. "The Cotton Spinning and Weaving Industrialization of China, 1890—1957: A Study in Industrial Geography." PhD diss., Harvard University.

Lavely, William. 1989. "The Spatial Approach to Chinese History: Illustrations from North China and the Upper Yangzi." *Journal of Asian Studies* 48 (1): 100-113.

Lavely, William, and R. Bin Wong. 1998. "Revisiting the Malthusian Narrative: The Comparative Study of Population Dynamics in Late Imperial China." *Journal of Asian Studies* 57 (3): 714-748.

Lee, James. 1982. "The Legacy of Immigration in Southwest China: 1250-1850." *Annales de Démographie Historique* [Annals of Historical Demography].1: 279-304.

Lee, James, Cameron Campbell and Wang Feng. 2002. "Positive Checks of Chinese Checks?" *Journal of Asian Studies* 61 (2): 591-607.

Lee, James, and Wang Feng (王丰). 1998. "Malthusian Models and Chinese Realities: The Chinese Demographic System, 1700-2000." *Population and Development Review* 24: 33-65.

———. 1999. *One Quarter of Humanity: Malthusian Mythology and Chinese Realities, 1700—2000*. Cambridge, MA: Harvard University Press.

———. 2002. "Positive Checks or Chinese Checks." *Journal of Asian Studies* 61 (2): 591-607.

Leland, John. 2011. "For Adoptive Parents, Questions Without Answers." *New York Times*, September 16. http://www.nytimes.com/2011/09/18/nyregion/chinas-adoption-scandal-sends-chills-through-families-in-united-states.html.

Levitt, Steven. 2011. "Adopting My Daughter." *YouTube*, September 8. http://www.youtube.com/watch?v=7Fw3lEMFofY.

Levy, Howard. 1966. *Chinese Footbinding: The History of a Curious Erotic Custom*. Taiwan: SMC.

Li Bozhong (李伯重). 1998. *Agricultural Development in Jiangnan, 1620-1850*. New York: St. Martin's Press.

———. 2000. *Jiangnan de zaoqi gongyehua* [Proto-industrialization in the Yangzi delta]. Beijing: Shehui kexue wenxian chubanshe.

———. 2009. "Involution and Chinese Cotton Textile Production: Songjiang in the Late Eighteenth and Early Nineteenth Centuries." In *The Spinning World: A Global History of Cotton Textiles: 1200-1850*, edited by Giorgio Riello and Prasannan Parthasarathi, 387-398. Oxford: Oxford University Press.

Li, Lillian. 2007. *Fighting Famine in North China*. Stanford, CA: Stanford University Press.

Lim, Louisa. 2007. "Painful Memories for China's Footbinding Survivors." *NPR*, March 19. http://www.npr.org/templates/story/story.php?storyId=8966942.

Little, Daniel. 2010. "The Involution Debate." In *New Contributions to the Philosophy of History*, edited by Daniel Little. 171-193. New York: Springer.

Ma Junya and T. Wright. 2010. "Industrialisation and Handicraft Cloth: The Jiangsu Peasant Economy in the Late Nineteenth and Early Twentieth Centuries." *Modern Asian Studies* 44 (6): 1337-1372.

Mackie, Gerry. 1996. "Ending Footbinding and Infibulation: A Convention Account." *American Sociological Review* 61 (6): 999-1017.

Mann, Susan. 1992. "Women's Work in the Ningbo Area, 1900—1936." In *Chinese History in Economic Perspective*, edited by Thomas G. Rawski and Lillian M. Li, 243-270. Berkeley: University of California Press.

———. 1997. *Precious Records: Women in China's Long Eighteenth Century*. Stanford, CA: Stanford University Press.

———. 2007. *The Talented Women of the Zhang Family*. Berkeley, CA: University of California Press.

Mao Zedong (Mao Tse-tung). 2004. "Economic and Financial Problems in the Anti-Japanese War." In *Selected Works of Mao Tse-tung*, Vol. 6. Hyderabad, India: Kranti. https://www.marxists.org/reference/archive/mao/selected-works/volume-6/mswv6_35_2.htm.

Matthews, James J. 1999. "The Union Jack on the Upper Yangzi: The Treaty Port of Chongqing, 1891-1943." PhD diss., York University, Toronto.

McLaren, Anne E. 2008. *Performing Grief: Bridal Laments in Rural China*. Honolulu: University of Hawaii Press.

MedCalc. 2016. "Logistic Regression." https://www.medcalc.org/manual/logistic_regression.php.

Metford, Beatrix. 1935. *Where China Meets Burma: Life and Travel in the Burma-China Border Lands*. London: Blackie and Son.

Moser, Charles K. 1930. *The Cotton Textile Industry of Far Eastern Countries*. Boston: Pepperell.

Mueggler, Eric. 1998. "The Poetics of Grief and the Price of Hemp in Southwest China." *Journal of Asian Studies* 57 (4): 979-1008.

Mungello, D. E. 2008. *Drowning Girls in China: Female Infanticide since 1650*. Lanham, MD: Rowman and Littlefield.

Oakes, Timothy. 1998. *Tourism and Modernity in China*. New York: Routledge.

Osgood, Cornelius. 1963. *Village Life in Old China*. New York: Ronald Press.

Pampel, Fred C. 2000. *Logistic Regression: A Primer*. Thousand Oaks, CA: Sage.

Pasternak, Burton, and Janet Salaff. 1993. *Cowboys and Cultivators: The Chinese of Inner Mongolia*. Boulder, CO: Westview Press.

Pearse, Arno S. 1929. *Cotton Industry of Japan and China*. Manchester, UK: Taylor, Garnett, Evans.

———. 1932. "The Cotton Industry of Japan, China, and India and Its Effect on Lancashire." *International Affairs* 11 (5): 633-657.

Perry, Elizabeth J. 1980. *Rebels and Revolutionaries in North China, 1845—1945*. Stanford, CA: Stanford University Press.

Peyrefitte, Alain. 2013 (1992). *The Immobile Empire*. Reprint, New York: Random House. Knopf.

Pomeranz, Kenneth. 2000. *The Great Divergence: China, Europe and the Making of the Modern World Economy*. Princeton, NJ: Princeton University Press.

———. 2002. "Beyond the East-West Binary: Resituating Development Paths in the Eighteenth Century World." *Journal of Asian Studies* 61 (2): 539-590.

———. 2003a. "Facts Are Stubborn Things: A Response to Philip Huang." *Journal of Asian Studies* 62 (1): 167-181.

———. 2003b. "Women's Work, Family, and Economic Development in Europe and East Asia: Long-Term Trajectories and Contemporary Comparisons." In *The Resurgence of East Asia: 500, 150, and 50 Year Perspectives*, edited by Giovanni Arrighi, Takesi Hamasita, and Mark Selden, 124-172. London: Routledge.

———. 2005. "Women's Work and the Economics of Respectability." In *Gender in Motion: Divisions of Labor and Cultural Change in Late Imperial and Modern China*, edited by Bryna Goodman and Wendy Larson, 239-264. Lanham, MD: Rowman and Littlefield.

Pruitt, Ida. 1945. *A Daughter of Han: The Autobiography of a Chinese Working Woman*. Stanford, CA: Stanford University Press.

Rawski, Thomas. 1989. *Economic Growth in Prewar China*. Berkeley: University of California Press.

Richards, Timothy. 1916. *Forty-Five Years in China*. London: T. Fisher Unwin.

Rocher, Emile. 1879. *La province Chinoise du Yun-nan* (The Chinese Province of Yunnan). 2 Vols. Paris: Ernest Leroux.

Rofel, Lisa. 1999. *Other Modernities: Gendered Yearnings in China After Socialism*. Berkeley: University of California Press.

Schran, Peter. 1976. *Guerrilla Economy: The Development of the Shensi-Kansu-Ninghsia Border Region, 1937-1945*. Albany: State University of New York Press.

Scott, James. 1999. *Seeing Like a State: How Certain Schemes to Improve the Human Condition Have Failed*. New Haven, CT: Yale University Press.

Selden. Mark. 1971. *The Yenan Way in Revolutionary China*. Cambridge, MA: Harvard University Press.

Shepherd, John S. 2012. "The Practice of Footbinding: Neglected Evidence from the Censuses of Taiwan." Unpublished manuscript.

———. 2014. "Footbinding and Manchus: Footnotes." Unpublished manuscript.

Skinner, G. William. 1964. "Marketing and Social Structure in Rural China, Part I." *Journal of Asian Studies* 24 (1): 3-43.

———. 1965. "Marketing and Social Structure in Rural China, Part II." *Journal of Asian Studies* 24 (2): 195-228.

———. 1977. "Regional Urbanization in Nineteenth-Century China." In *The City in Late Imperial China*, edited by G. William Skinner, 211-252. Stanford, CA: Stanford University Press.

Smith, Arthur H. 1899. *Village Life in China: A Study in Sociology*. New York: Feming H. Revell.

———. 1901. *China in Convulsion*. New York: Feming H. Revell.

Snow, Edgar. 1938. *Red Star over China*. New York: Grove Press.

Snow, Helen Foster. 1984. *My China Years*. New York: William Morrow.

Sommer, Matthew. 2010. "Abortion in Late Imperial China: Routine Birth Control or Crisis Intervention?" *Late Imperial China* 31 (2): 97-165.

———. 2015. *Polyandry and Wife-Selling in Qing Dynasty China: Survival Strategies and Judicial Interventions*. Berkeley: University of California Press.

Stacey, Judith. 1983. *Patriarchy and Socialist Revolution in China*. Berkeley: University of California Press.

Steele, Valerie and John S. Major. 1999. *China Chic: East Meets West*. New Haven, CN: Yale University Press.

Stockard, Janice. 1989. *Daughters of the Canton Delta: Marriage Patterns and Economic Strategies in South China, 1860—1930*. Stanford, CA: Stanford University Press.

Stranahan, Patricia. 1981. "Changes in Policy for Yanan Women." *Modern China* 7 (1): 83-112.

———. 1983. "Labor Heroines of Yan'an." *Modern China* 9 (2): 228-252.

Tang Chi Yu. 1924. "An Economic Study of Chinese Agriculture." PhD diss., Cornell University.

Teichman, Eric. 1918. "Notes on a Journey Through Shensi." *Geographical Journal* 52 (6): 333-351.

T'ien Jukang (田汝康). 1944. "Supplementary Chapter: Female Workers in a Cotton Textile Mill." In *China Enters the Machine Age*, edited by Kuo-heng Shih, 178-198. Cambridge, MA: Harvard University Press.

Tschiang Wei-guo (Jiang Weiguo). 1986. *Die chinesisch-japanesicheKrieg, 1937-1945: Wie mein Vater Tschiang Kaishek die Japaner beseigt* (The Sino-Japanese War, 1937-1945: How my Father Chiang Kai-shek drove out the Japanese). Osnabrück, Germany: Biblio Verlag.

Turner, Christena. 1997. "Locating Footbinding: Variations Across Class and Space in Nineteenth and Early Twentieth Century China." *Journal of Historical Sociology* 10 (4): 444-479.

Valenze, Deborah. 1995. *The First Industrial Woman.* New York: Oxford University Press.

Van Slyke, Lyman. 1988. *Yangtze: Nature, History, and the River.* New York: Addison Wesley.

Vermeer, Edward. 1988. *Economic Development in Provincial China: The Central Shaanxi Since 1930.* Cambridge: Cambridge University Press.

Walker, Kathy Le Mons. 1993. "Economic Growth, Peasant Marginalization, and the Sexual Division of Labor in Early Twentieth Century China: Women's Work in Nantong County." *Modern China.* 19 (3): 354-365.

———. 1999. *Chinese Modernity and the Peasant Path: Semicolonialism in the Northern Yangzi Delta.* Stanford, CA: Stanford University Press.

Wang Zheng (王政). 1999. *Women in the Chinese Enlightenment.* Berkeley: University of California Press.

Wolf, Arthur P. 1964. "Aggression in a Hokkien Village: A Preliminary Description." Paper presented at a seminar on personality and motivation in Chinese society, Bermuda, January.

———. 1985. "Fertility in Pre-revolutionary Rural China" In *Family and Population in East Asian History,* edited by Arthur P. Wolf and Susan B. Hanley. Stanford, CA: Stanford University Press.

———. 2001. "Is There Evidence of Birth Control in Late Imperial China?" *Population and Development Review* 27 (1): 133-154.

Wolf, Arthur, and Theo Engelen. 2008. "Fertility and Fertility Control in Pre-revolutionary China." *Journal of Interdisciplinary History* 38 (3): 345-375.

Wolf, Margery. 1970. "Child Training and the Chinese Family." In *Family and Kinship in Chinese Society,* edited by M. Freedman, 37-62. Stanford, CA: Stanford University Press.

———. 1972. *Women and the Family in Rural Taiwan.* Stanford, CA: Stanford University Press.

Wou, Odoric Y. K. 1994. *Mobilizing the Masses: Building Revolution in Henan.* Stanford, CA: Stanford University Press.

Wright, Tim. 2000. "Distant Thunder: The Regional Economies of Southwest China and the Impact of the Great Depression." *Modern Asian Studies* 34 (3): 697-738.

Yang, Bin. 2009. *Between Winds and Clouds: The Making of Yunnan (Second Century BCE to Twentieth Century CE).* New York: Columbia University Press.

Yang, Martin C. 1945. *A Chinese Village: Taitou, Shantung Province.* New York: Columbia University Press.

Ye Weilie. 2001. *Seeking Modernity in China's Name: Chinese Students in the United States, 1900—1927.* Stanford, CA: Stanford University Press.

Zurndorfer, Harriet. 2009. "The Resistant Fiber: Cotton Textiles in Imperial China." In *The Spinning World: A Global History of Cotton Textiles, 1200-1850,* edited by Giorgio Riello and Parthasarathi Parsannan, 43-62. Oxford: Oxford University Press.

———. 2011. "Cotton Textile Manufacture and Marketing in Late Imperial China and the 'Great Divergence.'" *Journal of the Economic and Social History of the Orient,* 54 (5): 701-738.